KB242796

형벌제도 개선방안

형벌제도 개선방안

김재중 지음

한국학술정보[주]

이 책은 충북대학교 법과대학 교수로 재직 중인 저자가 2004년 8월경 "형벌의 다양화를 통한 형벌제도 개선방안"이라는 제목으로 충북대학교 대학원에 제출한 박사학위논문을 기초로 수정 보완을 하여 출간되게 된 것이다.

저자는 1989년 초 충청북도 청주시에서 변호사 개업을 한 이래 15년여 동안 형사실무를 담당하여 오면서 얻은 경험과 지식을 바탕으로 이 책을 집필하게 되었다. 저자가 형사사건의 국선변호, 사선변호를 통하여 일천 명 이상의 피의자, 피고인들을 접견하고 그 가족친지들을 면담하면서 느낀 결론은 현행 형법상의 형벌을 활용하는 것만으로는 수형자들을 교육·개선하는 효과(특별예방)나 일반국민에 대한 위하(일반예방)가 불가능하다는 것이었다. 특히 가장 많이 활용되는 형벌인 자유형의 집행으로 인하여 발생되는 폐해는 상당히 중대한 것이어서 학자들이 지속적으로 주장한 개선의 필요성에 공감하여 자유형을 대체하면서 형벌의 효과를 거둘 수 있는 다양한 형벌 도입의 필요성을 주장하게 되었다.

한편, 저자는 피고인의 입장을 잘 살피되 범죄피해자가 더 이상 사회나 국가로부터 소외당해서는 안된다는 생각을 하고 있다. 그래서 피해자가 범죄로 침해당한 손해를 극복하고 실질적 보상을 받을 수 있도록 피고인에 대한 형사처벌과 연계할 수 있는 제재를 다양하게 도입하여야 한다는 전제를 가지고 이 글을 쓰게 되었다.

　결국 현행형법상의 형벌에 대한 문제점, 그 개선방안을 살펴보면서 현행 형벌이 범죄의 양상, 범죄자의 다양한 개성 등에 비추어 다양하지 못하므로 다양하게 논의되는 형사제재를 형벌로 도입하여 그 문제를 해결해 보려는 시도들이 이 책의 내용을 이룬다. 피고인에게는 자유형 또는 재산형의 부과 외에 다양한 형사제재를 도입하여 그들의 사회복귀를 용이하게 하고 가정의 파괴를 막으면서 자신의 잘못을 반성케 하고 재범을 예방하도록 하는 한편, 피해자에게는 실질적 피해회복이 가능하게 하고, 국가적으로는 수감에 필요한 비용을 절감하게 할 수 있는 대체형벌은 어떤 것이 있는지 사회봉사명령제도, 수강명령제도, 징벌적 손해배상제도, 전자감시제도, 원상회복제도, 범죄수익 몰수제도 등을 중심으로 살펴보았다. 저자는 현행 형벌 9개 중 금고, 구류, 과료, 자격상실의 형은 폐지하고 그 자리에 위의 제도들로 대체함으로써 기존형벌과 병행 활용함으로써 다양한 형벌조합을 이루어 내고 그로 인하여 자유형의 사용으로 인한 폐해를 극복하는 계기가 되기를 기대하고 있다.

　끝으로 이 책의 발간을 계기로 저자가 형벌제도 연구에 더욱 매진할 것을 독자들께 약속하면서 이 책을 출판할 수 있도록 도와준 한국학술정보주식회사에 감사드린다. 아울러 출간과정에서 힘을 보태 준 충북대학교 대학원 박사과정 채희정, 김윤정 두 학생에게도 고마움을 전하며, 무궁한 발전을 기원한다.

2008년 1월

김 재 중

차례

제1장

서　론

제1절 연구의 목적과 범위

필자가 법률실무가로서 15년째 변호사업무를 담당하는 동안 구치소, 교도소를 수없이 방문하여 사선, 국선을 포함 천 명 이상의 피고인, 피의자를 접견하고 그 가족친지들을 면담하면서 느낀 결론은, 현행 형법상의 형벌로서는 수형자를 교육, 개선하는 것(특별예방)이나 일반국민에 대한 위하(일반예방)가 불가능하다는 것이었다. 특히 현행 자유형의 집행으로는 형벌이론상 기대되는 범죄자에 대한 개선, 교화 작용은커녕 극도의 인격적 침해를 유발하고 범죄자에 대한 낙인효과만 가중시켜 사회복귀를 어렵게 한다. 나아가 교도소가 범죄에 대한 정보교환 내지 교육장소로 변모되어 그 부작용이 심각하고, 수형자가 가장일 경우 가족들의 생계가 어렵게 되는 나머지 이혼, 가출 등 가정의 기본조건마저 파괴되는 현상이 보편화되어 있다.

수감된 많은 사람은 스스로가 돈이 없어서 교도소에 있다고 생각하고 있다. 그래서 "유전무죄 무전유죄(有錢無罪 無錢有罪)"라는 말을 서슴없이 하고, 이 말에 일반인들도 머리를 끄덕이고 있으며, 필자도 상당부분 공감하고 있다. 우리나라가 IMF관리체제에 접어들었던 1998~1999년경에 우리는 교도소에 수용가능인원을 훨씬 초과하여 1일 평균 68,087명에 이르는 수감자들이 누울 공간이 없을 정도로 과밀한 상태로 머무르던 것을 경험으로 확인한 바 있다. 당시 법원, 검찰 등 사법당국에서는 재산관련 범죄나 부정수표사범 등에 대하여 평소보다 상당히 완화된 기준을 적용하여 피해자에 대한 피해변제가 다소 미흡하더라도 과밀수용된 수감자들을 과감하게 석방함으로써 수감자의 46%에 달하는 미결수용자 문제를 해결하고자 하는 소위 "무전무죄"의 예외적인 상황도 볼 수 있었다.

필자도 자유형제도가 범죄에 대한 마지막 보루로서 작용해야 한다는 중요성을 인정하지만 이렇듯 단점과 문제점이 많이 내포된 자유형제도를 사법부가 전가의 보도처럼 휘두른다는 것은 수감자의 삶의 터전을 붕괴시키는 것에 다름 아니다. 따라서 자유형을 활용하려면 좀 더 신중에 신중을 기할 필요가 있다고 보고 다른 제재수단으로 해결되지 않을 때에만 보충적으로 사용되어야 할 것이라는 문제의식을 가지게 되었다. 예컨대, 2003년 8월 24일 외신에 따르면 유명한 팝가수 휘트니 휴스턴의 남편 브라운은 2003년 1월경 음주운전을 한 혐의로 8일간의 구금, 1년간의 운전면허정지, 24개월 보호관찰, 240시간의 사회봉사명령의 형을 선고받았다고 한다. 필자는 브라운이 단기자유형을 대체하는 다양한 형벌을 받은 것처럼 우리 법원도 개개의 사건에 대하여 피고인에게 가장 적합하다고 여겨지는 판결을 할 수 있도록 제도정비가 이루어지기를 바라는 소망을 가지고 있다.

한편, 필자는 피고인의 입장을 고려하면서도 범죄 피해자가 더 이상 소외를 당해서는 안 된다는 생각을 하게 되었다. 그래서 피해자가 범죄로 침해당한 손해를 극복하고 실질적인 보상을 받을 수 있도록 피해자의 이익을 도모하고 피고인에 대한 형사처벌을 연계할 수 있는 제재를 다양하게 우리 형사법 체계 내에 도입하여야 한다는 필요성에 대한 인식을 하면서 논문작업을 하게 되었다.

이에 따라 이 논문은 주로 자유형을 중심으로 현행 형법상 규정되어 있는 형벌의 문제점을 이론적으로 살펴보고 그 개선방안으로 어떤 것이 있을 수 있는지에 대하여 주로 형법학자들의 논문, 저서 및 공식 통계자료를 중심으로 연구하고자 한다. 결국 이 연구는 형사정책적 입장에서 실정법에 국한되지 않고 '범행한 행위자에 대한 제재'가 되는 다양한 제도를 살펴 현실적으로 어떤 것이 실정법에 편입될 수 있고, 어떻게 편입되어야 하며, 어떤 것이 폐지되는 것이 타당한지에 대한 논의가 주된 연구과제가 될 것이다.

필자는 현행 형법상 규정되어 있는 형벌이 범죄의 양상, 범죄자의 다양한 개성 등에 비추어 다양하지 못하다는 생각을 가지고 있다. 구금하거나 벌금형에 처하는 것 외에 다양한 처우를 함으로써 범죄자의 사회복귀를 용이하게 하고 가정도 파괴하지 않으면서도 자신의 잘못을 반성하고 재범을 하지 않을 수 있도록 유도하는 반면, 피해자에게는 실질적 피해회복이 가능하게 하고, 국가적으로는 수감에 필요한 비용을 절감하게 할 수 있는 방안으로 어떤 제도가 있을 수 있는지를 연구하여 보려고 한다.

제2절 논문의 구성

현행 형벌제도의 문제점과 형벌다양화를 통한 개선방안을 논하기 위해 우선 제2장에서는 형벌의 개념과 요건, 형벌의 기원과 역사적 발전, 형벌이론, 형벌부과에 관한 기본원칙 등에 대하여 개괄적으로 살펴보고, 제3장에서는 현행 형벌제도를 생명형, 자유형, 벌금형, 자격형(명예형) 등 4가지로 분류하여 각 형벌제도별로 의의, 역사 등을 살펴 각 형벌의 장·단점, 기능 등을 기술하기로 한다.

다음으로 제4장에서는 현행 형벌제도의 문제점과 그 개선방안을 살펴보고자 한다. 이에 따라 생명형, 자유형, 재산형, 자격형(명예형)의 순서로 각 형벌별로 불합리하다고 생각되는 문제점을 논하고 현행 형벌제도의 개선방안으로 적합하다고 생각되는 필자의 주장을 기술한다.

제5장에서는 새로운 형벌제도를 형법에 도입할 수 있는 가능성을 논하고자 한다. 사회봉사명령, 수강명령, 전자감시제도, 원상회복제도, 징벌적 손해배상제도, 수익몰수제도 등 법률 선진국에서 실시하고 있는 다양한 형사제재의 장점과 단점, 그리고 우리나라에의 도입가능성 여부 등을 상세히 살펴보기로 한다. 다양한 형벌을 도입하여 현행 형벌제도의 문제점을 개선하려는 논의가 그 주된 내용이 될 것이다.

마지막 제6장에서 필자의 연구결과를 종합 정리하여 결론을 맺기로 한다.

필자는 위와 같은 연구목적을 달성하기 위해 연구방법으로 아래와 같은 방법을 취하였다.

첫째, 문헌연구방법이다. 형벌의 개념, 형벌의 기원과 역사적 발전, 형벌이론 및 현행 형벌제도의 문제점과 개선방안에 대해서는 문헌연구를 원칙으로 하였다. 다만 국내문헌에 의해 충분한 논의를 얻지 못한 경우에는 외국문헌을 참고하였다. 생명형의 존폐론에 대한 논의는 국내문헌, 일본문헌을 참고하였으며, 형벌 다양화를 통한 개선방안으로 거론한 사회봉사명령, 전자감시제도, 원상회복제도, 징벌적 손해배상제도 등에 관해서는 국내문헌 외에 미국, 영국, 독일 문헌을 참고하였다.

둘째, 공식통계의 활용이다. 현재 활용되는 형벌의 발생빈도, 처벌의 유형 등은 법무연수원이 발행하는 범죄백서를 중심으로 공식통계를 추출하여 살펴보았다.

셋째, 대법원 및 헌법재판소의 판례를 활용하였다. 우리나라 대법원과 헌법재판소의 판례를 법원·판례공보나 헌법재판소판례집을 중심으로 참고하여 인용하였다.

제2장

형벌제도에 관한 개괄적 고찰

제1절 형벌의 개념과 요건

일반적으로 형벌이란 사회적으로 승인되지 않는 범죄행위를 범한 범죄자로부터 일정한 법익을 박탈하거나 제한하고 사회일반인의 법익보호와 범죄인의 사회복귀를 도모하는 공적 제재수단[1]이라고 이해되고 있다. 이를 좀 더 구체적으로 말하면, 형법규범 침해행위가 발생하였을 때, 국가가 그 행위에 대하여 사회윤리적으로 승인하지 않으면서 그 행위자의 통상의 자유 또는 권리영역을 강제적으로 박탈함으로써 사회 일반인들의 법익을 보호하고 사회질서를 유지하는 것을 목적으로 하는 공적 강제수단[2]이라고 볼 수 있다.

그 외에도 형벌은 국가가 법률을 위반한 개인, 단체의 위반행위에 대응하여 그 위반행위로 발생한 해악에 대한 응보의 목적으로서 뿐만 아니라 범죄예방적 목적으로서 통상 불유쾌한 것으로 인식되는 제재를 가하는 것이라는 견해[3]도 있는데, 이러한 정의에

---

1) 김일수, "형벌이론의 기초이론", 『주석형법총칙(2)』, 한국사법행정학회, 2001, 301면.
2) 류전철, "형벌의 본질에 관한 연구", 전북대학교 법과대학 석사학위논문, 1990, 5면.
3) Nicola Lacey, *State Punishment*, London and New York : Routledge, 1988, 11~12면.

따라 형벌의 요건을 몇 가지로 나누어서 보면 다음과 같다.4)

첫째, 형벌권의 주체는 국가이다. 형벌은 국가가 그 주체로 되어 있는 공적 제재로서 국가 형벌이 원칙이다. 따라서 형벌은 개인 간의 사적 제재와는 다르고 또 민사상의 손해배상과도 다르다. 형벌에 관한 입법, 구체적 사건에 대한 형의 선고 및 형의 집행은 그 어느 것이나 국가의 전속적 임무라고 하겠다.5)

둘째, 형벌은 범죄를 이유로 하여 그 형법적 효과로서 과하여지는 것이다. "법률 없으면 범죄 없고, 범죄 없으면 형벌 없다"라는 죄형법정주의에 의해 범죄가 없으면 형벌은 존재하지 아니한다. 법률은 어떠한 행위가 범죄를 구성하는가에 관하여 규정하고, 또 그 범죄의 법률적 효과로서 어떠한 형벌을 할 것인가를 규정한다. 형법은 이러한 범죄와 형벌의 관계를 규정하여 개개의 범죄유형 및 이에 대한 형벌의 내용을 규정하고 있다.6)

셋째, 형벌은 범죄자에 대하여 과하는 법률적 효과이다. 형벌은 범죄를 원인으로 하는 법률적 효과이나 범죄에 대하여 과해지는 것이 아니고, 원칙적으로 범죄의 주체인 범죄자, 즉 자연인(또는

---

4) 김용군, "형벌의 본질과 한계에 관한 연구", 경남대학교 행정대학원 석사학위논문, 1990, 5면.

5) 이와 관련하여 김일수 교수는 "형벌은 국가의 공적 제재수단이란 점에서 언제나 공형벌만을 뜻한다. 따라서 사적이나 일정한 집단내부에서만 규범력을 갖는 징계나, 민사적인 손해배상의무의 부과 따위는 형벌 개념에 포함할 수 없다"라고 설시하고 있다(김일수, 『형법학 원론』, 박영사, 1988, 37면).

6) 이와 관련하여 김일수 교수는 "형벌은 범죄행위에 대한 법공동체의 불승인 내지 비난을 내포하는 개념이다. 따라서 어떤 잘못된 행위에 대해 다른 교육적 목적에서 포상이나 찬사 또는 승인을 부여해 준다면 그것은 형벌의 개념에 포함할 수 없다"라고 설시하고 있다(위의 책, 37면).

법인)에 대하여 과해지는 것이다.

넷째, 형벌은 일정한 법익을 박탈하는 것이다. 즉 형벌은 고통[7] 또는 통상적으로 불유쾌하다고 간주되는 다른 결과들을 내포하고 있어야 한다.[8] 예컨대, 사형은 생명을, 자유형은 자유를, 자격형(명예형)은 자격(명예)을, 재산형은 재산을 각각 박탈한다. 형벌이 내포하고 있는 고통, 불유쾌한 결과들은 신체적인가 정신적인 것인가 하는 물음도 있을 수 있으나 결국 처벌자(국가)의 의도에 의존하는 수밖에 없을 것이다.[9] 형벌해악성의 본질은 국가 구성원의 인식과 의사소통에 있다고 보아야 한다. 다시 말해 범죄에 대한 반작용으로 부과하는 것에 대해 구성원의 다수가 '좋지 않은 것'으로 인식하면 해악성은 인정되고 따라서 형벌의 요건을 갖추게 되는 것이다.

---

7) 앤소니 플루(Anthony Flew) 교수는 형벌의 정의를 내리면서 의식적으로 고통이라는 용어를 사용하지 않는다. 그것은 "고통"이 매우 복잡한, 철학적, 생리학적 의미를 가지고 있기 때문이라고 추측된다(이경재 역, 『서양형벌사』(Graeme Newman, *The Punishment Response*), 길안사, 1997, 41면 참조).

8) H. L. A. Hart, *Punishment and Responsibility*, New York : Oxford University Press, 1968, 4~5면.

9) 이경재 역, 『서양형벌사』, 42면.

제2절 형벌의 기원과 역사적 발전

Ⅰ. 형벌의 기원

형벌이 언제부터 생겼는지는 명확하지는 않으나, 인간이 사회를 이루고 살기 시작한 시기와 큰 차이가 없을 것이라는 것이 지배적인 견해이다. 인류사적으로 보면, 자신이나 자신과 밀접한 관계에 있는 사람의 생명·신체·재산과 같은 가치에 해악을 미치는 행위에 대한 '불쾌'한 감정이 행위를 꾸짖고 그와 같은 행위를 다시 반복하지 못하게끔 하는 동기가 되었다고 볼 수 있다. 그와 같은 동기로 형벌을 부과하는 사람은 행위자에 대해 고통이라는 반대급부를 줌으로써 의도한 목적을 달성할 수 있을 것으로 기대한다.

'형벌'이라는 말은 14세기에 등장한 것이며 그 이전에는 비난이나 질책을 의미하는 'Verweis'가 형벌의 의미로 쓰였다. 이 말은 그리스어인 '포이네'(ποινη)에서 유래한다. 이 표현이 원래 피해자의 친족에게 지불하는 속죄금(Wergeld)을 의미하였다는 점을 감안하면, 형벌의 기원은 피해자와 그 가족·부족에 대한 복수에서 비롯된 것으로 짐작할 수가 있다.[10]

복수와 구별되는 공형벌은 고대 이스라엘법, 로마법, 게르만법, 우리나라의 팔조금법(八條禁法) 등에 이미 등장하고 있다. 이것을 사회계약설을 바탕으로 보면, 사적 복수가 제한 없이 이루어지는 것을 막고 약자의 권리를 보호해 주기 위한 계약을 통해 성립된 국가의 출현과 같이 시작되었다고 할 수 있다. 보복의 연장에서

---

10) 배종대, 『형사정책』, 홍문사, 2000, 296면.

벗어나 정의의 요청과 결부된 근대적 형벌사상은 1532년 캐롤라이나(Carolina) 형사법전에서 발견할 수 있고, 그것이 중세 말엽 이탈리아 학파로 계승되었다.

Ⅱ. 형벌의 역사적 발전

현대국가의 형법전은 형법의 보편성을 바탕으로 하여 대체로 유사한 범죄와 형벌을 규정하고 있으나 각국의 형법전이 모두 동일한 범죄와 형벌을 규정해 놓고 있는 것은 아니다. 각국은 자국의 정체성, 경제제도, 역사, 관습 또는 국민들의 법감정 등에 비추어 나름대로의 특성에 따라 상이한 범죄와 형벌을 규정하고 있다. 형벌에 국한하여 살펴보아도 어떤 나라는 사형을 존치하고 있는가 하면, 반대로 이를 폐지하여 인정하지 않는 나라도 있으며, 심지어 아직까지도 태형을 집행하는 나라도 있다. 그러나 이러한 극단적인 예를 제외한다면, 현대국가의 보편적인 형벌은 아마도 자유형과 벌금형으로 집약할 수 있을 것이다. 그런데 현대국가의 보편적인 형벌이 이 두 가지 형벌로 압축된 것은 그리 먼 옛날의 얘기가 아니다. 역사학에서 근대라고 부를 수 있는 시기 이전, 즉 불과 2, 3백 년 전까지만 하더라도 실로 상상할 수도 없을 만큼 잔인하고 야만적이며 소름 끼치는 형벌들이 "합법적으로" 행해졌다.[11]

우리의 형사사법제도는 불행하게도 과거의 전통이 단절된 채 20세기 초부터 가까이는 일본, 멀리는 유럽과 미국의 형사사법제도

---

11) 이경재 "근대이전 유럽의 형벌 유형 ― 사형의 기원과 처형방법을 중심으로 ―", 형사정책연구(제8권 제1호), 1997, 249면.

에 큰 영향을 받았다. 그러나 우리가 계수하거나 영향을 받은 것은 단지 외형적이고 형식적인 제도였으므로 그 내용에 대해서는 아직까지도 문외한에 그치고 있다. 현재 우리는 어느 정도 그 외형적인 제도는 엇비슷하게 갖추어져 있는 상태이므로 우리가 가진 형벌제도가 어떤 역사적 경과를 거쳐 정착된 것인지를 살펴보는 것은 뜻 깊은 일이라고 생각된다. 이에 형벌의 역사적 발전과정을 서양의 경우와 우리나라의 경우로 나누어 살펴보기로 한다.

1. 서양의 형벌역사

서양문명을 주도했던 유럽 대부분의 나라들은 우리나라와 같이 20세기 초에 이르러 서구의 제도를 계수한 나라들과는 달리 역사의 단절이 거의 없는 상태로 역사가 발전되어 왔다. 유럽의 형벌사를 뒤돌아볼 때 유럽의 각국 또는 각 민족들은 자신들의 고유한 역사에 근거를 두고 이를 바탕으로 현실에 반영하였다. 구체적으로 예를 들자면, 형벌에 있어서조차도 그들은 고대의 신화, 전설, 종교, 관습 등에 뿌리를 두고 발전시켜 이를 실생활에 직간접적으로 반영했다. 그러나 나라마다 굴곡이 전혀 없었던 것은 아니다. 서구역사상의 중요한 사건, 예컨대, 신석기시대의 농업혁명, 그리스와 로마의 몰락, 중세의 봉건제도, 절대주의를 타파한 시민혁명, 산업혁명 등 시대를 구분 짓는 사건의 발생은 역사의 진행을 바꿔 놓기에 충분했다. 형사사법에 있어서도 예외가 아니었다.

먼저 고대와 중세에서 사용된 형벌은 응보, 정확하게 말하면 동해보복(同害報復) 사상에 근거하여 행해진 경우가 가장 많을 것이다. 그러한 예로는 방화범에 대하여 화형을 시키거나 경계를 침입한 범법자의 목을 베어 버리는 경우를 들 수 있다. 이와 더불어 행해진 범죄와 상응하여 이를 반영한 형벌도 이러한 부류에 속할 것이다. 예컨대, 반역자의 경우 그의 심장을 꺼내어 찢는 것과 같이 특정한 신체부위에 대하여 가해하는 예가 대표적이다.

17세기 초까지의 형벌은 주로 벌금, 몰수 또는 손해배상 등 금전적인 제재가 대부분이었다. 영국에서 헨리 8세를 비롯한 절대국왕이 지배했던 영국의 튜더왕조시대에 억압적인 법률이 제정되어 시행되기는 했지만 매리 튜더가 지배했던 시대를 제외하고는 가혹한 형벌이 집행되었다고 하는 증거를 찾아볼 수 없다. 중세시대에 사형은 자주 사용되지 않았다. 그러나 예의적으로 반란죄에 대하여 사형을 적용한 튜더왕조시대에 사형은 사지절단이나 할복형과 함께 사용되었다. 신체형은 아마도 영국에서보다는 초기 식민지 미국에서 많이 사용되었던 것 같다. 그 이유는 적어도 17세기에는 미국에서 영국보다 많은 사형범죄를 찾아볼 수 없었고, 청교도주의의 영향으로 경미범죄일지라도 이를 중하게 다루었기 때문이었다. 사형과 신체형이 점차 증가하게 된 것은 17세기 초이고 이것은 의회의 힘이 세어지고 왕권이 약화되기 시작한 것과 맞물려 발생했다.12) 이때 감옥에서는 다양한 형태의 신체형이 광범위하게 사용되었으며 유럽에서의 사형유형은 다양한 형태가 있었다. 예컨대, 칼이나 도끼로 머리를 자르는 참수형(beheading), 머리를 바퀴 위에 매달아 부수는 거열형(breaking on the wheel), 십자가에 매달아 죽이는 십자가형(crucifixion), 산 채로 매장하여 생매장형(burial alive), 물에 빠뜨려 죽이는 익사형(drawning), 돌로 쳐서 죽이는 투석형(stoning to death), 불에 태워 죽이는 화형(burning), 배를

---

12) 이경재 역, 『서양형벌사』, 201면.

갈라 죽이거나 신체를 자르는 사지절단형(quartering, mutilation), 무거운 돌을 올려놓아 눌러 죽이는 압살형(pressing to death) 등 다양한 종류의 처형방법이 있었는데 다양한 방식의 사형이 사용된 이유는 여러 가지가 있었다.[13]

그러나 근대 이후 사람의 인지가 발달하고 과학문명이 발전하기 시작하면서 계몽주의에 입각한 인도주의사상에 입각하여 개혁자들은 과거의 전통에 대하여 의문을 던지고 이를 고치기 위하여 사회 각 분야에서 많은 노력을 기울였다. 잔혹하고 야만적인 형벌의 개혁에 대한 주장도 그러한 노력이 표출된 결과이다.

서양에서 "형벌의 개혁" — 잔혹한 형벌이 폐지되고 대신 징역형이나 구금형 또는 벌금형이 확대된 것 — 이 시작된 것은 계몽주의가 절정에 달했던 프랑스 대혁명의 전후라고 볼 수 있다. 잔인하고 끔찍한 단두대(guillotine)조차도 고통 없이 사람을 죽일 수 있다는 의미에서 휴머니즘을 반영한 처형도구라는 사실은 지금 생각하면 아이러니컬하기까지 하다.[14] 어찌되었든 18세기 중반부터 시

---

13) 이경재, "근대이전 유럽의 형벌유형 — 사형의 기원과 처형방법을 중심으로 — ", 276면에 의하면 사형이 사용된 이유로 다음 세 가지가 제시되어 있다. 첫째, 사형은 범죄자를 희생양으로 하여 제물로서 신에게 바칠 목적으로 사용되었다. 둘째, 범죄자가 악마의 전령으로 간주하고, 그의 영혼 또는 귀신을 배척한다는 의미에서 사형이 행해지기도 했다. 예컨대, 범죄자의 뼈를 부수어 영혼이 그곳에 자리잡지 못하게 하거나, 화형시킨 뒤 재를 바람에 흩날리는 것, 또는 범죄가 자리잡고 있는 신체기관을 절단 또는 분리시키는 것, 물에 빠뜨려 죽이는 것 등등의 방법이 이러한 목적을 위하여 사용되었다고 볼 수 있다. 셋째, 범죄자에 대한 공동체 구성원의 악감정을 범죄자에게 노출하면서 동시에 그 감정을 정화시킨다는 의미에서 집단적인 형벌이 행해지는 경우가 있었다. 투석형의 경우가 그 대표적인 예이다. 중세 이후 유럽에서 많이 행해지던 공개처형도 이러한 집단형벌에 그 뿌리를 두고 있는 것이라고 한다.

작된 "형벌의 개혁"은 적어도 형사사법제도에 있어서는 혁명과도 같다. 왜냐하면 과거 전근대적인 시절에는 징벌의 대상이자 제거되어야 할 범죄자의 생명과 신체가 형벌의 개혁으로 인하여 비로소 존중되어야 할 대상으로 인식되었기 때문이다. 이러한 계기를 마련해 준 것은 무엇보다도 베카리아(Cesare Beccaria)와 벤담(Jeremy Bentham)을 비롯한 고전학파(the Classical School)의 등장이라고 할 수 있다. 고전학파의 선구자인 베카리아는 근대적인 형사법의 기원이 되는『범죄와 형벌』(Dei Delitti e Delle Pene, 1764)을 저술하여 야만상태에 머물러 있었던 당시 유럽의 형사사법제도에 획기적인 전환의 발판을 마련하였다. 그가 주장한 내용은 여러 가지이지만 가장 핵심이 되는 것은 아마도 사형과 고문의 폐지일 것이다.[15] 주지하다시피 사형은 역사를 알 수 없을 만큼 오래된 형벌로서 기록상 남아 있는 것을 보더라도 상당히 오랜 세월을 거슬러 올라간다. 그런데 왜 베카리아는 동서고금을 막론하고 가장 보편적인 형벌로 꼽을 수 있는 사형에 대하여 격렬하게 반대했을까? 아마도 앞서 본 바와 같은 잔혹한 방식으로 진행된 사형에 대한 반발심리 때문일 것이다.[16] 즉 형벌개혁사상은 기존의 형법과 그

---

14) 이경재, "근대이전 유럽의 형벌유형 ― 사형의 기원과 처형방법을 중심으로 ―", 250면.

15) 베카리아는 "형벌은 어떤 경우라도 일개 시민에 대한 일인 또는 다수의 폭력행위로 되어서는 안 된다. 그러기 위해 형벌은 공개되어야 하고 신속하고 필요한 것이어야 하며 가능한 한 최소한이어야 하고 범죄에 비례하여야 하며 성문법에 규정되어 있어야 한다."라고 하여 형사법의 기틀을 제공하였다(이경재 역,『범죄학입문 ― 범죄학이론의 발전과정』(William V. Pelfery, *The Evolution of Criminology*), 길안사, 1996, 16면 참조).

16) 베카리아는 "살인 행위를 무서운 범죄라고 말하는 바로 그 당사자가

운영상의 명백한 모순, 불의, 그리고 독재에 의하여 자극을 받았던 것이다. 우리는 또한 개혁을 위한 움직임이 영국에서가 아니라 형법의 체계가 여전히 이탈리아의 규문주의 교회재판에 의하여 지배되고 있던 유럽 대륙에서 이데올로기적 기반을 가지고 있었던 점을 주목해야 한다. 영국의 사회생활이 18세기에 혼란을 거듭했음에도 불구하고, 영국의 형법은 유럽의 종교재판보다 훨씬 더 많은 자유를 사람들에게 가져다준다고 하는 믿음에는 조금의 흔들림도 없이 만족하고 있었다. 따라서 대부분의 초기의 비판들이 유럽대륙에서 나왔다는 사실에 놀라울 것이 없다.[17]

서양에서 형벌을 부과하는 감옥과 부랑자 및 정신이상자를 수용하는 수용소·병원을 구별하기 시작한 것은 18세기에 이르러서이다. 당초의 감옥은 개선목적과 무관하게 수형자를 단순히 감옥에 구금하는 데 그치는 것이었다. 수형자에게 노동을 시키는 것은 16세기 말 유럽에서 비롯되었다. 이것도 수형자의 재사회화를 위하여 행해진 것이 아니라 단지 국가가 값싼 노동력을 활용하기 위한 필요에 의해 생겨난 것이다.

교육·개선이라는 자유형의 현대적 특징은 17세기 중엽 이래 18세기까지 전통적 가치로 인정되던 응보사상이 퇴조하고 인도주의사상이 싹트면서 비롯되었다. 18세기 말에 일어난 대대적 감옥개량운동도 여기에 영향을 받은 것이라고 할 수 있다. 19세기 말에는 점차 교정이념과 재사회화 사상에 영향을 받아 오늘날과 같

양심의 가책도 없이 태연히 그 행위를 자행하는 것을 우리들은 목격하고 있다”고 하여 사형집행의 공개가 폭력이 재연되는 온상으로 인식하고 있었다(오생근 역, 『감시와 처벌』(Michel Foucault, *Surveiller et Punir*), 나남출판, 1999, 31면 참조).

17) 이경재 역, 『서양형벌사』, 237면.

은 형태로 수형자의 교화를 목표로 한 자유형의 모습을 갖추기에 이르렀다.

2. 우리나라의 형벌역사

가. 상고시대

우리나라의 역사시대는 고조선에서부터 시작된다. 법제사적 측면에서는 고조선으로부터 삼국시대 이전까지를 관습법시대라고 부르고 있다. 형벌은 주로 복수형 또는 위하형이 지배하였다.

(1) 고조선

고조선에서 시행되었던 이른바 「팔조금법」은 당시 사회의 형사법적 규범이었다. 즉 "살인자는 즉시 사형에 처한다. 타인의 신체를 상해한 자는 곡물로서 배상한다. 남의 물건을 훔친 자 가운데 남자는 노예로 삼고 여자는 노비로 삼는다. 그러나 스스로 이를 배상하려는 자는 사람마다 50만 전(萬錢)을 내야 한다"(相殺者 以死償, 相傷者 以穀償, 相盜者 沒爲其家奴婢)라는 3가지가 전해 오는데 이 조문에서 우리가 알 수 있는 것은 당시에 살인죄, 상해죄, 절도죄가 존재하였고, 그에 대한 형벌로는 사형,(현대적인 의미에서의) 벌금형, 노예형이 있었다는 사실이다.

(2) 부여 · 옥저 · 예

부여의 형사제도로써 살인죄에는 사형을 과하는 동시에 그 가족을 노비로 삼았다. 절도죄에 대해서는 12배로 배상하게 하였으며,

그 가족은 노비로 삼는다. 상간한 남녀와 질투심 있는 여자는 사형에 처하고 특히 투기한 여자는 그 시체를 산에 버린다는 내용이 전해 오는데[18] 이를 통해 부여에는 살인죄·절도죄·간음죄·투기죄 등이 있었으며, 형벌로는 사형·노비형·배상형(벌금형)·시체유기형 등이 있었음을 알 수 있다. 또 나라의 행사가 있었을 때에는 수형자를 사면하는 제도도 가지고 있었다고 한다. 한편, 옥저와 예의 사회제도는 주로 고구려의 그것을 많이 답습하여 형벌제도도 초기 고구려의 형벌제도를 답습한 것으로 보인다.[19]

(3) 삼한시대

마한, 변한, 진한으로 구성된 삼한시대의 형벌제도에 관해서는 전해 오는 바가 거의 없다. 이 시대에는 주로 각 지역에 특유한 관습법이 지배하였고, 이민족인 한인(漢人)이 벌목을 하다 잡혀 노비로 하였다는 기록으로 미루어 노예형이 있었다고 보인다. 가장 널리 알려져 있는 사실은 마한에 소도(순 우리말로는 "솟대")라고 하는 일종의 성역지를 두어 이곳으로 범죄자가 들어가면 그 처벌을 면제해 주었던 제도가 있었다는 것이다.

나. 삼국시대

(1) 고구려

고구려의 형률에 관해서는 주서(周書), 수서(隨書), 당서(唐書) 및 삼국시대(三國史記) 등에 의하여 알 수 있는데 모반죄(謀叛罪)

---

18) 김용태 / 명현식 / 나용식, 『한국법제사개요』, 원광대출판국, 1981, 21〜22면.
19) 김일수, 『한국형법 Ⅰ』, 박영사, 1992, 25면.

는 현행의 내란 및 외환의 죄에 해당하는 것으로 이를 범한 자는 불로 태워 죽인 다음 그 시체의 목을 베는 참시형으로 처벌하였다. 살인죄는 참형으로 처벌하였고, 절도죄에 대해서는 절취물의 12배를 배상토록 하였고 만약 배상하지 못한 경우에는 자녀를 노비로 삼았다. 국상불종죄(國相不從罪)는 현행법상 행정처분이나 행정명령 또는 공무의 집행을 불이행하는 죄로서 이는 족형으로 엄히 다스렸다. 한편 소나 말을 도살하는 자에 대해서는 재산을 몰수하고 노비로 삼았는데 이는 당시 사회가 농업 또는 군사상 소나 말을 중히 여겼기 때문이다. 군형죄(軍刑罪)는 성을 지키다가 적에게 항복하거나 싸움에 패한 자에게 적용되는 죄로 이에 대해서는 참형으로 엄히 다스렸다.

(2) 백 제

백제의 형률에 관해서는 북서(北書)와 삼국사기(三國史記)에서 찾아볼 수 있다. 모반죄에 대해서는 참형(斬刑), 퇴군죄(退軍罪)는 군형법상의 범죄로 이에 대해서도 참형에 처했다. 절도죄(竊盜罪)에 대해서는 유형(流刑), 장물죄(贓物罪)에 대해서는 장물의 2배를 배상토록 하였고, 간음한 여자는 그 남편의 집의 노비로 삼았다. 관인(官人)으로서 공사(公事)에 관하여 재물을 받은 자나 도둑질을 한 자에 대해서는 그 물건의 3배를 배상토록 하였으며, 이와 동시에 종신형(終身刑)에 처하였다. 대체로 엄격하기는 하였으나 고구려와 비교하면 다소 완화된 형태로 시행되었다고 보고 있다.

(3) 신 라

신라는 당(唐)의 율령격식(律令格式)을 답습하면서도 독자적인 제도를 추구하였다고 전해진다. 모반죄에 대해서는 그 처벌방법도 다양하였다고 한다. 즉 구족(九族)을 공개처형한 경우, 일족(一族)을 멸한 경우, 당사자만을 처형한 경우가 있었고 처형방식은 주로 거열형(車裂刑)이 사용되었으며 살인, 절도죄 등은 고구려, 백제와 유사하였다. 신라의 형벌로는 앞에서도 언급한 족형(族刑), 거열형(車裂刑), 사지해형(四肢解刑), 참형(斬刑), 자진형(自盡刑), 유도형(流徒刑), 장형(杖刑)·태형(笞刑) 등이 있었는데 족형은 범죄자뿐만 아니라 그 친족에 대해서도 형벌을 부과한 것이고 거열형은 머리와 사지를 거에 묶어 신체를 사분오열하는 잔혹한 형벌이다. 사지해형도 거열형과 유사한 형벌이다. 참형은 검으로 신체를 절단하여 죽이는 형벌이었고, 자진형은 스스로 자결하게 하는 형벌이다. 후대에는 사약을 내리는 벌로 행해졌다. 유도형은 유배형으로서 섬이나 벽지에 격리수용하는 형벌이었고, 장형·태형은 신체를 곤장으로 때리는 형벌이었다. 이와 같이 신라는 대체로 태·장·도·유·사의 오형(五刑)이 적용되었다고 볼 수 있다.[20]

다. 고려시대

고려시대에는 고려율(高麗律)이라고 불리는 13장 71개조(高麗史 刑法志)의 율령이 있었다. 고려사 형법지(高麗史 刑法志)에 규정되어 있었던 형벌을 보면 고려시대의 형벌은 당율(唐律)의 태·장·도·유·사의 형벌을 근간으로 하였지만 관습법에 상당히 의존하였다고 한다. 관습법에 의존했던 이유는 위의 오형만으로는 충분히 범죄자를 응보할 수 없고 또 일반예방적인 효과도 볼 수 없

---

20) 이경재, "우리나라 고대 및 중세의 형벌제도", 형사정책연구소식(통권 제22호), 1994, 29면.

었기 때문이었다. 고려시대의 형벌을 생명형, 신체형, 자유형, 재산형, 명예형 등으로 구별하여 살펴보기로 한다.21)

(1) 생명형

생명형은 가장 무거운 형벌로서 이에는 교형(絞刑)과 참형(斬刑)이 있었는데 참형(斬刑)이 더 무거운 형벌이었다. 참형이 무거운 형벌이었던 것은 교형은 목을 매달아 죽일 뿐 그 머리는 베지 않았으나, 참형은 머리와 사지가 끊어지므로 다시 인간으로 태어날 수 없다고 믿었기 때문이다. 신라시대와 같이 거열형, 참시형, 자진형, 석압사(石壓死: 돌로 목을 누르는 사형방법) 등이 그대로 사용되었다.

(2) 신체형

태형은 작은 형장(刑杖: 곤장)으로 범죄인의 신체를 치는 형벌로 10도에서 50도의 5등급으로 나뉘어져 있었으며 주로 경미한 범죄에 적용되었다. 태형은 도형이나 유형에 부가하여 과해지기도 하였으며, 감경할 수가 있었다. 장형은 큰 형장으로 범죄자의 등이나 넓적다리 또는 볼기를 치는 형벌로 60도에서 100도까지의 5등급이 있었다. 장형 역시 유형에 병과하여 과해질 수 있었으며, 감경도 가능하였다.

삽면(鈒面)은 범죄자의 얼굴에 칼로 상처를 내어 문신을 한 형벌이었다. 이 형벌은 주로 유형에 병과되었다고 한다. 곤형(髡刑)은 남녀를 불문하고 머리를 깎는 형벌로 주로 부가형으로 처해진 형벌이었고, 월형(刖刑)은 사형 다음으로 가는 중형으로 이는 범죄

---

21) 송두용, 『한국법제사고(法制史考)』, 진명문화사, 1985, 228~296면.

자의 뒤꿈치를 자르는 형벌이었다.

(3) 자유형

오늘날의 자유형에 해당하는 형벌에는 크게 나누어 유형과 도형이 있었는데 집행방법의 여하에 따라 여러 가지 종류로 나뉘었다. 유형은 범죄자의 거주장소를 멀리 원격지로 보내는 형벌로 이천 리, 이천오백 리, 삼천 리 등 3등급으로 나뉘어져 있었으며, 일정한 형기가 없어 국왕의 사면이 없는 경우에는 영원히 고향으로 돌아갈 수 없었다고 한다.

한편 도형은 노역형의 일종으로 범죄자에게 노역을 과하거나 노비로 만들어 사역게 한 형벌이었다. 도형은 일 년, 일 년 반, 이년, 이 년 반, 삼 년 등 5등급으로 나뉘어져 있었으며, 이는 감형할 수 있었다.

(4) 재산형

고려시대의 재산형으로서 몰관(沒官), 속형(贖刑), 벌금형(罰金刑) 등이 있었다. 몰관은 모반이나 기타 중죄를 범한 범죄인의 노비, 재산, 전답 또는 가옥들을 몰수한 형벌이었다. 몰관은 범죄자의 가족을 몰수하는 사람의 몰수와 재산을 몰수하는 재산의 몰수가 있었으며, 속행 또는 벌금형은 동(銅) 또는 은(銀) 등의 재물을 납부케 하는 형벌이었다.

(5) 명예형

명예형은 관직을 가진 자에 한하여 과한 특별형이었다. 고려시대 명예형에 해당하는 형벌은 그 집행방법에 따라 여러 가지로 나뉘어졌다.

제명(除名)은 관리의 범죄에 대한 극형으로 출신 이후의 모든 관품(官品), 훈품(勳品), 작위(爵位)를 모두 제거하고 그 신분을 박탈하여 서민으로 강등시킨 형벌이었다. 면관(免官)은 두 종류의 관직을 없애는 형벌이었고, 금고(禁錮)는 일정한 기간 또는 종신이나 자손 삼대에 이르기까지 관직을 갖지 못하게 한 형벌이었다(이는 현행의 금고형(禁錮刑)과 전혀 그 취지가 다르다).

라. 조선시대

조선시대에는 대명률(大明律)을 포괄적으로 받아들여 보완하고 조선의 실정에 맞도록 하여 우리의 법률로 사용할 수 있도록 하였고, 그 노력의 연장선에서 최초의 법전인 경국대전을 편찬하기에 이르렀는데 경국대전 중 형전(刑典)이 조선시대 형사법으로 사용되었다. 조선은 공형벌(公刑罰)은 원칙으로 하면서 극히 제한된 범위에서 사형(私刑)을 허용하였다. 아울러 윤형(閏刑)이라는 제도를 두어 죄인의 신분에 따라서 본래의 형벌에 대신하여 일정한 신분상 제재 내지 불이익을 가하였다. 그러나 가장 전형적인 형벌은 태형·장형·도형·유형·사형의 오형이었으며 법정형은 아니었지만 조선사회에서 실제로 성행하였던 법외형도 적지 않았다.[22]

(1) 사형(私刑)·윤형(閏刑)

조선시대에는 조부모나 부모에 대한 공경을 최고의 가치로 여겼으

---

22) 박강우, "조선전기 형사법제와 형벌사상", Juris Forum(제3호), 충북대학교 법학연구소, 2003, 252면.

므로 조부모나 부모가 타인으로부터 구타당하는 것을 본 자손은 즉시 부모 등을 구호하면서 다시 가해자를 구타한 경우에는 그 구타행위를 불문에 붙였다. 또한 조부모나 부모가 남에게 피살된 것을 알고 자손이 가해자를 임의로 살해한 때에는 장 60대의 형으로 가볍게 처벌하고 피살 현장에서 범인을 살해하였을 때에는 불문에 붙였다.

윤형은 관리나 승려 등 일정한 신분을 가진 사람이 범법행위를 한 경우에 그 관직을 박탈하는 등 명예형을 가하는 경우를 말한다.

(2) 오 형

(가) 태 형

태형은 가벼운 범죄자에 대해 작은 가시나무 회초리인 형장으로 죄인의 볼기를 때리는 형벌이다. 10도(度), 20도(度), 30도(度), 40도(度), 50도(度)의 등급이 있으며, 매 10도를 기준으로 형을 1등씩 가감한다. 예컨대 태 50대의 형에서 1등을 감하면 태 40대가 된다.

(나) 장 형

조선시대 행형에서 가장 남형(藍刑)의 폐가 가장 많았던 것이 바로 장형이어서 조선조는 장의 규격과 집행방법을 엄격히 법제화하여 이를 방지하려고 하였다. 경국대전에 의하면 관리가 남형하는 경우에는 장 100과 도 3년의 형에 처하고 영구히 관직에 임용되지 못하게 하였다.

(다) 도 형

도형은 약간 중한 죄를 범한 경우에 관청에 붙잡아 두고 소금을 굽게 하거나 쇠를 달구게 하여 온갖 힘들고 괴로운 일을 시키는 형벌이다. 노역에 처하는 기간은 죄질에 따라 정하되 1년에서 3년까지 6개월 기준으로 5등급이 있으며 반드시 장형이 병과되는 점이 특징이다. 도형이나 유형·천도형을 받은 죄수가 복역 기간 내에 도주한 때에는 1일에 태 50대를 과하고, 다시 복역하던 곳으로 돌려보냈다.

(라) 유　형

유형은 사람이 중한 죄를 범한 경우에 먼 지방으로 귀양 보내어 죽을 때까지 고향에 돌아오지 못하게 하는 형벌이다. 유형은 도형과 함께 자유형의 일종이며, 조선시대 전반을 통하여 널리 이용되었고 형의 기간이 정해지지 않은 점이 특징이다. 다만 임금의 사령(赦令) 또는 소결(疏決) 등의 왕명에 의해서만 특별히 석방될 수 있었다. 사형을 면한 대부분의 정치범들은 유형으로 처벌되었다.

(마) 사　형

사형은 사람의 목숨을 빼앗는 극형으로서 교수형(絞首刑)과 참수형(斬首刑)의 두 가지가 있었다. 반역모반죄나 친부모살해죄와 같은 최악의 반도덕범에 대해서는 능지처사(陵遲處死) 또는 능지처참(陵遲處斬)이 집행되었는데, 죄인의 머리, 양팔, 양다리, 몸체를 찢어 각지로 보내 여러 사람에게 보이거나 신체의 특정된 수개처에 칼질하여 상처를 내고 목을 베는 형벌이다. 네 개 또는 다섯 개의 수레에 묶은 다음 각방으로 잡아당겨 찢어 죽인 거열의 방법도 사용되었다. 기타 사형방식은 고려시대와 유사하고 크게 다르지 않았다.

마. 근대 형사제도 도입

조선 말 고종 13년(1876년)에 신정(新政)의 유서(諭書)가 반포됨으로써 외국의 형사제도가 도입되었고 형사제재를 위한 제도들이 서양 방식에 따라 신설되다가 일제식민시대를 거쳐 1953년 9월 18일 법률 제293호로 형법이 제정, 시행되었다.

제3절 형벌이론

Ⅰ. 개 관

범죄자에게 부과되는 국가형벌은 필연적으로 개인의 자유와 권리를 제한하는 해악적 성격을 갖기 때문에, 이는 형벌을 부과하는 정당한 근거와 이를 통해 달성될 수 있는 구체적 목적 등에 의하여 결정해야만 한다. 예컨대, 이와 같은 근거나 목적 없이 오직 통치권행사의 한 방법으로서 형벌이 부과된다면 개인의 기본적 권리와 자유를 침해하는 것이므로 이를 인정할 수 없으며, 올바른 기준 없이 법관의 자의적 형벌권행사도 마찬가지로 개인의 기본권을 침해하게 되므로 이를 제한할 논리적인 근거가 요청된다.

이와 같이 형벌의 본질이나 형벌을 근거 지워 주는 정당성의 모습을 어디에서 찾을 것인가에 대한 법철학적 논의를 형벌이론이라고 한다. 이러한 논의의 필요성은 단지 추상적인 논의 자체에서 머무는 것이 아니라 정당한 형벌을 구체화시키는 형법적 이념으로서의 정의를 실현시키고, 실제적인 관점에서 형벌의 불균형을 제거하기 위한 뒷받침으로서의 기능을 가지게 된다. 특히 근대사회가 성립된 이래로 국가로부터 개인의 자유와 권리를 보장하기 위하여 형벌부과의 정당성과 목적 등에 관한 논의는 국가형벌권을 제한시켜 주는 실질적 의미로 평가되기 때문에 다양한 모습에서 발전되어 왔다. 오늘날과 같은 현대사회에서는 다원적 사회현상에 합리적으로 대응하기 위한 이념에서 형벌에 관한 논의는 새로운 차원으로 전개되고 있다. 형벌의 목적에 대한 관점을 대별하면 범죄가 행하여졌기 때문에 형벌을 과한다는 입장과 범죄가 행하여지지 않도록 하기 위하여 형벌을 과한다는 입장을 들 수 있는데,[23] 전자를 절대설 또는 응보론, 후자를 상대설 또는 예방론, 목적론으로 부르고 있다.

Ⅱ. 절대설(응보설)

이 학설은 형벌의 본질을 유책한 범죄행위에 대한 응보(Vergelt-ung)에서 찾고 있다. 범죄행위는 법질서에 위반되는 악행이므로 행위자에 대하여 행위의 불법성(또는 해악성)과 상응하는 만큼의 응보적 의미를 갖는 형벌이 부과되어야 한다. 따라서 형벌의 본질은 응보적 성격을 가지며 행위자의 책임에 절대적으로 상응하는 모습에서 형벌의 범위가 결정되며, 형벌을 통해 정의가 회복될 수 있다는 주장이다.[24] 따라서 절대설에서는 형벌의 의미와 조건 등을

---

23) 차용석, 『형법총론강의』, 고시연구사, 1988, 87면.

24) 이와 같은 의미에서 범죄행위에 대한 정의의 실현으로서 형벌의 모습을 응보에서 구했거나, 속죄 혹은 책임상쇄의 절대적 관계성에 의하

이와 같이 평가하므로 형벌을 통한 일정한 목적추구의 기능적 관점을 고려하는 것을 인정하지 않아서 관념적 이론으로서의 특성을 가진다. 절대적 형벌이론은 고전적 입장에서 형벌의 모습을 파악한 것으로 오랜 역사적 전통을 가지며 근대에 접어들어 가장 대표적인 이론으로서 정립되었다.

1. 플라톤 및 토마스 아퀴나스

고대 그리스 철학자 플라톤(Platon)은 '영혼삼분설'에 따라 인간의 영혼은 '이성'(logisticon), '기개'(thymoides) 및 '욕정'(epthymetikon)으로 이루어진다고 한다. 그리고 이러한 영혼의 덕은 정의라고 한다. 그의 형벌관도 이러한 정의관에 따라 형벌은 범죄로 인하여 파괴된 정의를 회복하며 더럽혀진 영혼을 정화하는 것이라고 한다. 그는 죄를 질병에 비유하여, 질병이 의사의 치료를 필요로 하듯이 범죄인의 죄도 형벌을 필요로 하며 형벌을 받지 않은 것은 자기의 영혼을 병들게 하는 것이라고 한다.

한편, 중세의 신학자 아퀴나스(Thomas Aquinas)의 형벌관도 기본적으로 응보형에 입각하면서도 예방사상도 나타내고 있다. 즉 그에 의하면, 형벌을 약(medicine)에 비유하여 약이 환자의 병을 고치듯이 형벌은 죄를 속죄시키고 범인을 개과천선시킨다고 한다.[25]

여 평가되므로, 각 명칭 간의 개념적 차이를 인정할 수 있게 된다. 자세한 내용은 배종대 역, 『형사정책의 새로운 이론』(Neumann / Schroth, *Neuere Theorien von Kriminalitat und Strafe*), 홍문사, 1994, 24면 이하 참조.

25) 박양민, "형벌의 본질과 처우이념", 교정연구(제5호), 1995, 4면.

2. 칸 트

칸트(Kant)에 의하면 형법은 무조건적인 정언명령(kategorischer Imperativ)이다. 즉 어떠한 목적관계도 연관지을 수 없는 순수한 정의의 명령이므로, 이를 위반한 범죄자에 대하여 침해된 정의의 회복이 절대적인 의미에서 평가됨을 주장한다. 인간을 단지 수단이 아닌 그 자체의 목적으로서 평가하기 때문에, 형벌은 오직 범죄자의 책임에 대한 절대적 응보로서의 의미만을 가질 뿐이지 범죄자 자신이나 시민사회를 위하여 어떠한 선을 촉진하는 수단이 될 수 없다고 한다. 이와 같은 칸트의 형벌이론의 절대성은 다음과 같은 그의 '섬 사례'(Insel Beispiel)에서 명료하게 나타난다. 즉 "어느 공동체가 구성원의 합의로 해체되는 경우에도(예를 들어 섬 주민 모두 섬을 떠나기로 결의한 경우) 감옥에 남아 있는 마지막 살인자는 미리 처형하고 떠나야 한다. 그렇게 함으로써 사람들은 범죄에 대한 대가가 무엇인지를 깨닫게 되고 살인의 책임은 살인자 자신이 져야 함을 깨닫게 된다. 만일 처형하지 않고 떠난다면, 사람들은 정의에 대한 명백한 침해를 방조한 결과가 될 것이다."

결국 칸트에 있어서 형벌의 양과 질을 결정해 주는 표준척도는 탈리오의 법칙,26) 즉 정의라는 저울의 지침계가 어느 한쪽으로 기울지 않고 수평을 이루는 동일성의 원칙(das Prinzip der Gleichheit)이라고 볼 수 있다.27)

---

26) 최석윤/ 이경재/ 박미숙 공역, 『독일형사법입문』(C. Roxin/ G. Arzt/ K. Tiedemann, *Einführung in das Strafrech und Strafprozeßrecht*), 길안사, 1998, 61면에 의하면 인간이 살인을 저질렀다면 그는 죽어야 한다. 여기서 정의를 만족시키기 위한 다른 대안은 결코 존재하지 않는다고 표현하고 있다.

3. 헤 겔

헤겔(Hegel)은 변증법을 통해서 형벌의 절대성을 주장하였다. 인간사회에 있어서 범죄는 법질서를 침해하는 행위로서 법질서의 부정이며, 이에 대하여 부과되는 형벌은 범죄행위를 절대적인 관계에서 승화시키는 이른바 부정에 대한 부정이 되어, 다시 새로운 정의의 의미로 나타나게 된다고 주장하였다.[28] 그러나 칸트와 달리 헤겔은 정당한 형벌은 탈리오법칙에 의해 결정되는 것이 아니라 범죄와 형벌의 등가성에 결정된다고 보았다. 즉 범죄의 지양은 개념적으로 재응보(Wiedervergeltung)로써 침해된 범죄에 다시 침해를 가하지만, 이는 가치적으로 동일한 것을 의미한다고 주장하였으나, 칸트와 마찬가지로 형벌의 절대성을 강조하였다. 따라서 만약 위하나 개선의 목적으로 형벌을 부과한다면, "개에게 막대기를 드는 것"처럼 자유와 명예를 가지는 존재로서의 인간이 아닌 마치 개처럼 취급하는 것이라고 주장하여 절대적 응보형이론을 칸트에 이어 150여 년간 지속시켰다.[29]

4. 절대설에 대한 평가

절대설은 그 전제로서 이성적인 인간을 인정하고 있다는 점에서 근대법의 기본사상과 일치한다. 헌법적 이념에서의 인간의 존엄성

---

27) 조상제, "국가형벌의 목적과 책임의 기능적 구성", 형사법연구(제10호), 1997, 237면.

28) Hegel, *Grundlinien der Philosophie des Rechts*, 1821, S.99, in : Roxin, Strafrecht, Allgemeiner Teil, 1991, 30면에서 재인용.

29) Roxin, *Strafrecht, Allgemeiner Teil*, 1991, 30면.

의 모습도 이성적 판단을 할 수 있는 인격체로서의 인간의 모습을 전제로 하며 모든 법체계에 있어서도 마찬가지이다. 이러한 사상적 바탕은 형법이 개인의 자유와 권리를 국가형벌권으로부터 보장해 주기 위하여 반드시 필요한 실질적 원리로 작용될 수 있으며, 아울러 죄형법정주의, 책임주의 등 형법적 기본원칙들과도 논리적으로 조화될 수 있다는 이론적 장점을 가지게 된다. 이 학설은 추상적 이념에 불과하므로 현실관련적 형법의 기능구조에 맞지 않는다는 비판이 있지만, 수단을 통해 목적을 결정할 수 없는 것처럼 그 가치를 부정할 수 없다.

절대적 형벌이론에 의하면 형벌은 행위자의 책임에 의하여 근거지우고 행위자의 책임에 따라 한계가 설정된다(책임원칙). 따라서 책임에 의하여 형벌의 절대적 상관관계가 결정되므로 자의적인 국가형벌권의 행사로부터 행위자를 보호하는 기능을 갖게 된다. 즉 형벌의 근거와 범위를 행위자의 책임에 따라 제한하게 되므로 예방목적을 가장하여 범죄인을 부당하게 할 인권침해를 막아주는 결정적인 역할을 가지게 된다.[30]

이처럼 절대적 형벌이론은 근본적으로 근대시민사회의 기본사상인 개인의 자유와 권리의 보장이라는 개인주의적 관점에서 출발하여 형벌이론의 중요한 한 축을 형성하였다.

Ⅲ. 상대설(목적설)

절대설이 형벌을 행위자의 책임에 대한 응보로 평가하는 데 대

---

30) 배종대, 『형법총론』, 홍문사, 2000, 16～18면.

하여 상대설은 새로운 사회현상의 변화와 더불어 행위자의 사회에 대한 위험성과 사회 전체에 대한 형벌이 가지는 의미에 더욱 관심을 가지게 되었다. 이러한 변화는 형벌의 의미를 인간의 내재적인 모습인 책임을 기준으로 결정할 것이 아니라, 범죄의 예방과 사회정책적 목적에서 찾아야 함을 강조하게 되어 새로운 형벌목적에 주안점을 두는 목적형을 주장한다. 상대설은 형벌을 상대적인 예방목적을 고려하여 결정하게 된다는 견해로 사회일반 전체의 관점에서 고려하는 일반예방과 행위자 개인에 대한 예방목적을 고려하는 특별예방으로 구분된다.[31]

1. 일반예방주의

형벌의 의미를 사회 전체나 사회일반인에 대한 예방목적을 고려하여 결정할 수 있다는 입장이다. 일반예방이론을 주장하는 견해는 또다시 형벌의 의미를 사회일반인에게 규범질서의 준수라는 명제하에 예방적 차원에서 적극적으로 이를 보호하려는 사명으로 이해하는 적극적 일반예방[32]과, 이와는 달리 범죄행위에 대한 형벌의 의미를 이른바 잠재적 범죄인이라 할 수 있는 사회 구성원을 위하여 범죄로의 유인을 막겠다는 사명으로 이해하는 소극적 일반예방의 두 가지 측면으로 분류된다.

---

31) 유기천, 『형법학 강의(총론강의)』, 일조각, 1983, 14면에 의하면 일반예방은 응보설과 결합할 가능성이 있으므로 협의의 목적설은 특별예방주의만을 의미하는 것이 일반적이라고 한다.

32) 적극적 일반예방이론과 통합일반예방이론의 개념적 차이에 관해서는, 최석윤, "국가형벌권의 정당화에 관한 새로운 시도", 형사정책연구 (제8권 제2호), 1997, 298면 이하 참조.

가. 소극적 일반예방

소극적 일반예방은 행위자에 대한 형벌부과가 잠재적 범죄인이라 할 수 있는 사회일반인에게 위하적으로 작용되어 범죄예방의 목적을 달성할 수 있다고 주장한다. 예방목적의 고려가 사회구성원 전체를 대상으로 하므로 일반예방이며, 이들 일반인이 범죄를 저지르지 못하기 위함을 목적으로 하기 때문에 '소극적'인 개념으로 평가되어 소극적 일반예방이다. 이런 관점에서 형벌목적을 주장한 대표적인 학자로는 베카리아와 포이에르바하를 들 수 있다.

(1) 베카리아

베카리아는 그의 저서 『범죄와 형벌』에서 사회계약론에 근거를 둔 형벌사상을 전재하였다. 사회계약을 통해 개개인은 국가라는 공동체를 설립하고 이의 유지를 위하여 필요한 만큼 자신들의 자유의 일부분을 국가의 통치권행사로 위임하였기 때문에 국가는 공동체유지라는 목적범위에 필요한 부분 이상으로 형벌권을 행사할 수 없다는 것이다. 또한 시민의 자유를 보장하기 위하여 범죄와 형벌은 사전에 법률로 명확히 규정되어 있어야 하며, 형벌의 목적은 범죄자에게 고통을 주기 위한 것이 아니라 사회일반인에게 그와 같은 범죄를 다시 범하지 않도록 경고하는 데 있다고 하였다.[33]

(2) 포이에르바하

소위 '심리강제설'로 대변되는 포이에르바하(Feuerbach)의 형벌

---

33) 이재상, 『형법총론』, 박영사, 1991, 48면; 이형국, 『형법총론』, 법문사, 1990, 66면; 박상기, 『독일형법사』, 율곡출판사, 1993, 166면.

이론에서는 형벌의 본질적인 기능을 형벌의 위하적 기능에 둔다. 즉 범죄를 억제하기 위하여 국가가 자유와 권리를 가지는 국민일반에 대하여 물리적 강제력을 행사할 수는 없으나 심리적 강제수단은 가능하다는 점에 착안하여 범죄 및 형벌에 관한 내용을 미리 법률로 규정하여 사전에 예고함으로써 일반인들로 하여금 범죄를 통하여 얻는 쾌락과 이에 따른 형벌부과로 얻는 해악을 비교 평가하게 하여 범죄로 나갈 충동을 심리적으로 억제하여 범죄를 예방함에 형법의 본질적 목적이 달성될 수 있다고 주장하였다. 이러한 까닭에 범죄와 형벌에 관한 내용을 사전에 법률로 명확히 규정할 필요가 있다고 주장하여 '법률이 없으면 범죄 없고 형벌도 없다'(nullum crimen, nulla poena sine lege)라는 유명한 명제를 탄생시키게 되었다.

나. 적극적 일반예방

형벌의 의미를 규범질서의 기능적 안정성 보호에 두고, 이러한 관점에서 형벌의 모습을 결정할 수 있다는 주장이다. 즉 범죄는 사회적 일탈행위로서 일반규범질서를 파괴하고 사회구성원에 규범안정의 신의를 저버린 것으로 파악되며, 형벌은 행위자의 측면에서 실추된 규범안정의 기대를 회복하는 관점에서 타 구성원 등의 형벌에의 요구 등과 결합되어 이루어지게 된다. 규범안정과 사회안정을 주된 형벌목적으로 내세우는 적극적 일반예방이론의 주안점은, 결국 개개인이 아니라 사회 전체체계가 논의의 주된 대상으로 놓이게 된다는 점에서 일반예방목적이며, 형벌위하로서 일반인에 대하여 범죄행위로의 유인을 예방하겠다는 의도가 아니라 적극

적으로 사회규범질서를 보호하려는 의도로 적극적인 특징을 가지
며, 점차 복잡해져 가고 다변화되어 가는 현대사회의 제반갈등요
소를 제거하려는 새로운 시도이다.[34] 적극적 일반예방의 주장은
형벌의 의미를, 그리고 나아가 전체형법의 중심적 관점을 규범질
서의 안정과 기능적 체계유지라는 모습에서 찾기 때문에, 일면 현
실관련성 및 실효성을 인정할 수 있겠지만 책임원칙을 부정함으로
써 국가형벌권의 자의적 행사에 의한 개인의 자유와 권리를 침해
할 위험성도 아울러 함께 가지고 있다.

다. 일반예방에 대한 평가

일반예방의 주된 관점은 형벌의 모습을 사회일반인의 범죄예방
과 사회규범질서의 보호로 보고 있다. 형법의 사회보호적 기능과
연관하여 그 의미와 가치를 인정할 수 있으며, 무엇보다도 변화하
는 사회현상에 대처하여 형벌의 모습을 탄력적으로 적용시킨다는
장점을 가지게 된다. 그러나 이와 같은 전체 중심의 메커니즘 속
에 개인의 자유와 권리는 희생물로 전락될 수 있으며, 일반예방의
목적으로 고려하면 결국 형벌을 통한 범죄방지 및 사회안정의 이
념에 도달하려고 하기 때문에 가능한 무거운 형벌로 귀결짓는다.

결국 일반예방이론은 그 이론의 기능적인 탄력성은 인정할 수
있지만, 이러한 목적에만 집착한 나머지 개인의 자유와 권리가 국

---

34) 이에 따르면 형벌의 기능은 집단의식의 강화, 법적 심정 내지 윤리
    적 행위가치의 강화 또는 법충실에의 훈련 등으로 표현된다. 이러한
    주장들은 "형벌은 범죄자가 아니라 오히려 벌을 내리는 자의 개선을
    목적으로 한다."는 니체(Nietzsche)의 모토에 맞춰 나름대로 구성된
    이론이다. 자세한 것은 조상제, 앞의 논문, 244면 이하 참조.

가형벌의 목적을 위한 수단으로 전락될 심각한 위험성이 항상 존재하기 때문에 그 정당성의 평가에 있어 근본적인 한계를 가지고 있다고 본다.[35]

2. 특별예방주의

특별예방은 형벌의 목적을 직접적인 행위자에 대한 영향력의 행사에서 찾으려 한다. 행위자에게 형벌을 부과시켜 재범을 방지함에 형벌의 목적이 있으므로, 행위자를 개선·교육시켜 다시 사회에 복귀시켜 주는 데 주안점을 두거나 혹은 행위자의 재범방지를 위해 형벌로서 행위자 자신을 위하시켜 다시는 범죄를 저지르지 못하게 하는 관점에서 형벌의 목적을 두게 된다. 전자와 같이 행위자를 개선·교육시켜 법을 준수하는 사회구성원으로서 복귀할 수 있도록 적극적인 관점에서 형벌의 의미를 결정짓는 모습을 '적극적 특별예방'이라 하며, 후자와 같이 행위자를 형벌로 위하시켜 재범을 막는 소극적 모습을 '소극적 특별예방'이라고 한다. 특별예방주의는 19세기 중엽 이후 자본주의의 발달에 따른 새로운 사회현상의 변화된 모습에서 종래의 절대적 형벌이론을 통한 적용의 한계가 드러나게 되고 재범 등의 많은 범죄현상을 과학적이고 사회 정책적인 방법으로 대처하기 위한 필요성에서 출발하여 이론적 발전을 거듭하였다. 특히 리스트(Franz von Liszt)가 구파와의 학파논쟁을 통해 특별예방목적의 필요성을 역설한 이래로 많은 지지를 얻고 있는 형벌이론이라 할 수 있다.[36]

---

35) 同旨: 김학태, "범죄와 형벌에 관한 형법이론적 고찰", 외법논집(제9집), 2000, 한국외국어대학교 법학연구소, 361면.

가. 롬브로조

롬브로조(Cesare Lombroso)는 그의 저서인 『범죄인』에서 의학상의 실증적 방법을 형법에 응용하여, 범죄인을 생물학적·인류학적으로 연구하고 범죄인의 생물학적 관계를 인정하는 '생래적 범죄인'(geborener Verbrecher)을 주장하였다. 이에 의하면 범죄는 질병과 같이 소질로부터 오는 필연적 현상이므로, 이에 대한 형벌의 부과도 치료적 입장에서 범죄인의 특성에 맞는 모습으로 결정되어야 한다고 주장하여 응보론을 비판하였다. 그의 생물학적 범죄연구방법은 실증적 연구의 성과를 바탕으로 새로운 형법적 방법론인 범죄인류학파를 만들었다.37)

나. 페 리

페리(Enrico Ferri)는 범죄현상을 사회적 원인관계에 치중하여, 범죄에 대한 사회방위는 형벌에 의하는 것보다 사회정책에 의하여 해결할 것을 주장하였다. 그는 저서 『사회범죄학』에서 범죄는 범죄인의 사회적 모습에 의하여 필연적으로 기인하게 되므로, 범죄를 방지하기 위하여 범죄를 발생시킨 사회적 원인을 연구하여 이를 제거해야 한다고 주장하였다.

다. 리스트

구파와의 학파논쟁을 주도했던 신파의 대표자인 리스트는 범죄

---

36) 형벌의 목적을 둘러싸고 나타난 학파논쟁에 관해서는, 박상기, 『독일형법사』, 229면 이하 참조.
37) 정영석, 『형법총론』, 법문사, 1986, 34～35면.

인류학적 방법을 배척하고 범죄를 사회현상으로 보아 범죄 및 형벌의 개인적 원인보다 사회적 원인을 중요한 기준으로 평가하였으며, 예링(Rudolf von Jhering)의 목적사상에 영향을 받아 형법에 있어서의 목적사상을 강조하였다. 그의 유명한 논문인 "형법에 있어서의 목적사상"[38]이라는 논문(마르부르거 강령이라고 총칭되고 있음)을 통해 관념적 응보형의 모습을 비판하고 개별적 행위자의 특성에 맞게 형벌의 모습도 달리 구성되어야 함을 강조하였다. 리스트에 의하면 범죄인은 기회범과 상태범으로 구분할 수 있으며, 이러한 특징을 가진 범죄인들에게 맞는 가장 적합한 형벌의 모습을 평가하였다. 즉 기회범은 범죄의 성향이 있고 기회적이므로 형벌로의 위하의 목적에 따른 형벌부과가 가장 이상적이며, 개선 가능한 상태범은 교육과 개선의 목적에 맞는 형벌을 부과해야 한다고 주장하였고, 또한 개선이 불가능한 범죄인에게는 사회적으로 장기간 격리하여 사회에 해가 없도록 형벌을 적용시켜야 한다고 강조하였다.[39]

라. 특별예방주의에 대한 평가

형벌의 모습을 행위자에 대한 예방적 관점에서 결정하는 특별예

---

38) 김일수 역, 『형사정책과 형법체계』(Claus Roxin, *Kriminalpolitik und Strafrechtsystem* 1970), 박영사, 1996, 21면에 의하면 록신(Roxin)은 「형법에 있어서의 목적사상」은 형사정책의 지도적 표상이고 반면에 형법전은 범죄인의 대헌장으로서 전체에 대항하는 개인을 보호하는 것이라고 주장하고 있다.

39) 최석윤 / 이경재 / 박미숙 공역, 앞의 책, 69면에 의하면 개선, 위하, 무해화는 형벌의 직접적 작용, 즉 형벌에 내재하는 원동력이라고 표현하고 있다.

방이론은 범죄의 다양한 원인관계 등을 합리적으로 고려하여 이에
따라 이상적인 형벌의 모습을 탄력적으로 적용시킬 수 있다는 합
목적적인 이론으로 긍정적인 평가를 받는다. 또한 행위자의 입장
을 고려하여 교육·개선을 통한 재사회화로의 지양은 현대사회의
가장 심각한 문제인 사회로부터의 인간소외현상을 형벌이라는 수
단을 통해 극복할 수 있는 가능성을 제시하여 준다는 점에서 가치
를 인정할 수 있다. 그러나 형벌은 그 자체가 목적으로 인정받아
야 할 것이므로 목적을 위한 수단이 될 수는 없는 것이다. 형벌은
본질적으로 억압적 속성을 지니므로 정당성의 근거와 합리적인 제
한의 원리를 필요로 하기 때문이다. 또한 특별예방주의를 극단적
으로 주장하게 되면 결국 형벌은 보안처분으로 대체되어 개인의
인권을 보장받을 수 없게 되는 문제점을 안고 있다.

Ⅳ. 절충설

 형벌의 목적을 둘러싸고 나타난 절대설과 상대설(특히 특별예방
주의) 간의 대립은 19세기 말부터 20세기 초까지 독일형법계에서
유명한 학파논쟁의 양상을 띠면서 전개되었다. 특히 20세기 초 구
파의 비르크마이어(Birkmeyer)와 신파의 리스트(Framz von Liszt)
간의 논쟁은 극단적인 모습으로 대립되어 전개되었으나, 1930년대
이후 학파대립의 정점에서 두 입장을 결합한 형태의 절충적 견
해40)가 나타나게 되었다. 메르켈(Merkel)과 힙펠(Hippel) 등에 의

---

40) 조상제, 앞의 논문, 249면에 의하면 절충적 견해는 독일연방재판소에
　　서 판결을 하면서 비롯되었으며 혼합적 절충설이라는 명칭은 록신에
　　게서 유래한다고 한다.

하여 주장된 절충설은 극단적인 양이론의 대립을 지양하여, 형벌목적으로서 양이론에서 주장하는 응보와 예방을 함께 합리적으로 고려하여 형벌의 모습을 결정할 수 있다고 주장하였다.

1. 응보적 절충설

형벌의 의미에 관하여 응보를 본질적인 관점으로 보고 이 범위 내에서 부수적으로 예방목적을 고려할 수 있다는 입장이다. 형벌은 본질상 응보적 성격을 가지고 있으므로 형벌을 부과하기 위한 기준을 이에 해당하는 행위자의 책임평가에 의하여 결정하고, 사회적 상황이나 행위자의 개별모습을 고려한 일반예방과 특별예방의 목적을 부수적으로 고려할 수 있다고 한다. 따라서 형벌은 행위자의 책임에 의하여 근거 짓고 정당성을 획득할 수 있으며, 예방목적의 고려는 이와 같은 정당성의 한도를 넘지 않는 범위 내에서 고려될 수 있다고 주장한다.[41] 이와 같은 모습이야말로 형벌의 의미를 올바르게 결정질 수 있고, 국가형벌권의 자의적 행사로부터 개인의 자유와 권리를 보장할 수 있으며, 아울러 현실적이고 구체적인 예방목적도 아울러 고려할 수 있는 장점을 가진다고 강조한다.

2. 예방적 절충설

예방적 절충설은 형법에서 응보사상을 완전히 추방하고 형벌이

---

41) 이재상, 『형법총론』, 박영사, 1991, 55면; 이형국, 『형법총론연구Ⅰ』, 법문사, 1993, 123면; 박상기, 『형법총론』, 박영사, 1999, 18면.

론에서 단지 일반예방과 특별예방만을 유일한 목적으로 파악하여, 형법실현의 각 단계에서 단점들은 상호보충에 의해 제거하고 반면 장점들만 나타나도록 변증법적으로 합일시키려는 입장이다.[42] 이에 따르면 형법은 개인의 자유와 이에 봉사하는 사회질서를 보호한다는 점에서만 정당화될 수 있으므로 구체적인 형벌도 범죄예방의 이러한 현실적인 목적을 추구해야만 한다고 하면서, 특별예방과 일반예방만이 형벌의 목적이 될 수 있다고 한다.[43]

V. 소 결

절충설은 절대적 형벌이론과 상대적 형벌이론의 일면적인 주장만을 합리적으로 조화시키는 이상적인 모습이다. 그러나 현실적이지 못하고 이상적인 면만을 강조한다는 비판이 제기되기도 한다.[44] 형벌은 본질적으로 개인의 자유와 권리를 침해할 수 있는 높은 가능성을 가지고 있는 반면, 형법의 사회보호기능을 실현시킬 최적의 수단이며, 아울러 범죄인의 개선의 의미에도 효율적인 수단으로 평가할 수 있다. 이러한 형벌은 따라서 합리적이고 이상적인 목표와 기준에 따라 부과되어야만 한다. 예방적 절충설은 형벌에서 책임평가에 따른 요소를 고려함이 없이 예방목적만을 상대

---

42) Roxin, *Strafrecht*, Allgemeiner Teil, 1991, 38면.

43) 김일수, 『한국형법 I (총론 상)』, 박영사, 1992, 124~125면.

44) 배종대, 『형법총론』, 홍문사, 1995, 25면 이하에 의하면 형법의 근본적 문제는 절충이란 타협의 모습으로 결정될 성질이 못되고, 응보나 특별예방·일반예방 등의 목적이 서로 충돌되는 경우에는 절충이 불가능하며, 현실과의 관계에서도 일치하지 않는다고 비판하고 있다.

적으로 고려할 것을 주장하기 때문에 상대설에 대한 비판적 평가가 그대로 적용된다. 그러나 응보적 절충설은 행위자의 책임을 기준으로 하여 형벌을 근거 짓고 이 한도 내에서 예방목적들을 개별적으로 고려할 수 있으므로 형벌의 기본원칙인 책임원칙과도 조화를 이루어 형법적 정의를 실현시킬 수 있으며, 현실적인 상황에 따른 예방목적 등을 고려할 수 있으므로 합리적인 것으로 사료된다. 명문규정이 있는 독일형법(제46조 제1항)45)에서와 달리 한국형법에 규정은 없으나 행위자의 책임을 기준으로 형벌의 의미와 근거를 설정하는 중심적인 기준으로 삼으면서 예방목적을 고려하고 있는 응보적 절충설이 형벌의 목적과 한계에 관한 합리적인 이론이라고 볼 수 있을 것이다.46)

필자는 응보적 절충설을 지지하면서 입법론으로 독일형법 규정처럼 우리 형법에도 "형을 정함에 있어서는 범인의 책임을 기초로 한다."라고 양형에 있어 책임주의 원칙을 밝히고 나서 그다음 항에서 "형을 정함에 있어 다음 사항을 참작하여야 한다. ① 범인의 연령성형 지능과 환경 ② 피해자에 대한 관계 ③ 범행의 동기, 수단, 결과 ④ 범행후의 정황"으로 규정하자고 주장한다. 이와 유사한 안이 형법개정과 관련하여 논의되었음에도 불구하고 종전에 반영되지 못하였는바, 1995년 형법개정안과 같은 방식의 입법이 현행형법보다 진일보한 것으로 평가될 수 있다고 생각된다. 위와 같

---

45) 독일형법은 '행위자의 책임은 형벌을 양정하는 기초이다. 형벌에 행위자의 향후의 사회에서의 생활에 미친 효과들도 고려되어야 한다.'고 규정한다.

46) 이와 관련하여 이상윤, "형법상 책임과 형벌목적의 관계", 형사법연구, 2000, 213면에 의하면 형벌의 목적은 예방이나 응보냐에 관한 양자택일의 문제가 아니라 양자의 조화를 모색하여야 하며 예방목적을 고려하는 방식을 통하여 조화를 도모하되 예방을 적극적 포섭이 아닌 소극적 포섭으로 이루어야 한다는 경청할 만한 주장을 만날 수 있다.

이 입법된다면 우리 형법에서 형벌을 정함에 있어 범인의 행위 책임을 원칙으로 하되 범인에 대한 예방적 요소(연령, 성행, 지능, 환경) 및 특별예방적 요소(범인의 개선·재사회화 가능성에 관한 "범행후의 정황")를 고려하는 양형이 이루어진다[47]고 선언함으로써 형벌의 목적을 한층 더 명확히 할 수 있다고 본다.

제4절 형벌부과를 위한 기본원칙

I. 보충성 원칙

형벌의 목적이 형벌을 통해서 인간의 자유롭고 평화스런 삶을 확장 유지하는 데 있는 것이라면, 인간의 자유를 극도로 파괴하는 자유형을 폭넓게 사용하는 것은 타당하지 않을 것이다. 따라서 경미한 법익침해행위는 민사상이나 행정법상의 제재수단에 의하도록 하고 형벌이란 제재는 유보해야 할 것이다. 또한 형벌이란 제재가 불가피한 경우라 할지라도, 범죄의 중대성과 사회방위를 위해 특히 필요한 경우가 아니면 자유형 이외의 다른 대체수단을 이용해야 할 것이다. 또한 실질적으로 자유형과 다름없는 신체의 자유를 박탈하는 미결구금도 불가피한 경우가 아니면 금지되어야 할 것이다.[48]

---

47) 이상윤, "형법상 책임과 형법 목적의 관계에 관한 연구 ― 책임개념의 체계적 기능을 중심으로 ―", 한국외국어대학교 법과대학 박사학위논문, 2000, 147면.

48) 허일태, "자유형제도의 문제와 개선방향에 관한 연구", 형사정책(제5호), 1990, 57~58면.

Ⅱ. 책임주의

자유법치국가의 기본원리 중의 하나인 책임원칙의 형사정책적 기능은 개인의 자유를 위해 국가의 형벌권을 제약한다는 점이다. 책임주의에 입각할 때 형벌의 정도는 책임의 정도를 초과하지 않는 범위 내에서 개인의 자유에 유리하게 책임의 하한선 밑으로 완화시켜도 좋다. 따라서 아무리 폭력과 무질서가 난무하는 사회라 할지라도 이를 통제하기 위해 형벌 제약적 기능을 지닌 이 책임원칙을 포기해서는 안 된다.[49]

형법상의 각 범죄에 있어서 법정형은 기본적으로 그 나라의 문화상태와 가치관념 그리고 형사정책에 의해 결정되지만, 그 결정은 합리적이어야 할 것이다. 그것이 비합리적으로 정해져 책임주의 원리에 어긋나면 그런 규정은 개정되어야 마땅할 것이다.[50] 더 나아가서 우리 형법은 개인적 법익에서보다는 사회적 법익, 특히 국가적 법익에 대하여 중형을 규정하고 있어 책임주의에 따른 형벌의 재조정이 있어야 되리라고 본다.

Ⅲ. 합리주의

합리주의도 자유국가의 본질적 표지 중의 하나로서 구체적·실

---

49) 김일수, "형법개정과 제재제도의 개선방향", 형사정책(제5호), 1990, 9면.
50) 허일태, 앞의 논문, 59면에 의하면 상해죄(7년 이하 징역)와 폭행죄(2년 이하 징역)가 법정형이 다른데 폭행치사나 상해치사는 똑같이 3년 이상 징역으로 되어 있어 법정형의 균형이 맞지 않는다고 예시하고 있다. 필자는 상해치사는 그대로 두고 폭행치사는 1년 6개월 이상 징역으로 하는 것이 타당하다고 생각된다.

용적 사고방식을 의미한다. 그러나 형사정책과 관련하여 합리주의 란 단지 개인윤리적으로나 요구될 수 있는 가치는 형사정책의 영 역에서 배제하고, 복수개방적 국가 및 사회질서 내에서 사회윤리 에 타당하는 합리적 형사정책을 지향시킴을 의미한다. 오늘날의 형법입법 및 개정은 바로 이 같은 민주적 토론과 상호 의사교환의 토대 위에서 얻을 수 있는 상호 주관적 공감획득의 방향에서 진행 되고 있으며, 이것이야말로 합리주의의 경향이라고 할 수 있다.[51]

또한 가장 가벼운 제재수단에 의한 범죄예방의 강구도 이 같은 합리주의의 경향이다. 가장 무서운 형벌만이 범죄발생 억지의 효 과가 있다고 지금까지 믿어 온 것은 근거 없는 생각이었다. 이제 형법은 종래까지 자유형 중심에서 벌금형 중심으로 그 사고의 전 환이 필요한 시점에 이르렀다고 본다. 물론 중대한 범죄에 대한 자유형의 집행은 피할 수 없지만, 그럼에도 형법상의 주된 처벌수 단은 이제 점차 벌금형화하여 가는 새로운 시기에 서 있음이 분명 하다.[52]

Ⅳ. 인간존중주의

헌법 제10조가 보장하고 있는 인간의 존엄이 자유형의 집행으로 인해 근본적으로 침해되어서는 안 된다. 인간성을 근본적으로 파 괴하는 잔악하고 고통스런 자유형은 배제되어야 할 뿐만 아니라 수형자에 대한 비인간적 대우도 개선되어야 한다. 비록 자유형을

---

51) Calliess, R-P., *Theorie der Strafe im demokratischen und sozialen Rechtsstaat*, 1974, 182면.
52) 김일수, 앞의 논문, 9~10면.

불가피하게 부과할 경우라도 인간존중주의 차원에서 인간의 존엄이 본질적으로 침해되는 상황은 부인되어야 한다는 것이다. 그런 점에서 무기형이 아무런 여과 없이 사형 대신의 제재수단으로 요구된다거나 무기형은 자유형의 일종으로써 언제나 당연시된다고 보는 견해도 위험한 발상이다.

무기형으로 인하여 형법이 보장하고 있는 인간의 기본권이 본질적으로 침해된다면 그러한 자유형은 재고되어야 마땅하다. 또한 자유형의 선고 및 집행단계에서 집행기관의 편리와 효율성을 범죄자의 인권보다 우선해서는 안 될 것이다.[53]

---

53) 이수성, "우리사회의 범죄상황과 범죄대책의 기본방향", 형사정책연구(제1호), 1990, 17면.

제3장

현행 형벌제도의 구체적 내용

제1절 현행법상 형벌제도 개관

현행 형법 제41조에서는 형의 종류라 하여 "1. 사형, 2. 징역, 3. 금고, 4. 자격 상실, 5. 자격 정지, 6. 벌금, 7. 구류, 8. 과료, 9. 몰수" 등 9가지를 규정하고 있다.

사형은 수형자의 생명을 **빼앗는** 형벌이어서 이를 생명형이라고도 하고 형벌 중에서 가장 무거운 형벌이므로 극형(極刑)으로 불리기도 한다.

자유형은 문자 그대로 수형자의 신체자유를 박탈하는 형벌을 말하는데 강제노역이 부과되는 자유형인 징역형과 강제노역이 부과되지 않는 자유형인 금고형 및 구류를 포함한 개념이다. 징역형이나 금고형은 무기징역(금고)형과 유기징역(금고)형으로 나눌 수 있고, 유기징역(금고)형은 1개월 이상 15년 이하의 기간 동안, 구류는 1일 이상 30일 미만의 기간 동안 신체의 자유를 박탈하게 된다.

재산형은 범죄인에게서 일정한 재산을 박탈하는 것을 내용으로 하는 형벌인데 현행 형법에서는 벌금, 과료, 몰수 등 3가지 종류를 인정하고 있다. 벌금은 5만 원 이상, 과료는 2천 원 이상, 5만 원 미만의 재산을 박탈하는 형벌이고, 몰수는 범죄행위에 제공하였거나 제공하려고 한 물건이나 범죄행위로 인하여 발생하였거나 이로 인하여 취득한 물건 중 범인 이외의 자의 소유에 속하지 아니하거나 범죄 후 범인 이외의 자가 정을 알면서 취득한 물건을 소유권을 박탈하는 재산형이다.

자격형(명예형)은 범죄인의 명예, 자격을 박탈하거나 제한하는 형벌로서 현행 형법에서는 자격 상실, 자격 정지의 두 가지 종류를 인정하고 있다. 자격 상실은 사형, 무기징역, 무기금고의 판결을 받은 자에게 공무원이 되는 자격, 공법상의 선거권과 피선거권, 법률로 요건을 정한 공법상의 업무에 관한 자격, 법인이 이사·감사 기타 법인의 업무에 관한 검사역이나 파산관재인이 되는 자격을 상실시키는 형벌이고, 자격 정지는 유기징역, 유기금고의 판결을 받은 자가 형의 집행이 종료하거나 면제될 때까지 일정한 자격을 일정 기간(1년 이상 15년 이하) 정지시키는 형벌이다.

형벌은 주형과 부가형으로 나눌 수 있는데, 주형은 단독으로 선고될 수 있는 형벌인 데 반하여, 부가형은 주형에 부가하여 선고되는 형벌을 말한다. 사형, 징역, 금고, 자격 상실, 자격 정지, 벌금, 구류, 과료 등은 주형이고 몰수는 원칙적으로 부가형이어서 다른 형에 부가하여 과하여지지만 행위자에게 유죄의 재판을 하지 않을 때에도 몰수의 요건에 해당하면 몰수형만을 선고할 수도 있다.

제2절 생명형의 내용

Ⅰ. 사형의 의의와 역사

1. 의 의

사형은 수형자의 생명을 빼앗는 형벌이다. 사형은 생명을 빼앗기 때문에 생명형이라고 불리기도 하고 형벌 중에서 가장 무거운 형벌이어서 극형(極刑)이라고 불리기도 한다.

2. 역 사

가. 서양의 사형제도

사형은 가장 오랜 역사를 가지고 있는 형벌로서 그 역사는 인류의 역사만큼이나 장구하다. 고대에 이를수록 사형의 이용 빈도가 높았으며[54] 그 집행종류도 매우 다양하게 전개되어 왔으며 사형이 부과되는 범죄유형도 시대에 따라 변화를 거듭하였다. 서양의 중

---

[54] 탈리오법칙으로 유명한 성문법의 효시 함무라비법전에 의하면 사형 규정이 많아서 약 37개조에 걸쳐 있었는데 타인을 살인죄로 고소하고 그것을 입증하지 못한 자, 타인을 마술사로 고발하고 그것을 입증하지 못한 자, 중대한 사건에 대해 위증한 자, 증인이나 계약 없이 자유민의 아들이나 노예로부터 금·은·노예 혹은 소·말을 사거나 관리를 위해 수임하는 행위 등을 한 자 등까지도 사형에 처하도록 하였다고 한다(오영근, "사형존폐의 역사적 고찰", 사형제도의 이론과 실제, 국제사면위원회 한국연락위원회편, 1989, 28면).

세는 사형의 전성기라고 할 만큼 많은 사형이 행해졌고, 그 방법도 잔인하기 이를 데 없었다.[55] 집행도 공개적으로 이루어지는 경우가 많았고, 신분에 따라서 다른 사형방법이 적용되기도 하였다. 이때 사형이 빈번하게 행해진 이유는 14∼16세기 절대왕권을 유지하기 위해 왕권을 강화시킬 필요성이 커졌고, 몰락해 가는 봉건세력이 마지막으로 저항하는 한 방편으로 사형을 이용하기도 하였기 때문이었다. 이러한 사형제도에의 과잉의존은 근대사회로의 변화에 전후하여 제한되었다. 여기에는 정규적인 법집행기관의 제도화, 사형을 집행하는 것보다 자유형으로 대체함으로써 유용한 사회적 자원으로 활용하려는 목적 실현, 베카리아를 필두로 한 계몽사상가와 공리주의자들의 사형제도폐지의 노력과 형벌의 확실성, 보편성, 효율성을 담보할 수 있는 형벌제도의 정착, 절대주의의 붕괴와 법치주의를 근간으로 한 자유민주주의의 발전 등과 같은 요인들이 작용했을 것으로 추측되고 있다.

인류역사상 18세기 중엽까지 사형은 당연한 제도로서 논의대상조차 되지 않았는데[56] 그 이유는 다음과 같다.

첫째, 사형수를 자유형으로 대체할 만큼 국가의 경제력이 없었다. 18세기 중엽 이전까지만 해도 서양이나 동양이나 농경사회였기 때문에, 국가의 부는 지극히 한정적이었고, 범인들을 감옥에 넣어 부양할 정도의 재정형편을 가지지 못했다. 둘째, 국가는 범인을 수용하여 감시·감독할 인적 및 물적 장비가 충분하지 못했다. 셋째, 국가체제가 현대국가처럼 제대로 정비되지 아니하였기 때문에

---

55) 오영근, 앞의 논문 37∼38면에 의하면 화형(火刑), 질식사(窒息死), 수장(水葬), 독살(毒殺), 거열형(車裂刑), 박살형(搏殺刑) 등이 있었고 심지어 말벌로 죽이기도 했다고 한다.
56) 허일태, "사형제도의 폐지 필요성", 이형국 교수 회갑논문집, 1997, 763면.

도망간 범인은 복수할 가능성이 아주 많았다. 그런 복수가능성을 미리 차단하기 위하여 연좌제를 도입하여57) 범인의 친인척까지 사형으로 처벌하는 경우가 동서양을 불문하고 다반사로 일어났다.

그런데 18세기 후반 사형폐지론의 선구자인 베카리아, 하워드(J. Howard) 등 계몽사상가들이 사형은 사회계약의 본래 의미에 반하는 것이므로 폐지되어야 한다고 주장한 이래 사형범위를 제한하거나 사형제도를 폐지하는 국가들이 등장하게 되었고 사형제도를 존치시키는 경우에도 집행에 있어 고통을 완화시키는 방법이 모색되고 공개집행 대신 밀행주의가 점차 일반화되었다.58)

베카리아는 자신의 저서『범죄와 형벌』에서 사형은 또한 사람들에게 잔혹행위의 모범을 보이기 때문에 사회에 유해하다고 주장하고 있다.59) 즉 사형은 예외적인 경우 외에는 폐지되어야 한다는 것이다.

이러한 변화는 여러 국가의 입법에 반영되었다. 유럽 각국에서는 거열형, 낙인형, 절단형 등의 잔혹한 형벌이 폐기되었으며, 태형의 범위가 축소되었다. 영국의 경우 1760년대 사형범죄의 수가 160가지였던 데 반해, 1860년대에는 4가지(반역죄, 모살죄, 특수방화죄 등) 종류의 범죄 등에 대해서만 사형을 허용하였다.60) 독립 후 미국에서는 신체적 고문이나 야만적 처벌방식을 "잔혹하고 이상한 형벌"이라고 규정하고, 수정헌법 제8조를 통해 이를 금지하

---

57) 우리나라의 경우에도 역적에 대해서는 연좌법에 의하여 삼족을 말살하였고 범인을 은닉한 자도 참형(斬刑)에 처하였다(강구진, "사형폐지의 이론과 실제", 고시계, 1980. 4, 45면).

58) 이재석, "사형제도에 관한 고찰", 대구대학교 사회과학연구(제8집 제2호), 2000, 2면.

59) 이수성 / 한인섭 공역,『범죄와 형벌』, 길안사, 1995, 25면.

60) 한인섭, "사형제도의 문제와 개선방안", 형사정책(제5호), 1990, 29면.

였다. 사형이 수정헌법이 금지하는 "잔혹하고 이상한 형벌"에 해당하는가와 관련하여 미국판례는 변화되는 입장을 보이고 있다. Furman v. Georgia 사건[61]에서 사형을 잔혹하고 이상한 형벌로 보아 위헌을 선언한 바 있지만, Gregg v. Georgia 사건[62]에서는 사형 자체는 위헌이 아니라고 보면서 절대적 사형범죄를 위헌으로 선언한 바 있다. 한편 Thomson v. Oklahoma 사건[63]에서는 15세 소년에 대한 사형을 위헌으로 본 바 있다. 현재 미국은 주에 따라 사형을 존치하는 주와 사형을 폐지한 주가 병존하고 있다.

나. 우리나라의 사형제도

우리나라의 가장 오래된 형률(刑律)인 팔조금법에 보면 "사람을 살해한 자는 죽음으로 갚고, 사람을 상해 입힌 자는 곡물로써 갚고, 도둑질한 자는 그 집의 노비가 된다"는 표현이 나온다. 이것으로 미루어 고조선시대부터 동해보복사상(同害報復思想)에 의하여 사형이 행해졌음을 알 수 있다. 삼국시대에는 사형 등의 형벌권이 국가에 귀속되면서 개인적 보복으로 사형을 시킬 수 없게 되었다. 조선시대에는 다양하고 잔혹한 사형집행방법[64]이 있었으나, 그 집행을 제한하기 위한 제도도 시대에 따라 적절히 고안되었다. 1894년 갑오경장을 통해 칙령 제30호(1894. 12. 27)가 발효되어 참형

---

61) Furman v. Georgia, 408 U. S. 238(1972).

62) Gregg v. Georgia, 428 U. S. 153(1976).

63) Thomson v. Oklahoma, 487 U. S. 815(1988).

64) 박강우, "조선전기 형사법제와 형벌사상", 259면에 의하면 교수형, 참수형이 원칙이나 능지처참형, 무덤을 파헤쳐 부관참시(部棺斬屍)하는 방식, 독약을 사용한 사사(賜死)가 있었다.

(斬刑)과 능지처참형(陵遲處斬刑)이 폐지되고, 일반사형은 교수형(絞首刑)으로, 군법상 사형은 총살형(銃殺刑)으로 정해졌다.[65]

Ⅱ. 사형존폐론

1. 사형존치론

가. 논 거

(1) 민족적 확신·응보적 정의

사형존치론자들은 민족적 확신이 사형을 요구하고 있으며, 한 사람을 살해한 자는 그의 생명도 마땅히 박탈당해야 한다는 것은 엄연히 일반국민이 가지는 법률적 확신인 것이다. 사형은 응보사상의 요구일 뿐만 아니라 유일하고 적절한 속죄의 방법[66]이라고 주장하고 있다. 민족적, 법률적 관념은 사형이 유일하고 또 완전하며 충분히 정당성이 인정된다고 확신하고 있으며 이것이 곧 사형존치론의 근거인 것이고 이는 오늘날에도 세계의 많은 민족의식 속에서 자연법적인 원리로 받아들여지고 있다고 설명하고 있다. 따라서 민족적 확신이 사형이 필요하지 않다고 하지 않는 한 사형은 존치되어야 하며 이것이 현재의 민족적 확신인 것이라고 주장한다.[67]

---

65) 배종대,『형사정책』, 홍문사, 2000, 311면.
66) 竹田直平,『刑法と近代法秩序』, 成文堂, 1988, 317면.
67) 정봉휘, "사형존폐론의 이론사적 계보", 손해목 교수 회갑기념논문집, 1993, 472면.

(2) 위하력 · 일반예방 효과가 있다는 이유

사형제도의 필요성과 정당성에 관한 이론 가운데 가장 널리 주장되고 있는 것은 타인의 살인행위를 유효하게 억제할 수 있다는 것이다.[68] 그리고 사형의 범죄예방효과여부는 사형존치론과 폐지론 양측에서 중요한 쟁점으로 인정하고 있다.

"한 사람의 생명은 전 지구보다 더 무겁다"라는 말도 개인의 생명의 욕구의 표현인 것이며 삶에의 욕구가 인간존재의 본질에서 근원하는 것이라면 이를 부정하는 사형이 가지는 범죄억제력은 실로 크고 부정할 수 없는 사실이다. 따라서 인간의 본능 그것에 관련되는 형벌효과는 절대적이라고 하겠다. 인간의 생명은 한 번 잃으면 재생한다는 것은 불가능하며, 여기에 생명의 보호를 위해서 처음부터 타인의 생명을 빼앗는 행위는 무거운 형벌인 사형에 처함으로써 위하하고 이를 통해 범죄를 예방하여야 한다는 것이다. 따라서 사회의 안전을 위하여 사형은 필요한 것이며 특히 잠재적인 범죄자에게는 사형을 가지고 위하하여야 한다고 한다.[69]

사형의 존재는 죄를 범하려는 자에게 커다란 심리적 억제력을 가진다. 물론 사형을 폐지한 다음날부터 흉악범죄가 속출한다는 것은 아니지만 사형은 장기간에 걸쳐서 사형의 존재가 인간의 본능을 억제하여 사회적 · 심리적 콤플렉스를 형성한다. 이를 부정한다는 것은 논자의 단견이거나 자기모순인 것으로 범죄는 역사적 · 사회적 현상이기도 한 것이다.[70] 또는 사형의 특수한 범죄에 대해

---

68) 한인섭, "사형제도의 문제와 개선방안", 30면.

69) 정봉휘, 앞의 논문, 474면; 三原憲三, 死刑存廢論の系譜, 成文堂, 2001, 46면.

70) 小野清一郎, 『新訂 刑法講義總論』, 1950, 229면.

서는 강력한 위하력이 있다는 사실 또한 간과할 수 없다. 따라서 사형은 예외적 형벌로서 아직은 존치되어야 하며, 단지 하나의 추세로서 그것이 폐지 쪽으로 기울고 있을 따름[71]이라고 주장한다. 일부 교육형론자 중에 그 폐지는 시기상조이므로 존치시켜야 한다고 한다.

(3) 사회계약설

루소나 로크, 칸트의 사회계약론에 따르면 인간은 본래 이기적, 자의적 행동을 하는 경향이 있으므로, 그러한 이기심에 의한 침해로부터 확실하고 유효하게 생명·자유·행복·재산을 보존하기 위해서 우선 자신이 먼저 모든 타인의 생명·자유·행복·재산을 존중하고 침해하지 않겠다는 약속과 만약 침해한 때에 그 침해된 손해에 상당하는 이상의 불익·손해·불명예 등을 감수한다는 약속을 서로 교환하였다. 사회계약론자들은 이 약속의 준수를 담보하기 위하여 형벌이 존재하며, 위약의 경우 이 담보를 신속·확실하게 시행될 수 있는 상태로 만들기 위한 일련의 제도들이 필요하다고 한다.

사형제도의 측면에서 볼 때, 사회계약에 있어 인간이 갖는 모든 가치 중에서 가장 높고 귀한 생명을 침해하지 않겠다는 상호불가침의 약속을 가장 유효하고 정의로운 방법으로 담보하는 것이 위약자인 살인범인이 스스로 그에 상당하는 자기 생명을 제공하는 것은 당연한 것이고 여기에 사형존치의 의의가 있는 것[72]이다.

---

71) 牧野英一,『日本刑法 重訂版 上卷』, 有斐閣, 1937, 605면.
72) 竹田直平, "立法における死刑", 甲南法學(1卷 1號), 1988, 39면.

(4) 국민성과 사회상태

국민성과 사회상태가 사형제도를 존치시켜야 한다는 주장의 근거로 보는 입장에서는 사형의 존폐 문제는 그때그때 사회사정에 의하여 결정하여야 하며, 사회사정이 혼란상태에 빠져 언제 흉악범죄가 발생할지 모르는 경우에는 사형은 더욱더 필요한 의미가 있는 형벌이 된다[73]고 설명한다. 즉 현실적인 사회사정을 분석하여 사형은 불가피한 것이고 각 국가의 종교, 윤리적 면에서 사형은 부정할 수 없고 오히려 살인죄를 중심으로 존치시켜야 한다고 주장한다.

나. 우리나라 판례검토

(1) 대법원

대법원은 사형제도의 위헌여부와 관련하여 "헌법 제12조 제1항에 의하여 형사처벌에 관한 규정이 법률에 위임되어 있을 뿐 그 처벌의 종류를 제한하지 않고 있으며, 헌법 제37조 제2항은 국민의 모든 자유와 권리는 질서를 유지하고 공공복리를 위하여 필요한 경우에 한하여 법률로써 제한할 수 있다고 규정함으로써 그 제한을 헌법이 허용하고 있는바, 현재 우리나라의 실정과 국민의 도덕적 감정 등을 고려하여 국가의 형사정책으로 질서유지와 공공복리를 위하여 형법 등에 사형이라는 처벌의 종류를 규정하였다 하여 이것이 헌법에 위반된다고 할 수 없다"고 사형제도의 존치 입장을 취하고 있다. 판례에 나타난 대표적인 합헌의견은 다음과 같다.

---

73) 靑柳文雄, 『刑事裁判と國民性』, 成文堂, 1969, 128면.

　　"사형은 인간존재의 근원이 되는 생명 자체를 영원히 박탈해버리는 극형으로서 그 생명을 존치시킬 수 없는 부득이한 경우에 한하여 적용되어야 할 궁극의 형벌이므로 사형을 선택함에 있어서는 범행의 동기, 태양, 죄질, 살해의 수단, 방법의 집요성, 잔학성, 결과의 중요성, 피해자의 수, 피해감정, 범인의 연령, 전과, 범행 후의 정황, 범인의 환경, 교육 정도 등 제반 사정을 참작하여 죄책이 심히 중대하고 죄형의 균형이나 범죄의 일반적 예방의 견지에서도 극형이 불가피하다고 인정되는 경우에 사형의 선택도 허용된다고 보아야 할 것이다."(대법원 1985.6.11선고 85도926판결)

　　"인도적 종교적 견지에서 존귀한 생명을 빼앗아 가는 사형제도는 모름지기 피해야 할 일이겠지만 한편으로는 범죄로 인하여 침해되는 또 다른 귀중한 생명을 외면할 수 없고 사회공공의 안녕과 질서를 위하여 국가의 형사정책상 사형제도를 존치하는 것도 정당하게 승인할 수밖에 없는 것이므로 법정형으로 사형을 규정하였다 하더라도 이를 헌법에 위반되는 조문이라고 할 수 없다."(대법원 1987.2.26선고 90도2906판결)

　　"현재 우리나라의 실정과 국민의 도덕적 감정 등을 고려하여 국가의 형사정책으로 질서유지와 공공복리를 위하여 형법 등에 사형이라는 처벌의 종류를 규정하였다 하여 이것이 헌법에 위반된다고 볼 수 없다."(대법원 1991.2.26선고 90도2906판결)

(2) 헌법재판소

헌법재판소는 사형제도가 헌법에 위반되는지의 여부와 관련하여 다음과 같은 요지의 다수의견으로 합헌결정을 하고 있다.

　　"사형은 국가형사정책적인 측면과 인도적인 측면에서 비판이 되어 오기도 하였으나 인류역사상 가장 오랜 역사를 가진 형벌의 하나로서 범죄에 대한 근원적인 응보방법이며 또한 가장 효과적인 일반예방법으로 인식되어 왔고, 우리나라에서는 고대의 소위 기자 팔조금법(箕子 八條禁法)에 '상살자 이사상(相殺者 以死償)'이라고 규정된 이래 현행의 형법 및 특별형법에 이르기까지 계속하여 하나의 형벌로 인정되어 오고 있다.

우리 헌법은 개별적인 인간존재의 근원인 생명을 빼앗는 사형에 대하여 정면으로 이를 허용하거나 부정하는 명시적인 규정을 두고 있지 아니하지만 헌법 제12조 1항, 헌법 제110조 제4항의 규정을 보면 적어도 문언의 해석상으로는 간접적이나마 법률에 의하여 사형이 형벌로서 정해지고 또 적용될 수 있음을 인정하고 있는 것으로 보인다.

인간의 생명에 대해서는 함부로 사회과학적 혹은 법적인 평가가 행하여져서는 안 될 것이지만, 비록 생명에 대한 권리라고 하더라도 그것이 헌법상의 기본권으로서 법률상의 의미가 조영되어야 할 때에는 그 자체로서 모든 규범을 초월하여 영구히 타당한 권리로서 남아 있어야 하는 것이라고 볼 수는 없다.

현실적인 측면에서 볼 때 정당한 이유 없이 타인의 생명을 부정하거나 그에 못지아니한 중대한 공공이익을 침해한 경우에 국법은 그중에서 타인의 생명이나 공공의 이익을 우선하여 보호할 것인가의 규준을 제시하지 않을 수 없게 되고, 이러한 경우에는 비록 생명이 이념적으로 절대적 가치를 지닌 것이라 하더라도 생명에 대한 법적 평가가 예외적으로 허용될 수 있다고 할 것이므로, 생명권 역시 헌법 제37조 제2항에 의한 일반적 법률유보의 대상이 될 수밖에 없다 할 것이다.

생명권에 대한 제한은 곧 생명권의 완전한 박탈을 의미한다 할 것이므로, 사형의 비례의 원칙에 따라서 최소한 동등한 가치가 있는 다른 생명 또는 그에 못지아니한 공공의 이익을 보호하기 위한 불가피성이 충족되는 예외적인 경우에만 적용되는 한, 그것이 비록 생명을 빼앗는 형벌이라 하더라도 헌법 제37조 제2항 단서에 위반되는 것으로 볼 수는 없다 할 것이다.

사형은 인간의 죽음에 대한 공포본능을 이용한 가장 냉엄한 궁극의 형벌로서 그 위하력이 강한 만큼 이를 통한 일반적 범죄예방효과도 더 클 것이라고 추정되고 또 그렇게 기대하는 것이 논리적으로나 소박한 국민일반의 법감정에 비추어 볼 때 결코 부당하다고 할 수 없다.

인간의 생명을 부정하는 등의 범죄행위에 대한 불법적 효과로서 지극히 한정적인 경우에만 부과되는 사형은 죽음에 대한 인간의 본능적인 공포심과 범죄에 대한 응보욕구가 서로 맞물려 고안된 '필요악'으로서 불가피하게 선택된 것이며 지금도 여전히 제 기능을 하고 있다는 점에서 정당화될 수 있다. 따라서 사형은 이러한 측면에서 헌법상의 비례의 원칙에 반하지 아니한다 할 것이고, 적어도 우리의 현행 헌법이 스스로 예상하고 있는 형벌의 한 종류이기도 하므로 아직은 우리의 헌법질서에 반하는 것이라고는 판단되지 아니한다."(헌법재판소 전원재판부 1996.11.28선고 95헌바 결정)

2. 사형폐지론

가. 논 거

(1) 인도주의·종교적 이유

인도주의 입장에서 많은 학자들이 사형은 야만적이고 잔혹하여 인도적 견지에서 허용될 수 없다고 한다.[74] 사형은 야만시대의 유물이며 18세기 이래의 인도주의의 입장에서 보면 사형은 법의 이름 아래 자행되는 살인행위로서 살인이 허용되지 않는 것과 똑같

---

74) 김희진 역, 사형폐지론(團藤重光, 『死刑廢止論』), 한국사형폐지론운동협의회, 2001, 56면에 의하면 사형수가 사형을 기다리는 사이에 겪는 극한적 고통은 '영혼의 모욕'이라고 표현하고 있다.

은 이유로 사형은 허용되지 않는다고 한다.[75] 이 사상은 기독교사 상에서 출발하여 인간이 인간의 생명을 단절시킨다는 것은 그것이 설사 악인인 범죄인의 생명이라 할지라도 결코 허용될 수 없으며 신의 이름으로 인간이 인간을 살해한다는 것은 어떠한 경우이던 죄악이 된다고 생각하는 맥락에서 사형을 부정한다.[76] 국가는 사 람의 생명을 박탈할 권리가 없으며 헌법 제10조 인간의 존엄에 반 한다고 본다.[77]

(2) 위하력 – 일반예방효과가 없다는 이유

사형은 극형이고 무거운 형벌이다. 따라서 사형에 처하여진다는 공포심이 발생하고 이로써 범죄억제력이 있다고 믿고 있을 뿐이지 사실상 범죄억제력이 있느냐 하는 점은 의문점이 많은 것이고 확 실한 증거도 없는 것이다. 오히려 유럽에 있어서 공개적으로 사형 이 집행되고 있는 한 현장에서도 남의 지갑을 훔치는 범죄가 횡행 한 사례에서 보듯이 범죄억제력이 없으며 또한 사형의 주된 대상 이 되는 흉악범이나 정치적 확신범에는 무기력한 억제효과를 보인

---

75) 감옥개량 운동가인 John Howrd, *The state of prioson*, Everman's Library, 1929, 96면에 의하면 베카리아가 감옥구금(자유형)보다도 사형을 경시하고 있다는 것을 긍정하고 있다.

76) 정봉휘, 앞의 논문, 485면.

77) 김철수, 『헌법학개론』, 박영사, 2003, 319~320면. 이에 관하여 헌법 재판관 김진우는 "형사법의 영역에서 입법자가 인간의 존엄성을 유린하는 악법의 제정을 통하여 국민의 생명과 자유를 박탈 내지 제한하는 것이나 잔인하고 비인간적인 형벌제도를 채택하는 것은 헌법 제10조에 반한다. 사형제도는 양심에 반하여 사형을 언도해야 하는 법관은 물론, 또 그 양심에 반하여 직무상 어쩔 수 없이 사형의 집행에 관여하는 자들의 양심의 자유와 인간으로서의 존엄과 가치를 침해하는 비인간적인 형벌이다"라고 표현하고 있다.

다고 한다.[78]

(3) 오판가능성

오판가능성을 이유로 하는 폐지론은 현실성 있고 설득력 있는 주장이라 하겠다. 재판은 삼심제도가 확립되어 있다고는 하지만 인간이 하는 것이므로 절대로 오판이 있을 수 없다고는 단언할 수 없다. 이 경우 다른 형벌이라면 모르지만 사형제도의 경우에는 한번 집행하여 버리면 회복이 불가능하고 이는 돌이킬 수 없으며 국가 스스로가 죄악을 범하는 결과가 된다. 오판을 이유로 선진 여러 나라에서 사형 폐지에 발을 내딛게 된 계기가 마련되게 되었으며 사형을 폐지한 영국에서도 살인죄에 대한 사형을 회복하자는 주장이 많지만 의회가 사형폐지를 고수하고 있는 것도 이 오판가능성 때문이다.[79]

(4) 피해자 배상문제

사형폐지론과 관련하여 일본 형법학자 기무라는 피해자보상문제를 연결시키고 있다.[80] 그의 주장은 범죄인에 대한 사형을 폐지하고 이에 대신하는 것으로서 무기징역을 과하고 그간의 교도작업에서 얻는 수입으로 피해자의 손해를 배상하여야 한다는 것이다. 오

---

78) 前野育三, 『刑事政策論』, 法律文化史, 1988, 136면. 이에 관하여 헌법재판관 조승형은 "형벌의 목적은 응보·범죄의 일반예방·범죄인의 개선에 있음에도 불구하고 사형은 이와 같은 목적달성에 필요한 정도를 넘어 생명권을 제한하는 것으로 목적의 정당성, 그 수단으로서의 적정성·피해의 최소성 등 제원칙에 반한다."라고 표현하고 있다.

79) 小田中聰, 『誤判救濟と再審』, 日本評論社, 1982, 35면.

80) 木村龜二, 『體系刑法事典』, 靑林書院, 1966, 343면.

늘날의 사형제도는 범죄인의 처형만을 생각하고 그 상대인 피해자의 구제는 전혀 고려하고 있지 않다는 것이다. 이러한 이론은 인도적 사형폐지론이 그 인류애를 범죄인에 집중시키는 데 반하여 이를 피해자에게 집중시키자는 이론으로 형벌론의 일대전환을 요구하고 있는 것이다.

(5) 기 타

범행한 자만을 사형 집행하는 것은 범죄에 대한 사회적 책임을 은폐시키는 것이라는 주장도 폐지론의 하나이다. 범죄인의 개선교화를 목적으로 하는 형벌이념에 비추어 볼 때 사형집행으로 생명을 빼앗는 것은 개선교화의 여지가 없다는 주장도 있고 사형은 사람이 사람을 죽이는 것을 국가가 시범 보이는 것이어서 생명경시풍조를 조장한다는 주장도 있고, 사형을 선고하는 법관이나 집행인들의 양심의 자유와 인간의 존엄성이 침해되어 부당하다는 주장도 있다.

나. 미국의 판례검토

미국의 경우 사형폐지를 한 주와 존치하는 주가 있는데 앞서 본 Furman판결에서 연방대법원이 최초로 "사형은 그 자체로서 잔인하고 이상한 형벌이 아니며 따라서 부과될 수 있다"고 판결하였기 때문에 이 판결이 중요한 의미가 있다. 위 판결 이래 20년 동안 두 명의 연방대법관(Brennan 및 Marshall 대법관)은 사형은 잔인하고 이상한 형벌을 금지하고 있는 헌법에 위배된다고 주장하면서 일관하여 사형선고에 반대하다가 퇴직한 바 있다. 1994년 2월경 Blackman 대법관은 20년이 넘게 다수의견을 따라 사형의 공정성을 보장하기 위한 절차적 규칙을 발전시키기 위해 노력했지만 별다른 성과가 없었다고 말하고 퇴직한 바 있다.[81] 즉 연방대법원에서는 사형을 폐지하는 쪽의 논리가 점점 발전되고 있다고 본다.

결국 연방대법원은 2002년 "사형선고는 판사가 아니라 배심원단에 의해 내려져야 한다"라고 판결하고 2003년 9월 2일에 이르러서는 워런 서머린사건(1981년에 금융회사 여직원을 살해한 사건) 판결에서 "사형선고를 받고 복역 중인 죄수 중 배심원이 아닌 판사에 의해 사형선고가 내려진 모든 죄수의 형을 사형에서 종신형으로 바꾸어야 한다"고 판결하기에 이르렀다.[82]

Ⅲ. 소 결

많은 학자들이 사형은 과도하고 잔인한 형벌[83]이라고 지적하면서 사형은 법치 국가적 형벌질서에서는 정당화될 수 없다[84]고 하고 모든 권력의 정당성의 연원을 국민에게 두고 있는 민주국가에서는 국가권력이 생명을 박탈할 권한을 부여받고 있지 못하며 사

---

81) 최석윤, "사형에 관한 미국연방대법원의 판례", 형사정책연구(제10권 제1호), 1999 봄호, 183면.

82) 중앙일보, 2003.9.4.자, 15면. 위 판결로 애리조나, 몬태나, 아이다호 3개 주에서 최소한 1백여 명의 사형수가 종신형으로 감형될 것이고 향후 판사가 사형을 선고하는 네브래스카, 콜로라도 주나 배심원, 판사판결이 혼재된 델라웨어, 인디애나, 플로리다 주는 이 판결의 영향을 받게 될 것으로 보인다.

83) 김일수, "사형제도의 위헌여부에 관하여", 헌법재판자료집(제7집), 1995년 12월.

84) 박기석, "사형제도에 관한 연구", 형사정책연구(제12권 제3호), 2001 가을호, 107면.

형이 범죄에 대한 위하효력이 있는지에 관한 아무런 근거도 없다는 이유로 폐지를 주장하고 있다.[85] 즉 사형제도는 헌법적으로 정당화될 수 없고 형벌의 목적 중 하나가 범죄인의 사회복귀라는 관점에서 사형제도는 정당화될 수 없으며 응보나 일반예방의 관점에서나 정당화될 수 있다고 주장한다.[86]

폐지론자들은 사형에 대한 대체형으로서는 가석방을 수반하는 무기형, 전혀 가석방을 수반하지 않는 절대적 무기형 내지 종신형이 있을 수 있다[87]고 하는데, 절대적 무기형(종신형)은 완화된 사형으로서 전 생애를 사회와 격리되어 지내야 함으로써 어떤 의미에서는 사형보다도 더 가혹한 형이라고 할 수 있으므로 가석방을 동반하는 무기형을 채택하는 것이 대안이라고 한다.

사형폐지론은 논리적으로 충분한 합리성을 확보하고 있다고 본다. 그러나 피해자의 생명의 가치를 고려하지 않고 사형 자체가 인간의 존엄과 가치를 부정하는 형벌이라고 단정하는 것은 타당하지 않으며 아직은 정치·경제·사회·문화의 모든 면에 있어서 후진성을 지니고 있고 범죄의 흉포화 경향이 날로 증가하고 있는 우리나라와 같은 현상황하에서, 만약 사형폐지의 입법을 한다면 어떠한 흉악범도 그 생명만은 절대적으로 보장한다는 법률을 공포하는 결과가 될 것이므로 사형의 존속을 긍정하지 않을 수 없다고

---

85) 이건호, 심재우, 진계호, 김일수, 이형국, 이수성, 강구진, 권순영, 윤병열, 한인섭, 남흥우, 박정근, 김기두, 오영근, 배종대, 김영옥 김철수 등.

86) 오영근, "형법개정안의 형벌제도에 대한 검토", 형사정책연구(제3권 제2호), 1992. 18면.

87) 정봉휘, 앞의 논문, 505면. 이와 관련하여 허일태, "사형의 대체형벌로서 절대적 종신형의 검토", 형사정책(제12권 제2호), 2000, 232면에 따르면 사형폐지를 하기 위한 전략으로서 사형의 대체형으로 절대적 종신형의 도입이 불가피한 선택이라고 표현하고 있다.

본다. 생명을 잃게 된다는(사형당한다는) 생각이 자기보호본능을 위한 인간본능에 호소하여 특별한 위하력을 가진다고 보아야 하며 이러한 위하력은 흉포화된 범행을 하는 범인에게도 피해자의 생명이라고 하는 고귀한 가치를 훼손시키지 않도록 하는 마지막 억지력으로 작용될 것으로 믿는다.[88]

제3절 자유형의 내용

Ⅰ. 자유형의 의의와 역사

1. 의 의

자유형이란 인간으로서 마땅히 향유할 수 있는 행동의 자유를 제한, 박탈하여 일정한 장소에 격리, 구금하는 형벌이다. 근세에 있어서는 자유형이 사형과 신체형에 비하여 형벌체계 중 가장 중요한 지위를 차지하게 되었고, 현대의 형벌제도도 원칙적으로 자유형을 그 중심으로 하고 있다.

자유형을 형벌로서 인정하게 된 이유로는 그 종류에 따라 차이가 있으나, 첫째, 사회생활로부터의 격리 및 구금은 그 자체로 중대한 해악이고, 둘째, 구금 중 노동과 교육을 통해 범죄인은 개선·교화시켜 적법한 사회생활로 유도할 수 있으며, 셋째, 범죄인의

---

88) 同旨: 이재상, 『형법총론』, 박영사. 1988, 513면; 정영석, 『형법총론』, 법문사, 1984, 302면; 차용석, "흉악범과 극형", 신동아, 1980. 6, 122면; 서석구, "나는 왜 사형존치론자가 되었나", 월간조선사, 2003, 90면.

자유를 구속함으로써 구금 기간 동안 사회를 방위할 수 있다는 데에 있다. 따라서 자유형은 현대의 형벌제도 중 가장 중요한 위치에 있고, 그 적용의 빈도도 가장 많은 형벌이다.[89]

자유형의 집행목적은 보안과 교화·개선을 통한 수형자의 재사회화이다. 즉 수형자를 집행 기간 동안 격리·수용함으로써 재범하지 못하게 하는 한편, 그를 사회에 적응할 수 있도록 교육시키고 치료 등의 조치를 통해 개선하도록 하는 것이 자유형의 목적이다.

자유형은 신체형의 대체형벌로 등장한 형벌로서[90] 범인을 교도소에 구금하여 사회로부터 격리함으로써 범인에게 충격을 줄 뿐만 아니라, 그를 개선·교육하여 사회복귀에 기여하게 하고 일반인에게 준법정신을 일깨워 범죄예방에 기여함을 목적으로 한다. 그러나 수형자를 구금함으로써 사회를 범죄의 불안으로부터 해방되고, 범인 자신에게는 개선과 교화의 길로 접어들게 된다는 생각은 오랫동안 자유형을 집행하여 본 결과 여지없이 깨지고 말았다. 즉 범죄자의 신체적 자유박탈은 수형자를 개선·교화시키기보다 수형자에게 극도의 인격적 침해를 유발하고, 수형자를 사회와 격리시켜 사회에 대한 적응능력을 길러주지 못하게 만들었으며, 오히려 교도소가 범죄를 교육하는 장소로 변모하게 되었고, 수형자가 가장일 경우 그 가족은 수형 기간 동안 생계를 보장받을 수 없게 되어 간접적 고통을

---

89) 『범죄백서』, 법무연수원, 2003, 202면에 의하면 우리나라 제1심공판 사건 처리인원 중 유기징역(금고)을 선고받은 인원수는 1993년 71.8%, 1997년 73.3%, 2001년 71.2%로 10년간 대체로 71∼73%선을 유지하고 있었으나 2002년에 64.9%로 상당한 폭의 감소가 있다.

90) 예섹(Jescheck)의 *Die Freiheits Strafe und ihre Surrogate im deuschen und auslandischen Recht*, 1984, 1963면에 따르면 자유형이 신체형의 대안으로 등장하게 된 것을 "사회일반의 가치관과 세계관의 대변화의 결과"라고 표현하고 있다.

겪게 되었으며, 가족해체까지 가져오는 등의 폐단을 가져왔다.[91]

그래서 이러한 폐단을 극복하고자 하는 움직임이 대두되었으며, 이러한 움직임은 자유박탈의 가능성을 축소시킴으로써 수형자에게 불필요한 고통부과를 피하고, 재범자에 대해서는 자유부여하에서의 교정을 처우의 원칙으로 삼았으며, 자유박탈적 제재수단은 보충적으로 사용되어야 한다는 인식이 확립되게 되었다.

이와 같은 일반적이고 근본적인 형사정책적 고려는 단기자유형을 후퇴시키고, 경미범죄·중간 정도의 범죄에 대한 형법적 사회통제의 수단으로서 벌금형의 우위가 확보되었으며, 집행유예제도의 활용범위가 확대되는 결과를 빚어내게 되었다. 보다 근원적으로는 입법자로 하여금 형사제재체계의 전면적인 개편방안을 마련하도록 촉구하는 계기가 되었다. 따라서 최근의 형벌제도 개선방안의 핵심은 자유형의 대체 수단의 모색이라고 할 수 있다.

자유형의 대체수단의 추구역사는 이미 백여 년 전으로 거슬러 올라간다. 부분적으로는 괄목할 만한 성공도 거두기도 했다. 독일에서는 무엇보다도 벌금형의 우세를 손꼽을 수 있고, 70년대에 와서 급격히 관철되기 시작한 집행유예제도를 그 성공사례로 들 수도 있다. 아직도 개선할 점이 적지 않은 것이 사실이다. 문제제기가 탁상 위에 머물고 있다는 사실은 교도소의 과밀화 현상을 보면 쉽게 알 수 있다.[92] 형벌 중 자유형을 축소시키고 자유형의 대체

---

91) Vivien Stern, *A sin against the future; Imprisonment in the world*, Boston : Northeastern University Press, 1998, 22면.

92) 박강우, "현대 행형의 위기와 원인", 법학연구(제3호), 충북대학교 법학연구소, 2003, 421면 이하에 의하면 현대 행형은 교도소과밀화의 문제와 재사회화 모델 정당성의 위기를 맞고 있는데 이 위기는 급박한 정치적·도덕적 문제로서 인권존중원칙을 중심으로 행형이 재편

수단을 찾아내는 일이 가장 시급한 과제라고 할 수 있다.[93]

2. 역　사

가. 서양의 자유형

자유형의 기원은 고대의 노예형이나 노역형 등에서 비롯된 것으로 추정되고 있다. 그러나 이때에는 노예나 노역을 당하는 사람의 노동력 확보가 목적이었으며, 자유박탈 중점이 놓였던 것은 아니었다. 이후에도 중세까지는 수사나 재판절차의 확보 또는 다른 형벌의 집행에 앞서서 일시적 감금수단이 이용되었을 뿐 형벌의 한 종류로 인식되지는 않았다. 유럽에서의 자유형의 시초는 약 8세기경의 랑고바르드시대로 알려져 있다. 즉 카알대제는 813년 신분이 높은 범죄자를 사형에서 면하여 주기 위하여 자유형제도를 실시하였다.[94] 이는 그 후 13세기에서 15세기까지 형사제재로서의 자유형이 등장하였는데 범죄자를 구금하여 노동에 동원함으로써 값싼 노동력을 확보할 수 있었다는 것도 한 원인이 되었다. 16세기 말에 이르러 범죄자의 사회복귀를 도모한다는 근대적인 이념을 가진 자유형이 등장하기 시작하였으며, 더 이상 범행에 대한 복수적 의미만을 지니는 것은 아니었다. 자유형의 집행은 부랑자나 정신이상자를 가두어 두는 구빈원(救貧院) 등에 3, 4명의 범죄자를 수용하는 곳의 형태로 시작되었다. 형벌을 부과하는 감옥과 정신이상자를 수

되어야 한다고 주장하고 있다.

93) 채희원, "현행자유형제도의 문제점과 개선방안", 한양대학교 법과대학 석사학위논문, 1999, 30∼31면.

94) 채희원, 앞의 논문, 9면.

용하는 수용소·병원을 구별하기 시작한 것은 18세기에 이르러서이다. 당초의 감옥은 개선목적과 무관하게 수형자를 단순히 감옥에 구금하는 데 그치는 것이었다.95) 수형자에게 노동을 시키는 것은 16세기 말 유럽에서 비롯되었다. 이것도 수형자의 재사회화를 위하여 행해진 것이 아니라 단지 국가의 필요에 의해 생겨난 것이다.96)

교육·개선이라는 자유형의 현대적 특징은 17세기 중엽 이래 18세기까지 전통적 가치로 인정되던 응보사상이 퇴조하고 인도주의사상이 싹트면서 비롯되었다. 18세기 말에 일어난 대대적 감옥 개량운동97)도 여기에 영향을 받은 것이라고 할 수 있다. 19세기

---

95) 이경재, "영국감옥의 기원 : 크링크(Clink)감옥의 역사", 형사정책연구소식(제16호), 1993, 20면에 따르면 크링크는 원래 런던의 일정한 지역을 나타내는 고유명사였으나 그 후 감옥을 나타내는 보통명사가 되었다고 하고 당시 크링크는 범죄자를 단순히 수용하는 데 목적이 있었을 뿐 그들을 교화(교도)하는 장소는 아니었다고 한다.

96) Barrett. A. Crane(*Georg Rusche's Theory on Punishment and Social Structure*)에 따르면 게오르크 루쉐는 형벌의 역사를 보기 위해 초기중세, 후기중세, 17세기 등 3개의 주요시대로 구분하면서 각 시대마다 각기 다른 형태의 형벌을 가지게 되었는데 이는 대부분 사회구조에 따른 재정적 이익(fiscal interests)에 의해 좌우된다고 주장하였다. 인구가 증가될 때는 육체적 고통을 느끼게 하는 형벌이, 중상주의가 태동될 때는 죄수를 이용하여 노동력 부족을 해결하는 방향의 형벌(노역)이 성행하였다.

97) 1773년 Bedford의 주지사였던 John Howard에 따르면 당시 감옥의 특징은 생활필수품이 부족하고 견디기 힘든 기아와 중노동, 음료와 청결 면에서 매우 부족한 설비, 부패된 공기와 공간의 부족, 지하감옥의 습한 환경과 열악한 침구, 계층별로 분리되지 않은 시설이어서 결국 병균과 질병의 온상이고 범죄자를 양성하는 곳이라고 정의하였고 그래서 감옥개량운동을 벌이게 되었다. 자세한 것은 John Muncie and Richard Sparks, *Imprisonment : European Perspectives*, London : The Open University, 1991, 7~29면.

말에는 점차 교정이념과 재사회화 사상에 영향을 받아 오늘날과 같은 형태의 근대적 자유형의 모습을 갖추었다. "근대적 자유형"이라 함은 자유박탈 그 자체에 형벌해악의 중심점이 놓여지고 수형자에게 인도적 숙식을 제공하면서 행형의 목표를 수형자의 교정과 개선으로 삼게 된 것을 의미한다.98)

나. 우리나라의 자유형

우리나라에서도 옥에 가두는 것은 다른 형의 집행을 위한 절차에 지나지 않았다. 신체의 자유를 박탈한다는 의미에서의 자유형은 조선시대 유형, 도형을 들 수 있다. 도형은 사람이 꽤 중한 죄를 범한 경우 관에 붙잡아 두고 소금을 굽히거나 쇠를 달구게 하는 등 온갖 힘들고 괴로운 일을 시키는 형벌인데 노역 기간은 1년에서 3년까지 6개월 기준으로 5등급이 있으며 반드시 장형이 병과된다는 특징이 있다. 유형은 사람이 중한 죄를 범한 경우 먼 지방으로 귀양 보내어 죽을 때까지 고향에 돌아오지 못하게 하는 형벌인데 귀양거리에 따라 2천, 2천 5백, 3천 리의 3등급이 있었고 형의 기간이 정해지지 않은 점이 특징이며 다만 왕명에 의해서 특별히 석방될 수 있었다.99)

Ⅱ. 자유형의 특징

근대적 의미의 자유형은 몇 가지 개념적 특징을 지니고 있는데,

---

98) 한영수,『행형과 형사사법』, 세창출판사, 2000, 22면.
99) 박강우, 앞의 논문, 257면 - 258면.

이를 요약하면 다음과 같다.

첫째, 자유형은 수형자를 시설에 수용함으로써 신체자유를 제한하는 것을 그 형벌해악의 본질적 요소로 삼는다. 따라서 이런 자유제한 및 박탈 이외에 추가적인 고통을 가하기 위해서 체형을 과한다든지 건강이나 생명에 위협을 주는 조치를 취해서는 안 된다.

둘째, 자유형의 집행은 일반예방과 특별예방이라는 형벌 목적을 실현하기 위함이다. 즉 형사제재수단으로서의 자유제한 및 박탈은 어디까지나 경험과학적으로 검증가능하고, 합리적이며 합목적적인 당위성을 전제하고 있다. 단순히 복수(응보)를 위한다거나 아니면 여타 형이상학적인 형벌당위성을 근거로 한 자유제한 및 박탈은 근대적 의미의 자유형이라고 말할 수 없다.

셋째, 자유형은 수형자를 격리시켜 법적으로 또는 사회적으로 완전히 매장시키려는 것이 아니라 사회적으로 통합시키려는 목표 아래 이루어지는 '법익침해를 통한 법익보호'이다. 자유형의 집행목적은 수형자를 사회로부터 추방하기 위함도 아니며, 단지 그의 사회적 생활능력을 정지시키기 위함도 아니다. 그러므로 자유형은 원칙적으로 유기형이어야 하며, 무기형이라 하더라도 최소한 가석방에 대한 희망마저 박탈해서는 안 된다.

넷째, 자유형은 원칙적으로 국가의 감독과 통제를 받은 구금시설에서 법치국가원칙이 준수되는 가운데 집행되어야 한다. 현재 우리나라는 일반 성인범에 대해서는 '징역·금고·구류·벌금미납자에 대한 '노역장유치', 소년범에 한해서 '상대적 부정기형', 군인·전투경찰·교정시설교도대원들에 대해서는 '영창'[100]을 인정하고 있다.

---

100) 한영수,『행형과 형사사법』, 세창출판사, 2000, 24면에 의하면 군인사법, 전투경찰대설치법, 교정시설경비교도대설치법에 의하여 군인

제4절 재산형

I. 재산형의 의의와 역사

1. 의 의

재산형(Vermogensstrafe)은 범죄인으로부터 일정한 재산을 박탈하는 형벌을 말한다. 현행 형법은 벌금, 과료, 몰수 등 3종의 재산형을 규정하고 있는데 일정한 물건이나 재산의 소유권을 박탈하는 몰수형과 일정한 금액의 금전을 납부할 것을 명하는 벌금형으로 크게 나누어진다.

고전적 형벌이 자유형이라면, 근대의 대표적인 형벌은 벌금, 몰수 등의 재산형이라고 할 수 있다.[101] 재산형은 일정한 범죄 영역(예를 들어 과실범)에서 벌금형으로 처벌할 수 있는 영역이 형성된 점, 자유형의 문제점을 인식한 형벌관의 변화, 수형 기관의 과밀화 방지와 운영경비의 절약, 범죄자의 재범률을 낮추면서 사회활동의 기회를 신장하는 효과를 거둘 수 있다는 점 등에서 형사정책적 의미를 찾을 수 있다.[102]

재산형은 범죄인 자신에게 속하는 것으로서 벌금 등을 제3자가 대납하는 것이 허용되지 않는 일신전속적 성격을 가지고 있다. 그

등에 대하여 부과하는 '영창'은 행정법상 징계처분에 해당하나, 그 실질적 내용은 위 자유형의 특징을 갖추고 있으므로 자유형에 가깝다고 한다.

101) 강동범, "재산형의 문제와 개선방안", 형사정책(제5호), 1990, 78면.
102) 박상기 / 손동권 / 이순래, "형사정책", 형사정책연구원, 1998, 272면.

리고 범죄자가 국가에 대해 채권을 가지고 있는 경우에도 벌금이 이것과 상계될 수 없으며, 다수인이 함께 벌금형을 선고받은 경우에도 각 개인이 국가에 대해 벌금을 납부하여야 하며 공동연대책임을 지는 것은 아니다. 즉 벌금형에는 개별책임원칙이 적용된다. 벌금납부의무는 상속되지 않는 것이 원칙이다.

2. 역　사

가. 서양의 재산형

벌금형은 역사적으로 가장 오래된 형벌 가운데 하나이다. 복수시대가 끝나고 최고의 문화부족(민족)의 시대에 이르러 응보원리(Talio 사상)에 근거하여 속죄하는 의미로 재산을 몰수하는 것으로부터 벌금형은 시작되었다. 이와 같이 벌금은 원래 공형벌의 성격을 띠는 것은 아니었고 배상금이나 속죄금의 의미를 가지고 있었다. 유대 법률에서 재산법의 경우에는 손해액의 2배 내지 5배의 속죄금 그리고 신체상해의 경우에는 탈리오에 상응하는 속죄금이 부과되었다. 그리스 법에서 재산형은 큰 의미를 가지고 있었다. 속죄금은 벌금으로 국고에 귀속되었고 배상금은 피해자에게 지불되었다. 재산범의 경우 벌금형은 'duplum'(2배의 형) 혹은 'quadruplum'(4배의 형)으로 배수의 액수로 부과되었다. 게르만 민족 사이에서도 피해자에게 지불한 속죄금의 일부가 평화금이라는 명분으로 공공단체에 납부되었다. 이와 같은 속죄금의 법적 성질에 대해서는 민사책임과 형사책임이 나누어지지 않았던 시대에 손해배상과 형벌의 이중적 성격을 가진 것으로 보는 것이 일반적 견해이다. 12

세기경부터 점차 국가가 배상금 지급을 강제하면서 배상금의 일부를 국가에 납입하게 하는 평화금(Friendensgeld)제도를 이용한 것이 공형벌로서 재산형이 시작이었다.103) 즉 유럽에서는 한편으로 피해자에 대해 손해배상청구권이 민법상의 권리로 인정되었고, 다른 한편으로는 공공단체의 평화금 징수권리가 국가의 벌금형제도로 인정되었다. 그 후 국가형벌권이 확립되면서 피해자에 대한 손해배상과 별도로 참된 의미의 벌금형제도가 만들어졌다. 계몽기에 벌금형은 경미범죄에 대한 형벌로 과해졌으나 19세기에 들어서면서 일반범죄에도 부과되는 형벌로 자리잡게 되었고, 최근에는 자유형과 병과되거나 또는 선택적으로 부과되기도 한다.104)

나. 우리나라의 재산형

우리나라의 경우 고조선의 팔조금법에서 범죄행위에 대한 제재로서 재산을 박탈하는 제도가 있었다. 그리고 부여와 고구려시대에는 절도에 대하여 12배의 배상을 명하는 1책 12법을 시행하였다. 고려는 일정한 양의 속동(贖銅)으로 형벌을 감면받을 수 있도록 하였는데 이때부터 민사배상이 아니라 공형벌의 성격을 갖추게 되었다. 근대에 들어와서 화폐경제가 급속히 발달하였고, 이에 발맞추어 벌금형제도는 더욱 확대되었다. 현대에 들어와 단기자유형의 대안으로서 벌금이 부각되었고 중요한 형벌이 되었다.105)

---

103) 벌금을 뜻하는 fine은 배상금, 벌금의 납입이 구금을 끝내는 조건이라는 어원을 갖고 있다고 한다(신진규, 『범죄학 겸 형사정책』, 법문사, 1995, 592면 참조).

104) 배종대, 『형사정책』, 325면.

105) 공병인, "재산형제도에 관한 연구 — 벌금형과 몰수제도의 문제점과 개선방안을 중심으로 — ", 건국대학교 법과대학 석사학위논문,

Ⅱ. 재산형의 장점과 단점

재산형은 벌금형과 몰수형을 포괄하는 개념인데 이중 가장 많이 활용되고 있는[106] 벌금형에 대한 장·단점을 보려고 한다. 범죄백서(2003년판)에 의하면 우리나라 제1심 공판사건중 1993년에는 15.6%가 벌금형에 처해졌으나 2002년에 이르러는 25.3%에 이를 정도로 최근 점점 증가하는 추세에 있다.

1. 재산형의 장점

가. 범죄인의 사회 복귀 용이

벌금형은 자유형과 달리 수형자에게 낙인을 찍지 않음으로써 사회적, 경제적, 가정적으로 중대한 지장을 주지 않고, 본인의 자산, 수입, 성격, 가족상태 등에 상응한 적용으로 특별예방적 효과를 기대할 수 있으며, 건전한 사회인으로의 복귀를 위한 특별한 사회복귀교육이 필요하지 않다. 주위로부터 '수형자'로 낙인찍혀 기피인물로 평가받지 않으며 범죄인 자신도 수형자라는 생각에 자포자기에 빠질 위험성도 없다. 또 단기자유형의 가장 큰 단점으로 지적되고 있는 구금시설 내에서 동료수형자들의 범죄성에 감염될 염려도 없다.[107]

1999, 8~9면.

106) 이영란, "벌금형제도 소고 : 벌금양형을 중심으로", 형사법연구(제9호), 1997, 216면에 의하면 약식명령에 의한 벌금형선고 인원을 합하면 기소된 인원의 80% 이상이 벌금형을 받는다고 한다.

107) 강동범, 앞의 논문, 81면.

나. 법인범죄에 대한 대처 가능

법인의 범죄행위도 결국은 자연인의 행위를 통하여 이루어지므로 기존의 형벌로도 어느 정도의 처벌은 가능하다. 그러나 기존의 자유형 중심의 형벌로는 법인의 의사결정에는 관여하지 못한 채 지시에 의하여 실행행위를 한 일선 담당자만을 처벌하는 데 그치고, 실질적인 범죄자인 법인과 법인의 정책결정자에게는 효과적인 처벌이 불가능하여 법인에 대한 실질적인 처벌이 이루어지지 못한 실정이었다. 벌금형을 이용할 경우 벌금형을 통한 수익의 환수로 이익의 추구를 목적으로 하는 법인에 대하여 실효적인 제재를 할 수 있을 것이며, 법인의 의사결정에 영향을 미쳐 법인에 의한 범죄의 예방에도 기여할 수 있을 것이다.

다. 범죄의 변화에 대한 효과적 대응

기계의 증가 등에 따라 주의의무의 요구가 늘어남에 따라 과실범이 격증하고 있으며, 이에 따라 과실범에 대해서는 책임에 대한 응보와 특별예방을 중심으로 하는 기존의 자유형으로는 적절하게 대응할 수 없다. 과실범은 고의가 없었기 때문에 비난가능성이 적을 뿐만 아니라, 이들에 대한 자유형은 특별예방의 면에서 의미가 없고, 오히려 역효과를 낳을 수도 있다. 과실범은 자유형으로 처벌하기에는 적당하지 않으며 따라서 주의의무를 환기시켜 주고 금전적인 부담을 줌으로써 주의의무를 높일 수 있는 벌금형이 유용하게 사용될 수 있을 것이다. 벌금의 액수는 범죄의 경중과 범죄자의 경제적 환경을 고려하여 적절할 수준에서 결정할 수 있으므로 과실범에게 부당한 부담을 지우지 않고 효과적인 제재를 할

수 있다.[108]

라. 경미 범죄자에 대한 특별예방효과

과거의 죄에 대한 형벌의 경중이 새로이 선고되는 형의 경중에 영향을 주며, 또 선고형의 경중이 재범의 개연성과 재범하는 범죄의 경중에 영향을 주는 식의 '악순환'을 끊기 위해서는 벌금형의 활용이 도움이 된다는 것을 보여준다.[109]

마. 오판의 구제 용이

생명형, 자유형 및 신체형은 원천적으로 원상회복이 불가능하며 단지 사후보상만이 가능할 뿐이며, 그나마 국가재정상 만족할 만한 보상은 거의 불가능한 것이 현실이다. 따라서 벌금형은 거의 유일하게 원상회복이 가능한 형벌이라 할 것이다.

바. 경제성 및 절차의 간편성

자유형이 집행에 필요한 구금시설과 이의 관리를 위한 인력 등 많은 인적, 물적 자원을 필요로 하는 반면, 벌금형은 오히려 국고 수입을 증대시켜 인력과 재원의 낭비를 줄일 수 있다는 장점이 있다.[110] 이와 같은 재원은 범죄예방대책을 수립, 시행하는 데 사용

---

108) Margaret A. Gordon/Daniel Glaser, *The use and Effects of Financial penalties in Municipal Courts*, Criminology(Vol.29, No.4), 1991, 651면.

109) 위의 책, 240면.

110) George. F. Cole, *The American System of Criminal Justice*, Brooks/Cole Publishing Company, 1989, 2면.

할 수 있을 뿐만 아니라 구금시설에의 수용인원을 감소시키고 이들 시설에 대한 투자를 가능하게 하여 자유형집행에 있어서도 질적인 향상을 가져올 수 있다. 또한 벌금형은 개인을 구금하지 않고 평상시의 상태로 두기 때문에 구금에 따른 막대한 재정의 손실을 막음과 동시에 개인의 직업을 유지시킴으로써 사회적 생산성을 높일 수 있다.

사. 형벌효과의 참신성

벌금형은 반복하여 진행되더라도 자유형에 비하여 형벌감응성이 약화되지 않는다는 장점이 있다. 현실적으로 금전을 빼앗기는 것에 대하여 고통은 심리적으로 계속되기 때문이다. 또 분할납부 등을 허용함으로써 비교적 오랜 기간에 걸쳐 벌금형을 분할할 수 있으며, 이를 통하여 벌금형을 선고받은 자가 주기적으로 벌금을 납부하는 데에 따른 위하효과를 느낄 수 있도록 벌금형을 부과하는 방안도 강구할 수 있다.

2. 재산형의 단점

가. 재산에 따른 형벌효과의 상이

벌금형이 형벌로서의 실효성을 가지기 위하여 가난한 자와 부유한 자에 대하여 동일한 형벌 적응력을 가져야 된다. 개인의 재산 상태에 관계없이 벌금의 액을 결정하게 되면 가난한 자는 벌금액을 납부할 수 없게 되어 결국은 시설에 수용될 위험성이 높은 반면 부자는 납부가 용이하여 '자유를 돈으로 산다'는 것이 되는 것이다. 따라서 징수가능성을 생각할 때 가난한 사람들에게는 벌금을 징수할 수 없기 때문에 부과할 수 없다는 결론이 되며, 부자에게 과해진 상대적으로 경미한 재산형은 응보, 특별예방, 일반예방의 모든 면에서 형벌의 기능을 다하지 못하게 될 것이며 이는 국가의 형벌권과 법질서에 대한 경시풍조를 불러올 수도 있다.

나. 형량과 책임의 부조화

총액벌금제도하에서 벌금형의 산정에 있어 경제적 고려를 하게 되는 경우 벌금액이 행위자의 불법과 책임의 정도를 정확히 표시할 수 없게 되어 동일한 범죄를 범한 경우에도 재산 있는 범죄자가 더 큰 처벌을 받게 되어 가난한 범죄자보다는 중한 범죄를 범한 듯한 인상과 오해를 받게 될 우려가 있다. 이와 같은 점 때문에 총액벌금제는 법관의 지나친 재량과 감정에 좌우되는 부당한 제도라는 비판을 받고 있다.[111]

다. 범죄자의 가족에게 미치는 영향

벌금형은 범죄인 자신뿐만 아니라 그 가족에 대해서도 직접적인 영향을 미치게 된다. 가족이 경제적 고통을 받게 되며, 친족이나 제3자가 대신 납부하게 되는 경우도 있어 이럴 경우 벌금형의 형벌로서의 효과는 약화될 것이다. 이것은 범죄인의 교정교화의 책임을 국가가 가정에 떠넘기는 측면도 있다.[112] 게다가 단기자유형을 회피하는 주목적이 범죄에의 악풍감염을 막기 위한 것임에도 불구하고 범죄자의 반사회성이 거꾸로 가족에게 감염될 수 있다는

---

111) George. F. Cole, 앞의 책, 5면.
112) 배종대, 『형사정책』, 326면에서는 이를 간접형벌이라고 표현하고 있다.

점도 부인할 수 없을 것이다.

라. 사회보호 및 일반예방 효과의 저하

벌금형은 신체의 구금을 배제하는 관계로 반사회성이 있는 자의 격리를 통한 사회보호기능이나 범죄자의 처벌을 통한 일반예방효과가 떨어진다.

제5절 자격형(명예형)의 내용

Ⅰ. 자격형(명예형)의 의의와 역사

명예형은 중세부터 19세기까지 유럽 각국에서 널리 이용되던 형벌로서, 19세기 초까지는 주로 범죄인을 일반대중에게 공개함으로써 수치심을 유발하는 치욕형의 형태였으나 그 이후에 명예상실, 공직박탈, 직업금지 등 자격형으로 변모하였다. 우리나라에서도 조선시대에 관직에서 해임되거나 관직취임을 금지시키는 윤형이 있었다.[113)

명예형이란 수형자의 명예감정을 손상시키거나 또는 시민으로서 일반적으로 자유롭게 누릴 수 있는 권리를 제한하거나 박탈하는 형벌을 통칭하는 말이다.[114) 현재 우리나라는 치욕형은 인정하지

---

113) 배종대, 『형사정책』, 331면.

114) 우리나라에서 2001. 8. 30. 청소년의 성보호에 관한 법률에 근거하여 청소년대상 성범죄자 명단이 공개되었는바, 이와 관련하여 신상공개

않고 일정한 권리를 제한 내지 박탈하는 자격형만을 인정하고 있다. 범죄인은 스스로 명예로운 시민이기를 포기한 불명예스러운 자이고 따라서 사회에서 차별을 받아도 당연하다는 편견이 아직 우리 사회에 강하게 자리잡고 있는 것이 사실이다. 이 때문에 그동안 범죄인에 대해 부과되는 명예형은 사실상 당연한 형벌로서 인식되어 왔으며 그 존재의 정당성에 대해서도 심각한 의문이 제기되지 않았으나 형벌의 목적이 범죄인의 재사회화에 있음을 감안하며 명예형에 대한 새로운 인식이 요구된다.

Ⅱ. 명예형 제도의 법정책적 기능

명예형 제도의 법정책적 기능으로서 첫째, 기능은 민주정체의

제도의 법적 성격이 무엇인지가 문제되었다. 범죄자에게 불유쾌한 결과를 초래하고 공개적 모욕·명예실추는 전통적으로 형벌로 인식되어 왔고 신상공개로 범죄억제나 예방효과가 발생하고 공개대상이 범죄이며 국가기관이 부과하고 있다는 점 등에 의하여 볼 때 형벌로 보아야 마땅하고(이경재, "성범죄자 신상공개의 법적문제점 고찰", 저스티스(제65호), 2002. 2, 16~17면; "성범죄자 신상공개제도에 관한 미국 및 영국 입법례와 운영실태", 법학연구(제13권), 14면 형벌 중에서도 명예형이라 할 것이다(박기석, "성범죄자 신상공개제도의 문제점", 충북대학교 법학연구소, Juris Forum(제2집), 2002, 85면). 확정판결을 받은 자에 대해 신상공개하는 것이 이중처벌의 법리에 비추어 위헌이 아니냐는 논란도 있었고 이에 대해서는 헌법재판소에서 신상공개제도가 위헌이 아니라고 판시한 바 있다. 그러나 필자는 신상공개가 명예형인 만큼 재판과정에서 판결 선고 시 청소년성보호를 위해 주형(징역형)에 병과하는 형태로 법관에 의해 신상공개 결정이 내려지도록 입법 및 제도 개선해야 한다고 보고 입법론으로 주장하고 있다.

순수성 보장이다. 범죄인은 자신의 범죄행위와 사회에 끼친 해약에 대한 벌로서 자유 또는 재산을 박탈당하는 것만으로는 아직 부족하고 일정 기간 시민으로서 당연히 누릴 수 있는 명예를 부인당하는 불이익을 감수해야 한다. 다른 한편 명예형 제도는 범죄인에 대한 적대적인 차별화 사상을 바탕에 깔고 "국가, 국가기관, 그리고 국가의 기능보호[115)]" 또는 "국가 공적 부문의 순수성 보호[116)]"에 본래의 법정책적인 기능이 있는 것이다.[117)]

둘째, 형 선고에 따른 법적 부수 효과의 통일적 규율과 적용에 있다. 우리나라와 독일은 명예형을 모두 형법 전에 규정해 놓고 있다. 물론 개별 특별법 등에 자격형이 규정되어 있기는 하나 이는 명예형이 형법 전에 형의 일종 또는 형의 부수 효과로서 규정되어 있는 것을 전제로 한 것이다. 공직취임자격, 선거권 및 피선거권의 제한 내지 박탈이라는 명예형을 형법 전에 규정할 필요성은 형법 전의 일반규정을 규율하려는 데 있다. 형의 선고에 따라 시민의 어떤 권리가 어떤 조건하에서 박탈 내지 제한되는지를 형법 전에 일반조항으로 규정한다면 전체적인 법규범의 통일성을 기할 수 있고 법 효과에 대한 인식이 수월해지는 장점이 있게 되는 것이다.

---

115) Jeschsck, *Lehrbuch das strafreechts A. T.*, 4Aufl., Dunker & Humblot, 1998, 713면.

116) Nelles, "Statusfolgen als Nebenfolgen einer Straftat"(§45 StGB), JZ 1991, 21면.

117) 서보학, "형사제재로서의 명예형은 존치되어야 하는가?" 형사법연구 (제10호), 1997, 253면.

제4장

현행 형벌제도의 문제점과 개선방안

제1절 생명형(사형)의 문제점과 개선방안

I. 문제점

1968년부터 1997년까지 제1심 형사공판사건에 있어 사형이 선고된 죄명과 인원수를 보면 총 777건의 사형판결 중 살인죄가 381명(49%), 강도살인(치사포함)죄 219명(28.2%), 강도강간 6명(0.8%), 정조에 관한 죄 3명(0.4%), 방화죄 1명(0.1%), 특정범죄가중처벌법위반죄 33명(4.2%), 향정신성의약품관리법위반죄 1명(0.1%), 내란죄 1명(0.1%), 외환죄 7명(0.9%), 국가보안법(반공법)위반죄 121명(15.6%), 기타 4명(0.5%) 등이다.

사형제도를 존치하는 것이 타당하다는 필자와 같은 입장에 서더라도 우리나라의 현행법을 외국의 경우와 비교해 보면 사형을 법정형으로 정한 범죄가 광범위하고, 범죄에 대한 편의적인 통제양식으로 활용되고 있다는 느낌을 주는 것은 사실이다.[118]

현행 형법상 사형을 선고할 수 있는 죄명은 내란죄, 외환유치죄 등 국가적 법익에 관한 죄 10개 조항, 교통방해치사상죄 등 사회

---

118) 송광섭, "현행 형벌제도의 문제점과 개선방안", 석우 차용석 박사 회갑기념논문집(상권), 법문사, 1994, 542면.

적 법익에 관한 죄 4개 조항, 살인죄 등 개인적 법익에 관한 죄 3개 조항 등 17개 조항이 사형을 규정하고 있다. 또한 특별법상의 사형규정을 보면 특정가중처벌 등에 관한 법률에 14개 조항, 폭력행위 등 처벌에 관한 법률 1개 조항, 성폭력범죄의 처벌 및 피해자보호등에 관한 법률에 3개 조항, 보건범죄 단속에 관한 특별조치법에 3개 조항, 국가보안법과 군형법에 사형조항 등 사형 범죄의 범위가 매우 넓은 것이 특징이고 문제점이다.

또한 범인이 소년인 경우에 소년법 제59조의 규정(죄를 범할 때에 18세 미만인 소년에 대해서는 사형 또는 무기형으로 처할 것인 때에는 15년의 유기징역으로 한다)이 있음에도 불구하고 소년법의 적용연령이 19세까지이므로 18세와 19세의 소년에 대한 사형은 가능하기 때문에 이에 대한 적정성도 문제점으로 지적된다.[119]

Ⅱ. 개선방안

1. 사형범죄 범위의 축소

최소한 고의살인의 요소가 포함된 범죄에 대해서만 사형의 법정형이 과해질 수 있도록 되어야 할 것이다. 타인의 생명침해를 야기하지 않는 경제사범에 대해서는 사형이 과해져서는 안 될 것이고, 사상적·정치적 범죄에 대한 사형조항은 전면적 폐지되어야 하겠다. 형법상의 국가적 법익에 대한 죄 및 국가보안법상의 사형조항이 여기에 해당되는데 이를 존치하는 것은 헌법상의 사상의

---

119) 최종식, "소년법과 사형문제", 강원법학(제11권), 1999, 306면.

자유, 양심의 자유에 배치된다고 보인다.

2. 소년에 대한 사형제도의 폐지

앞서 본 대로 소년법 규정에 의하여 18세 미만의 소년이 범죄에 이르렀을 때 사형을 당할 수는 없으나, 18세와 19세 소년의 경우 사형을 당할 수 있다. 그러나 미성년자는 아직 미숙하기 때문에 완전한 책임을 묻기 어려우며 개선가능성도 풍부하다는 점을 고려하여[120] 사형을 폐지하여야 한다고 본다. 성인법에 대해서도 논란이 많은 사형제도를 소년범에게 확대할 이유는 없다고 본다.

3. 형법규정을 통한 사형범죄 규정

임시적·특별적 형벌법규를 통해 사형을 부과하는 것은 받아들일 수 없다. 따라서 특별형법을 통해 편리하게 사형을 과하는 입법방식은 폐기되어야 하고 꼭 필요한 정당성이 있는 경우라면 형법에 편입하여야 할 것이다.

4. 절대적 사형범죄의 폐지

형법상의 여적죄 및 군형법상의 다수규정은 절대적 사형제도를 채택하고 있다. 이러한 것은 전시에 적용될 수 있다는 상황적 정당성이 있으나 순전히 사전위협과 사후응보에 치중한 것으로서, 개개인의 성향과 범행 당시의 정황을 고려하지 아니하고, 법관의

---

120) 최종식, 앞의 논문, 306면.

양형 재량권을 박탈하는 것이어서 폐지되어야 한다.

5. 사형판결에 관한 절차적 적법성 보장

법원의 오판을 줄이기 위해 사형을 포함한 중대한 사건에 대해서 필요적 변호제도를 인정하고 있으며, 사형이 선고된 사형판결에 대해 자동상고제(형사소송법 제349조)를 규정하고 있으나, 이 정도로는 미흡하다고 보고 합의 정족수의 증대가 현실적인 방안이 될 수 있다는 견해가 있다. 즉 대법원에서 사형판결을 내리기 위해서는 적어도 전원재판부에서 대법관 중 3분의 2 이상의 찬성을 요건으로 하는 것이 타당하다는 주장이 설득력을 얻고 있다. 사형 여부가 논의되는 형사소송에서 무죄추정의 원칙, 위법수집증거배제법칙, 자백법칙, 전문법칙 등이 엄격하게 적용되어야 할 것은 반드시 필요하다.

6. 사형의 집행유예제도의 도입

사형판결이 확정된 후 일정 기간 동안을 정하여 집행을 유예하는 것으로 입법함[121]으로써 오판 가능성에 대한 구제수단으로 작용시키는 것이 필요하다는 견해인데 사형판결에 대한 사후적 통제로서 타당하고 경청할 만하다고 본다.

---

121) 한인섭, "사형제도의 문제와 개선방안", 형사정책(제5호), 1990, 45면에 의하면 그 유예 기간을 5년 내지 7년 정도로 제시하고 있다.

※ 死刑不執行問題의 立法論的 考察

I. 서 론

형법 제41조에 의하면 사형이 형벌의 종류 중 하나로 규정되어 있는바, 주지하는 바와 같이 사형은 사람의 목숨을 박탈하는 형벌로서 극형 내지 생명형이라 불리고 있다. 사형은 역사적으로 볼 때 가장 오래된 형벌이지만 미개한 형벌이라는 이유로 사형의 존폐여부가 논의되어 현재 100여 개국에서 전부 또는 부분적으로 폐지되었고 현재 90여 개국에서 시행되고 있다. 대법원은 생명을 빼앗는 지극히 예외적인 형벌의 선고를 위해서는 범행에 대한 책임의 정도[122]와 형벌의 목적에 비추어 특별한 사정이 있는 경우에만 허용될 수 있다고 하여 누가 보더라도 수긍이 갈 수 있는 사유가 있을 때만 사형을 선고하도록 하고 있다.[123]

한편, 형사소송법 제463조 내지 제466조에 의하면 사형판결이 확정되면 검사는 지체 없이 소송기록을 법무부장관에게 제출하여야 하고 법무부장관은 판결확정일로부터 6월 이내에 사형집행명령

---

122) 대법원 2000.7.6선고 2000도1507판결에 의하면 사형선고를 위해서는 피고인의 교육 정도, 성장과정, 가족관계, 전과의 유무, 피해자와의 관계, 범행의 동기, 사전계획의 유무, 범행준비 정도, 수단과 피해감정, 범행 후의 심정과 태도, 반성과 자책의 유무, 피해회복의 정도, 재범의 우려 등 모든 양형조건을 참작하여 특별한 사정이 있음을 명확하게 밝혀야 한다고 설시하고 있다.

123) 1996년 한 해 동안 살인죄로 기소된 620명 중에서 약 1%인 7명만이 사형의 선고를 받았다. 자세한 것은 서석구, 『나는 왜 사형존치론자가 되었나』, 월간조선사, 2003, 90면 참조.

을 하여야 하며 집행명령 후 5일 이내에 집행하여야 하는 것으로 규정되어 있다. 또한 사형은 교도소 또는 구치소 내에서 교수하여 집행하는 것으로 규정되어 있다.

그런데 우리나라의 현실을 살펴보면, 2006년 9월 8일 대법원에 의해 사형판결이 확정된 장모 씨를 포함하여 사형을 대기 중인 기결수가 63명에 이르고 있다. 1997년 12월경 김영삼 대통령 시절 사회기강을 확립한다며 23명을 한꺼번에 처형한 이후 현재까지 약 10년여 동안 한 건의 사형집행도 없었다.[124]

대한민국은 법치국의 국가이고, 법치주의란 법에 의한 지배, 즉 국민의 의사에 따라 제정된 법에 의한 이성적 지배를 의미하는데 정부조직법상 법의 집행에 관한 법무사무를 관장하고 있고 범죄피해자보호법상 범죄피해자 보호를 위해 범죄피해자보호위원회를 구성하고 감독할 의무 있는 법무부장관이 형사소송법상 판결확정일로부터 6월 이내에 집행하여야 하는 규정을 위반하면서 사형의 집행을 하지 않고 있다는 것은 법치국가에서 과연 용인될 수 있는가? 그 부집행은 위법행위이므로 커다란 문제라는 문제의식을 가지게 되었다.[125]

형사소송법상 집행에 관한 규정을 개정하지도 않으면서 법무부장관이 이러한 위법상태를 10여 년간 지속하고 있는 이유를 들어보지는 않았지만 한때 우리 사회에서 논란의 쟁점이 되었던 사형

---

124) 인터넷 네이버 뉴스, 2006.9.8.자. 참고로 최근 기결수 중 1명은 교도소에서 자연사 한 바 있다.

125) 특히 미국 오하이오 주의 경우 1999년 사형제도가 부활된 이래 지금까지 6년여 동안 23명의 사형수에 대한 집행이 루카스빌의 주립교도소에서 엄정하게 집행된 것과 비교하면 더욱 그렇다. 인터넷 다음뉴스 2006.9.29.자 참조.

폐지론과 무관하지 않을 것으로 판단되어 우선 사형폐지론, 사형존치론의 논거와 판례를 살펴보고 이를 검토하기로 한다.

나아가 공무원이 정당한 이유 없이 그 직무수행을 거부하거나 직무를 유기한 때에는 형법 제122조 소정의 직무유기죄가 성립되고, 공무원이 직무를 집행함에 있어 고의 또는 과실로 법령에 위반하여 타인에게 손해를 가한 경우 국가배상법 제2조 소정의 국가배상책임이 인정되는바, 법무부장관이 법률에 위반하여 직무수행(사형집행)을 하지 않고 있는 것은 형법상 직무유기죄에 해당될 수 있는지 검토하고 또한 법무부장관의 사형불집행이 법령에 위반하여 타인(특히 범죄피해자의 유족들)의 인격적 법익에 대한 침해를 가한 것으로 보아 국가배상의무가 인정될 수 있는지 등의 문제에 대하여 검토한 후 필자의 입법론을 제기하기로 한다.

Ⅱ. 사형의 불집행에 따른 문제점 검토

1. 문제의 제기

공무원인 법무부장관이 법정 기간 내에 사형을 집행하지 않고 있는 것이 형사 소송법 규정을 위반한 것은 명백하다. 이러한 위법행위가 형법상 직무유기죄를 구성하는지, 나아가 피해자 유족들에게 정신적 고통을 안기는 불법행위 요건을 구성하여 국가배상책임이 인정될 수 있는지에 대하여 검토해 보기로 한다.

2. 형법상 직무유기죄 해당여부

가. 직무유기죄의 구성요건과 보호법익

공무원이 정당한 이유 없이 그 직무수행을 거부하거나 그 직무를 유기하는 것이 직무유기죄의 구성요건이다. 즉 구체적으로 그 직무를 수행하여야 할 작위의무가 있는데도 이러한 직무를 버린다는 인식하에 그 작위의무를 수행하지 아니하면 성립하는 것이다.126) 여기서 '정당한 이유 없이'라고 함은 위법성을 조각시킬 만한 사유가 없음을 의미한다. 직무는 법령에 의해 공무원에게 부여된 의무로 윤리적, 추상적 직무를 넘어선 구체적 직무를 의무하고 직무행위의 성질은 기속행위이건 재량행위이건 가리지 않는다.127) 직무유기죄의 보호법익은 국가의 기능이며 공무원에 의해 국가의 기능이 내부적으로 침해되는 것을 방지하기 위한 것이다.

본죄의 보호의 정도에 대하여 다수설은 구체적 위험범이라고 한다.128) 대법원은 이 점에 대하여 "직무를 유기한 때라 함은 공무원이 법령, 내규 등에 의한 추상적인 忠勤義務를 태만히 하는 일체를 이르는 것이 아니고, 직장의 무단이탈, 직무의 의식적인 표기 등과 같이 그것이 국가의 기능을 저해하며 국민에게 피해를 야기할 가능성이 있는 경우를 말하는 것이므로 병가 중인 자의 경우 구체적 작위의무 내

---

126) 대법원 1997.4.22선고 95도748판결, 1999.11.26선고 99도1904판결 등.

127) 자세한 것은 박재윤 외, 『주석형법 각칙(1)』, 한국사법행정학회. 2006, 260면부터 256면 참조.

128) 김일수 / 서보학, 『형법각론』, 박영사, 2001, 792면; 배종대, 『형법각론』, 홍문사, 1999, 732면; 백형구, 『형법각론』, 청림출판사, 1999, 656면; 정성근, 『형법각론』, 법지사, 1999, 879면; 진계호, 『형법각론』, 대왕사, 1996, 618면 등.

지 국가기능의 저해에 대한 구체적인 위험성이 있다고 할 수 없어 직무유기죄의 주체로 될 수는 없다"고 판시하고 있고,[129] 이를 구체적 위험범설로 해석하는 견해도 있다.[130] 그러나 직무유기죄는 직무유기 행위가 국가의 기능을 저해하며 국민에게 피해를 야기할 가능성이 있는 경우 성립되는 것이지 반드시 국가기능에 구체적 위험을 초래할 것까지 요구하는 것은 아니어서 추상적 위험범으로 보아야 할 것이다. 위 판례도 구체적 위험범이라고 밝힌 것으로 볼 수는 없다.[131]

나. 검 토

법무부장관이 공무원이고 사형의 집행이 법무부장관에게 법률에 의해 부여된 구체적 직무인 것에는 이론이 없다고 본다. 사형을 판결확정일로부터 6개월 이내에 집행하도록 규정되어 있음에도 불구하고 그 직무수행을 거부하는 것에 정당한 이유, 즉 위법성 조각사유가 있다고 보기도 어려워 일응 직무유기죄의 성립요건을 충족하고 있다고 보인다.

다만, 직무유기죄의 보호법익은 공무원의 성실의무가 아니고 국가의 기능이며 구체적으로는 공무수행의 질서와 이에 따른 국가, 국민의 이익이므로[132] 공무원이 성실히 직무를 수행하여야 할 의무를 위반한 모든 경우에 범죄가 성립되는 것은 아니고 국가의 기능을 저해하고 국민에게 피해를 야기할 가능성이 있는 경우에만

---

129) 대법원 1997.4.22선고 95도748판결.

130) 이재상, 『형법각론』, 박영사, 2000, 696면.

131) 같은 취지로 오영근, 『형법각론』, 대명출판사, 2002, 994면; 이정원, 『형법각론』, 법지사, 1999, 678면; 임웅, 『형법각론』, 법문사, 2001, 758면 등이 있다.

132) 김일수 / 서보학, 『형법각론』, 박영사, 2001, 792면.

성립하는 범죄이므로 법무부장관에게 부여된 직무수행의무인 사형집행의무를 위반하고 있는 것이 과연 국가의 기능을 저해할 가능성이 있는지 나아가 국민에게 피해를 야기할 가능성이 있는지 여부를 살펴보아야 한다.

이와 관련하여 국가의 기능과 관련하여 보면, 국가의 형벌권 실현이라고 하는 관점에서 볼 때 형벌권은 사법부의 공정한 판결을 거쳐 형벌이 확정되었을 때 법에 정한 기간 내에 집행되어야만 법률의 권위도 서고 정의가 실현되는 것인데 다른 형벌(예를 들면 자유형, 벌금형)을 받은 사람에게는 한 치의 오차도 없는 형의 집행이 즉각적으로 이루어지는 데 반하여 유독 사형만 10여 년간 집행되지 않는다면 다른 형벌과의 형평을 고려할 때 국가의 형벌권 실현에 장애가 초래되는 것으로 보아야 할 것이다. 또한 형벌권의 불실현으로 인하여 범죄 피해자의 유족들과 같이 특별한 이해관계를 가지는 국민들에게는 커다란 정신적 피해를 야기할 가능성이 있다고 생각된다.

그러므로 필자는 법무부장관에게 직무유기죄가 성립될 수 있다고 본다.

3. 국가배상법상 배상의무 여부

가. 국가배상법 규정 및 그 내용

헌법 제29조 제1항은 공무원의 직무상 불법행위로 손해를 받은 국민은 법률이 정하는 바에 의하여 국가 또는 공공단체에 정당한 배상을 청구할 수 있다고 규정하고 있고 국가배상법 제2조 제2항은 국가 또는 지방자치 단체는 공무원이 그 직무를 집행함에 당하여 고의 또는 과실로 법령에 위반하여 타인에게 손해를 가한 경우 손해를 배상하여야 한다고 규정하고 있다.

이러한 국가배상법은 민법의 특별법적 성격을 갖고 있으므로 사법이고 국가배상책임은 국가가 사인과 대등한 지위에서 지는 책임[133]이라고 보아야 한다. 공무원이 관계법규를 알지 못하여 법령위반을 한 경우도 과실이 인정된다는 판례[134]가 있으며 위법성은 엄격한 법령위반뿐만 아니라 인권존중, 권리 남용금지, 신의성실원칙 등에 반하는 부적당함을 의미한다.

위법행위에는 작위 이외에 부작위도 포함되는바, 부작위가 위법하다고 하기 위해서는 공무원에게 작위 의무가 있음을 전제로 한다. 타인이란 위법행위를 한 공무원과 그 공무원이 속인 국가 또는 지방자치단체를 제외한 모든 자를 말하고 자연인은 물론 법인을 포함한다. 손해란 불법행위로부터 발생한 일체의 손해로서 적극적, 소극적 손해인지 재산적, 비재산적 손해인지를 가리지 아니한다. 다만, 손해가 있더라도 그것이 극히 경미한 경우에는 손해의 발생이 없는 것으로 취급되는 경우가 있다. 손해와 불법행위 간에는 인과 관계가 인정되어야 한다.

나. 검 토

(1) 일반론

공무원인 법무부장관이 사형판결을 받고 이 판결이 확정된 자에

---

133) 대법원 1972.10.10선고 69다701판결; 김철수, 『헌법학개론』, 박영사, 2004, 924면. 다만 성낙인, 『헌법학』, 법문사, 2004, 552면에 의하면 국가배상법은 단체주의적 공평부담의 원칙을 선언한 것이고 행정주체의 의무를 선언한 것이어서 공법이라고 본다.

134) 대법원 1981.8.25선고 80다1598판결.

대하여 법률의 규정에 위반하여 법정 기간 내에 형의 집행을 하지 않는 행위가 공무원이 직무를 집행함에 있어 고의 또는 과실로 법령에 위반한 것임은 다툼의 여지가 없다고 보인다. 또한 부작위에 의한 불법행위가 성립되느냐와 관련하여 상당한 논의[135]가 있어 왔고 대법원은 공무원의 부작위에 의한 국가배상책임의 요건과 위법성 판단 기준을 침해된 국민의 법익이나 손해가 얼마나 심각하고 절박한 것인지, 관련 공무원이 그 결과를 예견하여 그 결과를 회피하기 위한 조치를 취할 수 있는 가능성이 있는지를 종합적으로 고려하여 판단하여야 한다고 판시[136]하고 있으나, 본 사안의 경우 형사소송법상 사형집행을 명해야 한다는 작위의무가 명시되어 있으므로 이 점에 대한 논의의 실익은 없다고 보인다.

(2) 쟁 점

다만, 범죄피해자 유족에게 발생한 정신적 고통에 따른 손해가 극히 경미하다고 하여 손해배상 책임이 없는 것으로 취급하는 주장이 있을 수 있어 이에 대하여 살펴볼 필요가 있고, 손해와 불법행위 간에 상당인과관계가 없다는 주장이 있을 수 있어 상당 인과관계와 관련하여 판례의 취지를 검토할 필요가 있다고 사료된다.

---

135) 이 문제에 대한 학설, 판례를 다룬 논문으로 심상철, "공무원의 규제권한 불행사와 국가배상책임", 민사 판례연구(XX), 327면 이하 및 곽종훈, "경찰권한의 불행사와 국가배상책임" 대법원 판례해설 1998 상반기(통권 30호), 293면 이; 정운식, "공무원의 부작위로 인한 국가배상 — 한·일 양국의 범죄와 판례비교 중심으로 — ", 서울대학교 석사논문, 2000 등이 있다.

136) 대법원 1998.10.13선고 98다18520판결; 대법원 2001.4.24선고 2000다 57856판결.

(3) 피해의 정도

범죄 피해자는 다양한 육체적 반응(아드레날린 분비, 호흡곤란, 경련, 눈물, 얼어붙은 듯한 느낌, 침이 마르는 느낌)을 하게 되고 두통, 근육경직, 성욕감퇴, 식욕상실, 무기력증 등 광범위한 후속 고통을 느끼게 된다. 피해자 개인에 국한되지 않고 그 가족들 또한 정신적 쇼크를 받은 후 비정상적인 스트레스 증후군으로 고통받기도 한다.[137]

특히 살인을 당한 피해자의 유족들이 범행을 보았다고 상정하면 이러한 고통을 쉽게 이해할 수 있을 것이다. 이러한 유족들은 가해자에 대한 사형판결이 확정되었음에도 법무부장관이 집행명령을 하지 않음으로써 사형집행이 되지 않는 데 대해 정신적 고통, 분노, 배신감, 소외감으로 표현될 수 있는 인격적 법익이 침해되었다는 것은 논리법칙, 경험법칙에 비추어 볼 때 수긍할 수 있다고 생각된다.

따라서 이러한 정신적 고통은 보호할 가치가 있는 인격적 법익 침해행위로서 금전적으로 위자되어야 할 성질의 것으로 보아야 마땅하다.

(4) 인과관계에 대한 대법원 판례[138]

공무원이 직무를 수행함에 있어 근거법령에 의하여 공무원에게 부과된 의무 가운데 국민의 이익과 관계없이 행정기관 내부의 질서를 유지하기 위한 것이거나, 그 직무상 의무가 국민의 이익을

---

137) 자세한 것은 서석구, 앞의 책, 157면부터 161면 참조.

138) 대법원 1998.9.22선고 98다2631판결, 대법원 1998.5.8선고 97다36613판결, 대법원 1998.2.10선고 97다49534판결, 대법원 1997.9.9선고 97다12907판결 등 다수 있음.

위한 것이라 하더라도 개개의 국민을 염두에 둘 것이 아니라 오로지 공공 일반의 전체적 이익을 조장하기 위한 경우에 불과할 때에는 공무원이 그 직무상 의무에 위반하여 국민에게 손해를 가하였다고 하더라도, 국가배상책임이 인정되지 않는 반면에, 직무상 의무 내용이 전적으로 또는 부수적으로라도 사회 구성원 개개의 안전과 이익을 보호하기 위해 설정된 것이라면 공무원이 직무상 의무를 위반함으로써 피해자가 입은 손해에 대해서는 상당인과관계가 인정되는 범위 내에서 배상책임을 지는 것이고 이때 상당인과관계 유무를 판단함에 있어서는 일반적인 결과 발생의 개연성은 물론이고 더 나아가 직무상 의무를 부과하는 법령 기타 행동 규범의 목적이나 가해행위의 태양 및 피해의 정도 등 구체적 사정을 종합해야 할 것이라고 한다.

(5) 국가배상책임을 인정한 사례 검토

(가) 검사가 살인용의자에 대하여 적시에 출국금지 연장조치를 취하지 않은 사안[139]

1) 사안 개요

가) 1997년 3월 서울 이태원 소재 햄버거 가게 회장실에서 대학생이 왼쪽, 오른쪽 목 부위에 각 3회, 가슴 부위에 2회 칼에 찔려 살해되었는데 검찰은 수사를 마치면서 살해 용의자로 지목받던 미국국적의 두 명 중 한 명에 대해서는 살인죄로 기소하고 다른 한 사람의 살인죄에 대해서는 증거가 없다는 이유로 무혐의 처분하였다.

---

139) 대법원 2005.9.9선고 2003다29517판결.

나) 대학생 살해 당시 화장실에는 위 용의자 2명만 있었고 그 두 명은 서로 상대방이 살인자고 자신은 목격자라며 상반된 진술을 하고 있어 망인은 공모에 의하거나 둘 중 한 사람에 의해 살해되었음은 명백하다고 볼 수 있다.

다) 한편, 기소된 용의자는 살인혐의에 대해 대법원에 상고하여 무죄 취지의 파기환송판결을 받았고 결국 1999년 9월 무죄의 확정 판결을 받았다.

라) 대학생 피해자 유족들은 1998년 11월경 검찰이 무혐의 결정하였던 용의자를 상대로 살인죄로 고소하였고 검사는 수사를 재기하면서 용의자에 대하여 1998년 11월 24일부터 3개월간 출국 정지하였고 또 3개월간 연장하였는데 수사는 이루어지지 않았고 출국 정지를 요청하는 것을 간과하였다가 연장 기간 만료일 후 사흘 만에 다시 출국 정지를 요청하였는데 용의자는 그 틈을 타서 미국으로 출국하였고 살인사건 수사는 종결하지 아니한 채 계속 중이다.

2) 원심의 판단 요지

검사가 출국 정지 요청을 하지 아니한 부작위는 직무상 작위의무에 위배되는 위법행위로 보아야 한다. 그러나 원고들이 침해되었다고 주장하는 법익은 수사 및 소추권자의 공소제기, 법원의 재판이라는 형사사법 절차를 통해야만 직·간접적으로 실현될 수 있는 것이므로 특별한 사정이 없는 한 국가의 형벌권이 실현되는 과정에서의 개개의 처분이나 판단에 의하여 이러한 법익이 종국적으로 침해되었다고 보기 어렵고, 국가의 종국적으로 형벌권을 행사할 수 없게 되었다고 단정할 수 없으므로 원고들의 법익이 종국적으로 침해되었다고 볼 수 없다.

또한 원고들의 정신적 고통으로 인한 피해가 발생하였다 하더라도 담당 검사의 직무위반행위로 인한 가해행위의 태양, 그 결과발생 개연성과 그 밖의 사정을 종합적으로 고려하면 직무위반행위와 손해발생 간의 상당인과관계를 인정하기 어렵다.

3) 대법원 판단 요지

담당 검사의 부작위를 국가배상책임 발생요건인 위법행위로 평가한 것은 정당하다.

검사가 현저하게 불합리하게 업무 처리함으로써 매우 유력한 용의자가 영구적으로 도주할 의사로 출국하여 버리고 이로 인해 수사나 형사재판의 개시가 곤란하게 되었다면 이를 시정할 방안을 강구할 수조차 없는 피해자 유족들로서는 진상규명기회를 사실상 박탈당하여 정신적 고통을 겪게 되리라는 것은 경험직상 명백하고 이는 보호할 가치 있는 인격적 법익을 종국적으로 침해하는 행위이며 양자간에는 상당한 인과관계가 있는 것으로 보아야 하며 그 정신적 고통은 금전적으로나마 위자되어야 할 성질의 것이라고 보아야 한다.

(나) 검사가 객관의무에 위반하여 피고인에게 유리한 증거를 은폐한 사안140)

1) 사안 개요

1996년 8월경부터 발생한 4건의 강도강간사건의 혐의자로 원고가 구속 기소되었다. 경찰은 피해자 제출의 팬티에 대한 국립과학

---

140) 대법원 2002.2.22선고 2001다23447판결. 이 판례에 대해서는 이완규, "검사의 지위와 객관의무", 형사판례연구, 박영사, 2004, 301면 이하 및 구상엽, "검사의 불법행위로 인한 국가배상책임", 서울대학교 석사논문, 2003, 3면 이하에서 상세한 분석을 하고 있다.

수사연구소의 유전자 감정을 의뢰하여 정액의 혈액형이 원고의 것이나 피해자의 것과 다른 것을 밝혀 검사에게 후송하였는데 검사는 1심 법원에 이 결과를 제출하지 않았고 원고는 징역 15년을 선고받았다.

그런데 항소심에서 사실 조회를 통하여 유전자감정결과가 제출되는 바람에 원고는 무죄판결을 받게 되었다.

2) 판결 요지

검사는 공익의 대표자로서 실체적 진실에 입각한 국가형벌권의 실현을 위하여 공소제기와 유지를 할 의무뿐만 아니라 그 과정에서 피고인의 정당한 이익을 옹호할 의무를 진다고 할 것이고, 따라서 검사가 수사 및 공판과정에서 피고인에게 유리한 증거를 발견하였다면 이를 법원에 제출하여야 하는데 은폐하였으므로 위법하다. 원고의 연령, 직업, 신분관계, 환경 등 여러 가지를 참작하여 볼 때 원고의 위자료로 2000만 원, 원고의 가족 1인당 위자료로 250만 원을 인정한 원심의 판단은 적정하다.

(6) 소 결

앞의 (3)항 피해의 정도 항목에서 검토한 바와 같이 피해자의 유족들이 입은 정신적 고통은 매우 큰 것으로 경험칙상 인정할 수 있기 때문에 고통의 정도가 단순히 경미하다는 이유로 국가배상책임을 부정할 수는 없다고 생각된다.141)

---

141) 일본의 新戸지방법원 昭和 50(1975).5.30선고 판결에 의하면 피의자와 변호인 간의 접견교통이 검사에 의해 거부되었다고 하더라도 일시적으로 접견이 불가능함으로 인한 고통은 크지 않아 배상할 만한 정신적 손해가 있다고 볼 수 없다고 한다.(訟務月報 14-6, 614면)

다만, 피해자 유족들의 정신적 손해와 행위 간의 상당인과 관계에 대한 대법원 판례취지와 관련하여 사형의 부집행으로 인한 일반적인 피해 발생 가능성이 희박하다고 보이고 형사소송법상 법무부장관의 직무상 의무가 개개 국민을 염두에 둔 것이라기보다는 공공의 전체적 이익을 위한 것이라는 이유로 피해자의 손해가 상당인과를 벗어나므로 국가배상책임을 인정할 수 없다는 견해가 대두될 수 있을 것으로 생각된다.

그러나 법무부장관은 검찰, 행형, 인권옹호, 출입국 관리 기타 법무에 관한 사무를 관장하는 공무원으로서 사법기관의 확정판결이 있었으면 행형에 관한 형사소송법 규정에 따라 법정 기간 내에 형을 집행함으로써 법치 국가의 형벌권을 실현시켜야 할 직무상 의무가 있음에도 불구하고 사형집행명령을 내리지 않은 채 오랜 기간을 방치하여 의무를 다하지 않는 것을 피해자의 유족 등 상당수의 국민들에게 응보, 일반예방이라는 형벌의 기능을 작동하지 못하게 하고 정신적 고통을 가중시키는 한편 정의 관념조차 흔들리게 할 수 있어 위법하다고 보이고, 이러한 국민들의 인격적 법익침해 가능성은 경험칙상 충분히 인정될 수 있으며 형사소송법 규정이 부수적으로나마 사회구성원 개인의 안전과 이익을 보호하기 위해 설정된 것이라고 볼 여지도 있으므로 국가배상책임이 긍정될 수 있다고 본다.

Ⅲ. 결 론

— 입법을 촉구함 —

법무부장관이 사형판결 확정 후 6개월 이내에 사형명령을 하여야 한다는 형사소송법 규정을 훈시규정이라고 해석하는 것은 매우 위험한 발상이라고 생각한다. 형사소송법상 형의 집행에 관한 규정을 형의 선고 전 단계인 수사과정, 공판절차과정을 규정한 형사소송법의 다른 규정과 구분할 이유가 없는데다가 형이 확정된 후 벌금형, 자유형, 자격형의 집행이 엄정, 신속하게 이루어지는 것과의 형평성에 비추어 보더라도 훈시규정으로 볼 수 없다고 생각된다.

따라서 본고에서 살펴본 바와 같이 사형의 불집행은 집행명령 발령의무자인 법무부장관에게 직무유기죄의 성립이라는 문제를 안겨줄 여지가 있고 나아가 국가에게는 위 법무부장관의 직무상 의무위반으로 인하여 피해자 유족 등 일부 국민들이 입은 정신적 손해에 대하여 인격적 법익침해 한도에서 국가배상책임을 유발시킬 개연성이 충분하므로 이와 관련된 형사소송법 규정의 정비가 필요하다고 본다.

필자가 사형존치론자의 입장에 있음은 이미 본 바와 같고 필자는 형벌이 해악의 형태로 존재하는 한 형벌이 응보, 일반예방 기능을 계속해서 수행하여야 한다고 믿는다. 사형제도가 폐지되지 않고 존재하는 이상 사형집행을 미루어야 할 근거를 찾기는 어렵다고 본다. 이 점은 사형폐지론의 입장에서 보더라도 마찬가지일 것이다. 그렇다고 필자가 사형집행을 빨리하라는 취지로 본 연구를 작성하는 것은 아니다. 다만 위법상태를 해소하여 피해자 유족 등의 집단소송 등 다툼요소를 사전에 제거하자는 것이다.

필자는 사형존치를 강력 주장하고 있지만 사형에 처할 수 있는 범죄 범위를 일정부분으로 축소하고,[142] 소년에 대한 사형판결은 금지하는 방향으로 규정을 재정비하고 사형판결을 위한 절차적 적법성 보장 등의 개선방안에 찬성하고 있다.[143] 다만, 이러한 모든 개선방안을 채용하더라도 사형의 확정판결을 받은 자에 대해서는 집행의 시기 문제만 남을 뿐이지 확정판결을 받은 자에 대하여 시간이 경과한 후 다시 형을 감경한다는 논의는 불합리하다고 생각한다. 이러한 감형논의는 법적 안정성을 도모할 수 없기 때문이다.

사형의 부집행 문제와 관련하여 논의될 수 있는 것은 '사형의 집행유예제도'를 도입하는 방안이다. 이 제도는 중국형법(1980년 시행)에서 채택된 제도로서 사형판결과 동시에 2년의 집행유예 기간을 선고할 수 있고, 이 유예 기간이 경과한 후에 정상·공적을 참작하여 감형할 수 있도록 하는 제도이다. 이 제도는 감형가능성을 열어 놓음으로써 오히려 사형판결이 상대적으로 쉽게 선고될 우려가 있는 데다 감형에 있어서도 사회주의 국가에서 정략적으로 남용되거나 일부 사람에게만 특혜가 주어질 수 있는 제도여서 우리나라에 그대로 적용하는 것은 무리라고 생각한다. 필자는 사형판결이 확정된 후 일정 기간[144]을 정하여 그 형의 집행을 유예함으로써 오판가능성에 대한 구제수단으로 작용시키는 것이 필요하다고 생각한다. 만약 현행형법의 틀 속에 이 제도를 추가하는 방식의 입법을 한다면 형법 제3장【형】 제4절【형의 집행유예】

---

142) 최근 군형법 제53조 소정의 상관살해죄 법정형이 사형 단일형으로 규정되어 있는 것과 관련하여 헌법재판소에 위헌심판이 제청된 바 있다.

143) 이에 대해서는 김재중, "형벌의 다양화를 통한 형벌제도 개선방안", 충북대학교 박사학위논문, 2004, 68~69면 참조.

144) 한인섭, "사형제도의 문제와 개선방안", 형사정책(제5호), 1990, 45면에 의하면 그 유예 기간을 5년 내지 7년으로 제시하고 있다.

중 제62조【집행유예의 요건】에 하나의 항을 추가하여 '사형을 선고하는 경우에 5년 이상 7년 이하의 기간 동안 형의 집행을 유예할 수 있다'고 규정하면 될 것이다. 필자는 사형집행의 유예 기간이 지나는 동안 오판가능성 문제가 해결된 후에 비로소 사형집행을 함으로써 사형판결에 대한 사후적 통제수단으로서 합리성을 확보할 수 있다고 보아 그 제도의 입법을 촉구한다.[145)]

이러한 제도 도입으로 사형부집행의 문제점을 해소하는 열쇠가 될 것으로 본다. 이 제도를 형법에 도입하는 것으로 정리가 된다면 형사소송법 제465조 제1항은 현행의 "사형집행의 명령은 판결이 확정된 날로부터 6개월 이내에 하여야 한다"는 규정으로부터 "사형집행의 명령은 사형의 집행유예 기간이 만료된 날로부터 6개월 이내에 하여야 한다"로 변경되어야 할 것이다.

제2절 자유형의 문제점과 개선방안

Ⅰ. 문제점

1. 자유형의 유형구분 문제

자유형 단일화론은 목적형·교육형주의의 입장에서 자유형의 종

---

145) 다만, 전지연, 앞의 논문, 55면에 의하면, 사형수에 대하여 일정한 기간(3년 내지 5년) 동안 사형집행을 연기하면서, 그 사람의 개선효과를 재평가하여 무기형으로 감형하자는 취지에서 사형의 집행유예 제도 도입을 주장하고 있어 필자와는 견해가 다르다.

류적 구별을 폐지하고 단지 자유박탈을 내용으로 하는 형벌 하나로 국한할 것을 주장하는 견해이다.146)

우리나라 형법에서는 자유형을 징역·금고·구류의 3종류로 구별하고 있으나, 이 구별은 형의 집행에 있어서 징역은 정역(定役)에 복무하여야 함에 대하여(제67조), 금고·구류는 단지 구치되는 데 그치고(제68조) 형식상으로는 정역에 복무할 의무가 없다는 데에 있다. 그러나 행형법상으로는 금고나 구류에 있어서도 수형자의 신청에 의하여 청원작업을 과할 수 있도록 하고 있어(행형법 제38조) 실제에 있어서는 구별하기 곤란하다. 우리나라를 비롯한 오늘날 대부분의 국가는 자유형의 종류를 다양화하여 형식적인 구별을 하고 있는데 자유형의 목적이 수형자의 교정에 있다고 한다면 자유형을 구별할 필요가 없을 것이다.

생각건대, 첫째, 행형의 이념을 교육과 개선에 두는 한 교정행정 정책의 일관성을 유지하기 위해 그 단일화가 요구되며, 둘째, 징역형과 금고형의 선택기준이 되는 범죄의 파렴치성은 상대적인 것이고 따지고 보면 파렴치성이 없는 범죄는 있을 수 없고, 셋째, 징역·금고의 구분은 정역으로 과해지는 노동을 천시하는 사상을 배경으로 하고 있으므로 이의 구분은 철폐함이 타당하다147)고 본다.

---

146) 자유형단일화는 제2차 세계대전 이후 영국, 헝가리, 불가리아, 스웨덴, 체코슬로바키아, 스위스, 독일, 오스트리아, 프랑스 등에서 입법을 통해 명문화하였는데 영국의 예를 들면 과거에 "Penal servitude", "hard labour", "prison divisions" 등으로 구분되다가 개정 이후 "imprisonment"로 단일화되었다.

147) 신진규, 『범죄학 겸 형사정책』, 법문사, 1987, 585면.

2. 단기자유형의 문제

가. 단기자유형의 개념

단기자유형이란 구류 및 단기간의 징역 또는 금고를 말한다.[148] 예컨대, 소위 삼진아웃 상태에 있으나 교통사고를 범하지 않은 단순 음주운전자에 대하여 법원이 징역 4개월의 실형을 선고하는 경우이다. 이러한 자유형에 처해지는 피고인은 직장을 유지할 수 없게 되고 남은 가족들은 생계의 위협을 느끼게 되며 경우에 따라서는 배우자가 이혼을 청구해 온다거나 자식들이 가출하는 등 가족해체로 고통받게 되어 심한 경우 자포자기한 나머지 범죄를 학습하는 폐해가 있다. 단기자유형의 폐지론이 형사정책상의 문제로서 논의되게 된 것은 그것이 범죄인의 개선에도 도움이 되지 못하고, 범죄의 예방에도 효과가 없으며 오히려 수형자의 장래에 큰 위험을 준다는 점 때문이다. 따라서 단기자유형은 형벌로서 무가치하고 폐해가 많은 형벌이기에 형사정책적 입장에서 폐지 또는 대체를 주장하는 것이다.[149]

---

148) 단기의 개념은 매우 상대적인 개념이므로 이 기간에 대해서는 6주 이하설(Liszt), 3월 이하설(1946년 국제형법 및 형무회의), 6월 이하설(1959년 UN범죄자처우회의), 1년 이하설(미국의 다수입장) 등이 있으나, 필자는 6개월 이하의 형을 단기로 보아야 한다고 본다. 독일형법 제47조 제1항도 6개월 미만의 자유형을 단기자유형이라 규정하고 있다.

149) 그러나 단기자유형의 장점을 주장하는 학자도 있다. 하일보른(Heiborn)은 단기자유형이 과해짐으로써 일정한 기간 동안 범죄가 집행유예나 벌금형의 적용을 받지 않을 정도로 무겁다는 것이 인정되며, 부자나 가난한 자에 대하여 같은 작용을 한다는 점에 벌금형에서 볼 수 없는 정의에 합치되는 효과가 있으며, 단기자유형은 법률의 엄

나. 단기자유형 폐지론의 논거

이러한 단기자유형 폐지론자[150]들의 논거는 다음과 같다. 첫째, 단기자유형은 교육형사상에서 보면 그 기간이 너무 짧아 범인의 재사회화를 기대하기 힘들며, 둘째, 단기자유형은 범죄가 비교적 경미하고 피해가 적은 경우에 선고되는 것이 통례인데, 범죄자 중에서도 명예심을 갖고 있는 우발범인에게 과해지는 경우 범죄인의 교화·개선은 고사하고 자포자기의 상태를 초래할 위험이 크고, 셋째, 불충분한 교정시설과 교정직원의 관리미비는 오늘날 교도소가 범죄학교가 될 가능성이 충분하고, 넷째, 경미한 범죄인에 대하여 전과자의 낙인을 찍게 함으로써 오히려 사회적응 내지는 사회복귀를 곤란하게 하고, 다섯째, 단기자유형 수형자가 양산되면 이들을 위한 시설과 운영을 위한 국가의 경비지출이 많아진다[151]는 것 등이다.

더구나 현행 형법상 단기자유형을 복역하고 난 후 3년 이내에 금고 이상에 해당하는 죄를 범한 경우 누범으로 가중 처벌되고 형의 집행을 종료한 후 5년을 경과하지 아니한 자에 대해서는 집행

격성을 보이는 데 있어 확실히 형벌인 성질을 명백히 하여 일반예방의 견지에 있어 단기자유형은 유지되어야 한다고 한다. Heilborn, *Die Kurze Freiheitsstrafe*, 1908, 83면 참조.

150) 폐지론자의 효시이자 대표적 이론가는 리스트(Franz. v. Liszt)인데 그는 "우리가 단기자유형을 배제하려고 하는 것은 가혹한 형벌이기 때문이 아니라 무익하고 유해한 형벌이기 때문이다"라고 하였다. 상세한 것은 한영수, "자유형제도에 관한 고찰", 고려대학교 석사학위논문, 1987, 115~116면 참조.

151) 독일의 경우 1명의 죄수를 수용하기 위해 지출되는 비용으로 약 20명을 보호 관찰할 수 있다는 연구조사 결과가 있다. Schwind, *Strafvollzug und Bewahrungshilfe im Kosten vergleich*, 1984, 74면.

유예를 선고할 수 없는 등 불이익이 있으므로 단기자유형을 받았던 자의 사회복귀는 더욱 어렵게 된다.

다. 단기자유형 존치론의 논거

한편, 이러한 견해에 대하여 한편에서는 환경범죄, 경제범죄, 반복적 음주운전자, 상습적인 소액절도범, 사기범 등에 대해서는 단기자유형 외에 다른 양형을 할 방도가 없다며 불가피성을 강조하는 견해도 있다. 특히 음주운전사범, 환경사범, 공중위생법 위반사범, 식품위생법 위반사범 등 불구속 상태에서 재판을 받을 가능성이 많은 범죄인에 대하여 단기자유형을 선고하지 않으면 특별형법의 목적을 달성할 수 없을 것이므로 단기자유형을 적극 고려하여야 한다[152]는 주장이 그 대표적인 것이다.

라. 소 결

생각건대, 이와 같이 단기자유형은 교화는커녕 폐해만을 야기하는 형벌이라고 할 수 있기 때문에 폐지가 마땅할 것이다. 자유형의 최후의 목적은 범죄인의 위험성을 제거하여 범죄인을 재사회화하는 데 두어야 할 것이며, 그 목적달성을 위해서는 범죄인 개개인에 대한 개별적 처우가 행하여야 할 것이다. 법원이 영장실질심사제도를 도입하면서 불구속수사원칙, 불구속재판원칙을 최대한 지켜나가되 단기자유형선고의 적극활용, 법정구속의 불가피성, 단기자유형의 집행 등을 통한 일반예방 목적달성의 필요성을 강조하

---

152) 김동윤, "불구속재판에 대한 엄정한 형의 선고와 법정구속", 『불구속 재판시행의 과제』, 법원행정처, 1997, 174면.

는 견해가 있지만,[153] 필자는 불구속재판을 받던 범죄인에 대한 예측불허의 구금으로 인한 단기실형의 폐해는 오히려 구속 상태에 있던 범죄인보다 훨씬 더 심각하다는 점에서 극히 반대하는 입장이다. 독일형법 제47조 제1항의 규정처럼 자유형을 과하는 것이 행위자에 대한 효과 또는 법질서의 방위를 위하여 불가피한 극히 예외적인 경우에 한하여만 단기자유형을 선고할 수 있도록 하여야 할 것이다.

이러한 단기자유형에 대한 대체방안으로는 벌금형으로의 전환, 집행유예 내지 선고유예제도의 활용, 기소유예제도의 확대운용, 구금제도의 완화, 기타 전자감시제도, 가택구금 등 자유제한을 수반하는 독자적인 보호관찰을 들 수 있으며 이에 대해서는 차후 살펴보기로 한다.

3. 자유형을 "월" "년" 단위로 선고하는 문제

형법 제42조에서 징역·금고는 무기 또는 유기로 하고 유기는 1개월 이상 15년 이하로 한다고 규정하고 있어 형의 선고는 월이나 년 단위로 선고하여야 할 것으로 보이고 실제 법관은 4개월, 6개월, 8개월, 10개월, 1년, 1년 6개월, 2년, 2년 6개월, 3년, 3년 6개월과 같은 형의 선고를 하고 있다.

이렇듯 형을 선고하는 경우의 문제점을 지적될 수 있는 것은 우선 선고된 형기가 우연적인 요소에 의해 길어질 수도 짧아질 수도 있어 합리적이지 않다는 것이다. 예컨대 6월 15일에 6개월 형을

---

153) 1997년 법원행정처가 간행하는 "불구속재판시행의 과제"에 의하면 법관들이 작성한 많은 논문이 게재되어 있다.

받은 사람은 12월 15일 형기가 만료되어 일수로 계산하면 183일이 되지만, 2월 15일(윤달 아님)에 6개월 형을 받은 사람은 8월 15일에 형기가 만료되는데 형기는 180일이 되어 3일간의 차이를 보일 수 있다는 것이다. 또 하나 문제점은 앞서 본 바와 같이 법관의 선고 형기가 관행적으로 4개월, 6개월, 8개월, 10개월, 1년, 1년 6개월, 2년, 2년 6개월 등의 방식으로 선고되고 있어 예를 들어 3개월, 5개월, 7개월, 9개월, 11개월, 1년 3개월, 2년 2개월 등의 선고형은 실무상 찾아볼 수 없으며 이러한 관행에 비추어 보면 예를 들어 1년으로 양형하기는 너무 가볍게 생각되고 1년 6개월을 선고하자니 다소 무거워 보이는 경우에도 둘 중 하나를 선택하여 선고하는 불합리가 있으며 이러한 문제로 다수의 공범자 사이에 차등을 두어 선고하기가 어려운 점이 있다.

이 문제에 대하여 필자는 1개월을 30일로 계산하여 종전에 6개월, 8개월, 10개월, 1년, 1년 6개월로 선고하였던 것을 180일, 240일, 300일, 360일, 540일로 선고하여야 할 것이며 법관의 구체적 양형기준에 따라 210일(7개월), 270일(9개월), 450일(1년 3개월), 780일(2년 2개월) 등도 활용될 수 있으며 다수의 공범 간의 차등을 두는 것도 손쉽게 해결되어 보다 합리적이고 선택범위가 넓은 양형이 가능할 수 있다고 판단된다.154)

4. 무기자유형의 문제

사형제도가 존재하고 있는 우리나라에서 무기자유형은 사형과

---

154) 同旨: 오영근, "단기유형의 형기는 일수로", 대한변협신문(2002.11.4.자) 법조칼럼.

함께 중한 범죄에 대한 국가의 범죄투쟁의 수단으로서 그 존재가치를 인정받고 있다. 그러나 무기자유형제도에 대해서도 형법의 인도주의적 요청을 내세워 이를 폐지하여야 한다는 주장이 제기되고 있다. 인간의 존엄과 가치를 존중하려는 형법의 인도주의적 요청은 잔악하고 비인간적인 형벌을 폐지하여야 한다는 주장으로 이어지고 있는 것이다. 범죄자일지라도 헌법상 보장되고 있는 인간으로서의 존엄성을 존중받아야 한다는 요청은 개인을 일반 예방적으로 필요성을 근거로 한 수단으로 취급하는 것을 거부하는 것이 무기자유형 폐지론자의 주장이다. 그들은 형기가 무기한이기 때문에 범죄인이 사회복귀와 개과천선의 의욕을 상실하게 되고, 무기형은 그 고통이 사형 이상일 것이고, 무기형은 각 범죄인의 생명의 장단에 따라 그 형기가 달라지고, 특히 무기형은 절대불가분의 형벌이므로 신축성이 없고, 따라서 형벌의 균형성이 상실되므로 무기형을 포기하여야 한다고 주장한다.155)

무기자유형의 폐지문제는 경청할 만한 견해이기는 하지만 앞서 본 사형제도의 폐지론과 관련하여 그 논의 이후에야 거론하는 것이 바람직하다고 생각된다.156) 필자 입장에서는 사형존치론을 주장하고 있는 같은 이유와 형벌의 다양성 측면에서 무기자유형의 존재에 의의를 두고 싶으며 우선 존치하는 것이 타당하다고 본다.157)

---

155) 김성돈, "자유형제도의 개선방안", 한국형사정책연구원, 1995, 79~83면.

156) 同旨: 오영근, "형법개정안의 형벌제도에 대한 검토", 23면.

157) 최근 매스미디어의 주목을 받았던 사건(범인이 여대생을 납치하여 돈을 요구하자 부모들이 경찰에 알리지도 않고 몸값을 지불했음에도 불구하고 돈을 받은 후 피해자를 살해한 사건)에 대하여 2000. 9. 1. 심법원은 범인이 24세의 어린 나이로 개선가능성이 있다는 이유로 무기징역형을 선고하였다. 이러한 사건에 무기징역 외에 다른 양형을 하기는 어렵다고 본다.

5. 부정기형제도의 도입문제

가. 부정기형의 개념

부정기형이란 정기형에 상대적인 개념으로서 자유형의 형기를 확정하지 않은 상태에서 선고하고 수형자의 교정성적에 따라 사후에 형기를 결정하는 형이다. 부정기형에는 형기를 장기와 단기를 정하여 선고하는 상대적 부정기형과 전혀 형기를 정하지 않고 선고하는 절대적 부정기형이 있다. 절대적 부정기형은 죄형법정주의에 반하는 것이고 이것을 채용하는 경우는 거의 없기 때문에 부정기형이라고 하면 일반적으로 상대적 부정기형을 의미한다.

우리나라 현행 형법은 정기형을 원칙으로 하고 있고, 다만 특별법인 소년법에 의하여 소년범에 대해서만 상대적 부정기형을 인정하고 있다(소년법 제5조 참조). 그러나 현행 형법의 정기형제도하에 있어서도 가석방제도의 채택으로 인하여 실질적으로는 형기를 부정기화하고 있고, 또한 무기자유형도 가석방과 결합함으로써 실질적으로는 절대적 부정기형의 성격을 띠고 있다.

나. 부정기형에 대한 문제제기

형법이론으로서 응보형주의, 일반예방주의 및 도의적 책임론의 입장에 서서 형벌의 양은 객관적으로 드러난 범죄의 불법성과 책임의 정도에 따라 정하여야 한다는 사상에 입각한다면 정기형 이외에 부정기형을 용납할 여지는 없다고 할 것이다. 그러나 목적형 내지 교육형주의, 특별예방주의, 사회적 책임론의 입장에서 형벌의 경중은 객관적인 범죄 사실보다도 범죄인의 사회적 위험성에 상응하여 정해져야 하므로 부정기형을 인정하는 것이 정당하다고 한다.

오늘날 각국은 절대적 부정기형을 채용하지 않고 있는데 그 이유는 첫째, 수형자의 형기를 영구히 미확정적 상태에 두는 것은 중대한 인권침해로서 용납되지 않는다는 것이며, 둘째, 범죄의 위험성 있는 사람이라고 가정하는 것이 아직 과학적으로 논증되지 않았고, 셋째, 범죄 사실이 중대함에도 불구하고 교정의 필요가 없다고 조기에 석방해 버리는 것은 일반예방정책상 용납되지 않는다는 것을 들고 있다.[158]

그러나 상대적 부정기형의 경우에는 그러한 문제점이 적으며 책임형론, 응보형론자의 입장에서도 반드시 배척하기만 할 성질의 것이 아니다. 그 이유는 범죄자에 대한 책임형량의 결정은 원래 상대여서 그 확정이 곤란하며 따라서 일정 범위 내에서 형기의 상한과 하한의 기간을 산정하는 것은 자연스러운 것이다. 다만 응보형론자의 입장에서는 그 범위를 좁게 인정할 뿐이다.[159]

다. 현행 소년법상 부정기형의 활용

소년 범죄자에 대한 상대적 부정기형은 장래성이 높은 소년범의 개선·교육이라는 이념에 비추어 볼 때 통해 책임주의나 죄형법정주의에 위반되지 않을 것으로 이해된다.

---

158) 신진규, 앞의 책, 585면.

159) 그럼에도 이러한 상대적 부정기형제도를 성인범에게까지 확대해서 실시하는 입법례는 아직 많지 않다. 그러나 각국의 형법개정초안 중에는 상대적 부정기제도의 채택 예가 많다. 19세기 후반 미국 드와이트, 와인즈, 브록웨이 등이 부정기형운동을 벌인 결과 뉴욕 엘마이아 감옥에서부터 실시되어 많은 주가 채용하였으나 현재는 이를 폐지한 주가 오히려 많은 실정이다. 자세한 것은 배종대, 『형사정책』, 321면 참조.

현행 소년법 제1조는 "소년에 대하여 형사처분에 대한 특별조치를 행하여 소년의 건전한 육성을 기하는 것이 목적"이라고 하고 있고, 제60조에서 "소년이 장기 2년 이상의 유기형에 해당하는 죄를 범한 경우에 그 형의 범위 안에서 장기와 단기를 정하여 선고하되 장기는 10년, 단기는 5년을 초과하지 못 한다"라고 규정하고 있고(제1항), 소년의 특성에 비추어 상당하다고 인정되면 형을 감경할 수 있도록 하고 있다(제2항). 또한 제59조에 의하면 18세 미만의 소년이 죄를 범한 경우 사형, 무기형 대신 15년의 유기징역을 처하게 하는 특칙을 두는 등 소년법의 특성상 소년범은 성인범에 비하여 재판이나 형 집행상 상대적으로 불이익을 받지 않도록 하고 있다. 그러나 현실적으로 부정기형을 선고받은 소년160)의 경우 장·단기가 나뉘어져 있음으로 인해 오히려 불이익을 보는 경우가 상당히 많다. 즉 성인범의 경우 징역 10개월이 선고될 사안에 대하여 소년범은 징역 장기 1년, 단기 10개월로 선고되는 일이 많고 형의 집행에 있어서도 대부분 장기형으로 집행하는 일이 많기 때문에 부정기형으로 인하여 소년범이 피해를 보는 경우가 많다는 것이다. 따라서 장기와 단기를 정하는 경우 책임의 정도를 넘지 않도록 함으로써 소년보호주의 이념을 살려나가야 할 것이다.

라. 소 결

소년범에서 살펴본 바와 같은 모순이 해소되지 않은 상태에서 성인범에 대하여 상대적 부정기형이 도입되는 것은 아직은 시기상조

---

160) 법무연수원, 『범죄백서』, 2003, 202면에 따르면 1993년부터 2002년까지 10년간 제1심공판사건 종국처리인원 중 2.1%(1993년) 내지 0.9%(2002년) 정도가 부정기형이 선고되고 있는데 감소추세에 있다.

일 것이다. 교정시설의 인적·물적 구성 및 설비가 열악한 현실에서 부정기형을 채용한다는 것은 많은 문제점을 야기할 우려가 있다.

Ⅱ. 개선방안

중대한 범죄를 저지르는 범죄인에 대하여 자유형을 집행하는 것은 최후수단이라기보다는 유일한 수단의 성격이 강하다. 그러나 범죄행위의 대부분을 차지하는 보통 범죄자에 대해서는 첫째, 자유형 이외의 다른 수단으로는 사회를 보호할 적정한 수단이 없고 둘째, 행위자가 장래에 적법한 생활로 나아갈 것이 객관적으로 예측될 경우에 한하여 비로소 자유형이 요구된다 하겠다. 이 때문에 자유형은 불가피한 경우에 최후의 수단으로서 사용되어야 하며 대체형벌이 있다면 이를 우선적으로 채용해야 한다. 또한 자유형의 집행과 관련하여 과밀수용에 따른 문제점을 해소할 수 있는 방안에 대해서도 아울러 검토하고자 한다.

1. 유예제도의 활용

가. 선고유예제도

현행 형법은 자유형의 폐단을 극복하기 위하여 선고유예제도 및 집행유예제도를 두고 있는데 그중 선고유예는 1년 이하의 자유형이나 벌금을 선고할 때 개전의 정상이 현저한 경우 선고를 유예할 수 있는 제도로서 재범을 방지하는 효과를 거두기 위해 2년간 보호관찰을 명할 수 있도록 규정하고 있다. 다만 보호관찰을 받은 자가 그 기간 중 준수사항을 위반하는 경우 유예한 형을 선고할 수 있도록 하여 범죄인의 사회 내 처우를 하면서도 재범방지를 위한 조치가 병행될 수 있도록 하고 있다.

나. 집행유예제도

집행유예는 단기자유형의 폐해를 방지하는 한편, 피고인의 시설의 삶을 보호관찰, 사회봉사, 수강명령을 통해 지원함으로써 정상적으로 사회복귀를 돕기 위하여 3년 이하 자유형을 선고할 경우 정상에 참작할 사유가 있을 때 형의 집행을 1년 이상 5년 이하의 기간 동안 유예해 주는 제도이다. 보호관찰을 명할 경우 유예 기간이 보호관찰 기간이 된다. 집행유예제도는 2002년 제1심에 공판사건 처리인원 중 자유형이 선고된 피고인의 62.9%가 집행유예를 받았을 정도로 그 활용도가 높다.[161] 집행유예와 관련된 몇 가지 개선방향을 제시하고자 한다.

(1) 6개월 이하 단기형을 선고할 경우

집행유예 선고를 필수적인 것으로 규정하는 방안이 타당하다.[162] 단기자유형의 집행으로 인한 폐해 및 수용인원 과밀화를 방지할 수 있으며, 사회생활을 지속하면서 재범방지에 필요한 지도감독을 받도록 하는 것이 효과적이기 때문이다.

---

161) 『범죄백서』, 법무연수원, 2003, 209면에 의하면 1998년에는 63%가 집행유예판결을 받았고 2002년에는 62.9%가 집행유예판결을 받아 5년간 대체로 61∼63% 선을 유지하고 있다.

162) 同旨: 서보학, "집행유예제도 : 입법론적 비판과 대안", 형사정책(제13권 제1호), 2001, 64∼65면; 박상기, "현행 집행유예제도와 형법개정안", 연세 행정논총(제18호), 1993, 213면.

(2) 과거의 범죄경력과 형식적 결격사유에 관하여

첫째, 현행 형법은 피고인의 전과가 있는지 여부는 현재 재판을 받고 있는 사건에 대한 판결 선고 시를 기준으로 고려된다. 자유형의 전과 있는 자가 5년을 경과하지 않으면 집행유예를 받을 수 없도록 되어 있어 전과가 있는 피고인은 이 문제점 해결을 위해 재판을 지연하고자 하며, 지연을 해서라도 기간을 도과시키기 위해 불필요한 소송행위를 하는 문제점이 있다. 따라서 현재 심판을 받는 사건의 범행시점(발생시점)을 기준으로 하는 입법이 필요하다고 보며 또한 그 기한을 3년으로 단축하는 안이 타당하다고 보인다.

둘째, 집행유예의 가능여부를 과거 범죄경력과 연결시키는 것이 바람직한지에 대한 논의가 있다. 피고인에 대한 양형에 있어 과거의 경력이 하나의 중요한 판단요소인 것은 사실이지만 일정 기간 내에 전과가 있으면 무조건 집행유예가 안 된다고 하는 것은 범죄자의 재사회화를 막는 부당한 입법이라 보인다. 이는 또한 과거 권위주의 정부하에서 법관의 재량을 최소화하기 위해 입법한 것이 입법배경이라고 보이기 때문에 이 규정들은 당연히 삭제되어야 한다고 본다.[163]

(3) 집행유예 기간 중의 집행유예

현행 형법은 집행유예 기간 중에 있는 피고인에 대하여 일정한 경우가 아닌 한 재차 집행 유예하는 것을 인정하지 않고 있다. 대법원은 피고인이 저지른 경합범 관계에 있는 수죄가 전후로 기소

---

163) 이러한 규정으로 인하여 사실상 집행유예를 받고 또한 보호관찰과 사회봉사명령, 수강명령이 꼭 필요한 피고인에 대하여 법관이(피고인의 석방을 위해) 벌금형을 채택하여 선고하기 때문에 그 피고인에 대하여 보호관찰 등을 과하지 못하는 모순이 발생하고 있다.

되어 각각 별개 절차에서 재판을 받게 된 결과 어느 죄에 대하여 먼저 집행유예 판결이 확정된 경우 나머지 죄에 대하여 집행유예 판결이 선고될 수 없다면 같은 절차에서 동시에 심판을 받아 한꺼번에 집행유예 판결을 선고받은 것과 비교하여 현저히 균형을 잃어 불합리하므로 집행을 유예하는 것이 가능하지만 이런 특수한 경우가 아닌 한 재차 집행유예선고를 할 수 없다(대법원 2002.2.22선고 2001도5891호 판결)고 한다.

그러나 피고인에게 정상을 참작할 만한 특수한 사정이 존재하고 다시 재사회화 가능성이 인정되는 한 재차 집행유예를 인정할 필요성이 있으므로 이것이 가능하도록 하는 입법을 해야 한다고 본다.[164] 다만 재차 집행유예는 1회에 한하여만 인정되는 것이 바람직하다는 견해[165]도 있으나, 필자의 생각으로는 집행유예 기간 중 범한 범죄의 성격, 범행경위 등을 감안하여 법관이 종합적으로 판단할 수 있는 것이므로 이러한 제한을 두지 않는 것이 타당하다고 본다.

2. 자유형의 벌금형에로의 전환

자유형의 단점을 극복하기 위한 하나의 방안으로, 만일 벌금형을 부과하여도 행위자가 다시 범죄를 저지르지 않을 것으로 판단되면 자유형 대신에 벌금형으로 대체해도 형벌의 목적을 충분히

---

164) 同旨: 서보학, "집행유예제도 : 입법론적 비판과 대안", 75면; 김일수, "재차의 집행유예제도에 관한 해석론과 입법론", 법률신문, 1989. 12. 20, 11면; 박광민, "유예제도에 관한 일 고찰", 성균관법학(제3집), 1990, 118면.

165) 서보학, 앞의 논문, 75면에 의하면 수차에 걸쳐 집행유예를 인정하면 법질서가 범죄에 너무 미온적이라는 인상을 심어 줄 염려가 있다고 한다.

달성할 수 있을 것이다. 물론 현행 형법상 많은 범죄에 있어서 법정형이 벌금형을 예정하고 있기 때문에, 실무에 있어서 별 어려움 없이 사안에 따라 자유형 대신에 벌금형을 선고할 수 있다. 사안에 따라 그 정상에 현저히 참작할 사정이 있고 범인에 대한 개선교화와 법질서의 보호를 위해 자유형을 선고하지 않으면 안 될 사정이 없는 한, 벌금형으로 대체하는 것이 현대의 형사정책에 합당한 길이라고 사료된다.

이때에 6개월 미만의 자유형의 경우 자유박탈을 벌금형으로 대체하는 독일의 예에 따라 6개월 이상의 자유형을 과할 필요성이 인정되지 아니하고 행위자의 교화나 법질서의 보호를 위해 불가피하게 자유형을 선고할 사정이 아니라면 벌금형을 선고하는 것이 좋겠다는 주장이 있다.166) 그러나 자유형의 폐단을 극복하면서 자유형 대신에 가혹한 벌금형을 통한 일반예방과 특별예방을 고려한다면 6개월 미만의 자유형의 경우에 한해서만 자유박탈을 벌금형으로 대체하는 것은 지나치게 소극적이라고 생각된다. 왜냐하면 자유형의 폐해는 단기자유형에만 있는 것이 아니고 중기와 장기에도 있으며, 그 폐단을 줄이기 위해서는 유독 단기자유형의 경우에만 배려할 필연적인 이유가 없기 때문이다.167) 따라서 1년 6개월 이상의 자유형을 과할 필요성이 인정되지 아니하는 사안에 대해서는 원칙적으로 자유형 대신에 중한 벌금형으로 전환하고 또한 불가피하게 자유형을 선고해야 할 사정이 없는 한 벌금형 등으로 대체하는 것이 바람직하다 하겠다.

---

166) 김기춘, 『형법개정시론』, 삼영사, 1984, 450면.
167) 同旨: 허일태, "자유형제도의 문제와 개선방향에 관한 연구", 형사정책(제5호), 1990, 74~75면.

3. 구금제도의 완화

전통적인 구금방식은 정해진 일과에 따라 형기 동안 계속 시설에 수용되는 방식을 취하고 있었다. 그러나 이러한 획일적인 구금방식이 수형자의 개별처우라는 이념과 부합하지 않고 사회복귀에도 어려움을 줄 수 있다. 이에 따라서 최근에는 구금에 따른 폐해를 가능한 한 줄이기 위해 각국에서 다양한 방안들이 제시되고 있다.

이러한 방안들은 널리 반자유처우라고 부르는데, 이것은 수령자를 구금시설에 계속 구금하지 않고 일정한 시간대에만 생활하게 하고 나머지 시간은 자유롭게 일반인과 사회생활을 영위하도록 하는 것을 말한다.168) 반자유제도는 외부활동의 종류에 따라 외부통근제·외부통학제·외부통원제 등으로 구분되고, 구금완화의 방식에 따라 주말구금·휴일구금·야간구금·단속구금 등으로 구분되며, 그 외에도 무구금노역제도, 선행보증, 가택구금, 거주제한 등을 수반하는 독자적인 보호관찰 등을 들 수 있다.169)

4. 사회봉사명령·수강명령의 활용

사회봉사명령이란 법원이 주로 단기자유형을 선고해야 할 범죄자에 대하여 교도소나 소년원에 구금하는 대신에 정상적인 사회생

---

168) 이 제도는 크게 두 가지 의미로 사용되고 있다. 즉 프랑스·미국·이탈리아 등의 경우처럼, 일반적 단기수형자나 소년수형자에 대한 완화된 구금방식은 반구금처우라고 부르고, 특히 장기자유형의 수형자에 대한 석방 전 처우의 일환으로 사회복귀를 용이하게 하기 위해 외부통근을 인정하는 경우만을 반자유처우라고 부르는 경우가 있다.

169) 채희원, 앞의 논문, 73~75면.

활을 영위하게 하면서 일정한 기간 내에 지정된 시간 동안 무보수로 근로에 종사하도록 명하는 것을 말한다.

영국에서 처음 시행된 사회봉사 명령은 새로운 형사제재수단으로서 여러 나라에서 각광을 받고 있으며 다음과 같은 여러 긍정적 요소들을 가지고 있다. 첫째, 대상자의 여가 시간을 박탈하고 강제노역을 시킴으로써 범죄인을 처벌하는 처벌적 요소, 둘째, 죄로 인해 침해를 받은 사회에 대하여 노동을 통하여 배상하는 배상적 요소, 셋째, 자신의 무책임한 행동에 대해 노동을 통해 속죄하는 속죄적 요소, 넷째, 근로를 통하여 사회적 책임감을 배양함으로써 건전한 시민으로서 사회와 재융합할 기회를 주는 사회복귀적 요소가 있다.[170]

수강명령은 비교적 비행성이 약한 범죄자들에 대하여 일정 기간 수강센터에 참석하여 강의·훈련 또는 상담을 받도록 하는 처분을 말한다.

사회봉사명령은 종래의 사회 내 처우 특히 보호관찰과 비교하더라도 형사정책적으로 더 나은 의미를 가지고 있다. 사회봉사명령은 종래 사회 내 처우의 기본형태로서 전문가에 의한 처우를 타파하고 처우기반을 사회 내에서 구함으로서 독지가의 참여폭을 열어놓았으며, 범죄인을 지도나 원조를 받는 수동적 객체로부터 사회에 대해 봉사활동을 하는 능동적 주체로 전환하였다. 그리고 범죄인의 행동을 사회에 대한 보상이란 관점에서 벗어나 지역사회에 대한 봉사활동으로 바꾸자 하였고, 처우의 중점을 원조로부터 통제로 이행시켜 종래 구금형이 가지고 있던 범죄인에 대한 관리통제 기능을 사회로 대체시키고자 했으며, 봉사활동을 부과함으로써

---

170) 오영근, "사회봉사명령제도의 문제점", 형사정책연구, 1991, 266~267면.

비구금처우 중에 형벌의 엄격함을 도입하여, 양형 차원에서 구금형과 종래의 비구금처우의 간극을 좁혔다. 마지막으로 여러 가지 형벌목적을 결합시킬 수 있으므로 자유형에 상응한 효과를 가지며, 인적·물적 자원의 측면에서 비용절감이 가능하다.[171]

사회봉사명령제도는 시행한 지 얼마 되지 않았기 때문에 제도 자체의 문제점이나 운영의 문제점을 지적하기에는 미흡한 실정이다. 그러나 사회봉사명령을 대상자에 대한 동의를 전제로 한 독립한 보호처분으로 하고, 봉사활동의 최소 기간의 법정화, 대상자 선정기준의 확립문제, 명령위반자의 처리기준의 문제, 수강명령과의 차별화 도모, 봉사 작업의 종류선정, 봉사장소확보, 인적·물적 자원의 부족 등이 그동안의 운용에서 나타난 문제점으로 부각되고 있다. 이러한 문제점들을 해결하기 위해서는 사회봉사명령의 선진국인 영국이나 독일의 사회봉사명령의 성과와 극복해야 할 문제점 등에 대해 지속적인 연구, 검토가 이루어져야 할 것이다.[172]

소년범에 대한 수강명령제도는 인적·물적 교육시설이 미비하며, 수강명령은 보호관찰 기간에 이루어져야 하지만 현실적으로 학생들이 수강명령을 받았을 경우에 학기 중에는 프로그램에 참석할 수 없으며, 명령의 집행을 주기적으로 할 것인가 또는 집중적으로 할 것인가에 대한 문제가 있다.[173]

---

171) 정영석·신양균,『형사정책』, 법문사, 1988, 606~607면.

172) 박형남, "사회봉사명령제도의 적정한 운용방안", 전국형사재판장회의 주제발표논문, 1997, 28~29면.

173) 강지원, "사회봉사명령 및 수강명령의 효율적 시행방안", 청소년 범죄연구(제8집), 법무부, 1990, 51~85면.

5. 전자감시제도의 도입

'전자감시제도(electronic monitoring system)'는 주로 감시 대상자의 발목에 손목시계 크기의 송신기(전자족쇄)를 부착하여 그곳에서 나오는 신호를 전화선을 이용해 중앙컴퓨터가 계속적으로 수신하는 방법으로 감시 대상자의 소재를 파악하여 그의 생활을 24시간 통제하는 형태로 운영되고 있다. 이미 1980년대부터 미국, 캐나다, 호주 등에서는 이 새로운 기술을 이용하기 시작했으며, 점점 그 적용범위를 넓혀 나가고 있는 제도이다.

전자감시제도의 도입을 주장하는 논거로는 이 새로운 기술이 구금의 대안으로 활용되어 현재의 과밀수용을 완화할 수 있다는 점에 있다. 전자감시에 의한 가택연금은 "나의 집이 곧 나의 감옥"으로 사용된다는 것을 뜻한다. 지금까지 구금시설을 폐쇄교도소와 개방교도소로 구분하였으나, 이제는 '나의 집'이 제3의 구금시설로 등장하고 있는 셈이다. '나의 집'에서의 연금생활은 교도소 내에서의 구금생활과 달리 집안에서의 일상생활에 타인(교도관이나 동료죄수)의 간섭을 받지 않으며, 가족과의 동거가 가능하고, 지금까지 다니던 직장에도 계속 다닐 수 있다. 즉 삶의 지속성을 어느 정도 유지하되 단지 허용된 시간 외의 외출이 금지될 뿐이므로 기존에 맺고 있던 가족 및 사회와의 완전한 관계단절로 이어지지 않는다는 장점이 있다. 또한 경제적인 관점에서는 교도소의 관리비용과 설립비용 절감의 효과를 기대할 수 있을 뿐만 아니라 감시비용의 일부를 감시 대상자에게 부담시킬 수 있으므로 국가의 재정이 직접적으로 경감되는 측면이 있고, 감시 대상자는 직장에 계속 다니며 돈을 벌 수 있으므로 부양가족의 생계지원을 해야 할 필요가 없어지게 되어 복지지출을 줄이는 효과를 거둘 수 있다고 한다. 정책적 관점에서 보면 전자감시제도는 일차적으로 보호관찰관의 감시업무를 획기적으로 경감시켜줌으로써 대상자에 대한 원조활동에 전념할 수 있도록 한다는 점에서 긍정적 효과가 있는 것으로 알려져 있다.

이러한 전자감시제도를 도입함에는 전자장비를 이용한 감시활동의 헌법적 한계에 관한 논란도 많으므로 그 한계를 명확히 설정하고 이를 준수하도록 제도적 장치를 마련하며 도입여부에 대한 정책결정에 있어서 신중함이 요구된다고 생각되나 과학기술이 발달되고 특히 전자산업의 기술 면에서 상당히 앞서 있는 우리나라에서 컴퓨터가 광범위하게 보급되어 있고 인터넷 네트워크가 잘 구축되어 있어 이를 활용하고 기설치되어 있는 유·무선전화통신망을 사용할 수 있다면 큰 추가 비용 없이 전자감시제도를 채용할 수 있다고 보이므로 적극 도입되어야 할 제도라 본다.

6. 행형의 개선

1980년과 1985년도의 UN범죄방지대책회의에서도 자유형을 통한 범인개선에 대한 효과에 대해 의문이 제기되었고, 학계에서도 그와 같은 주장이 비등하고 있다. 이런 이유로 행형의 개선에 대한 욕구가 오늘날 강력하게 대두되고 있고, 우리나라에서도 이에 대한 개선책을 교도소 시설의 현대화에 대한 노력을 경주하고 있다. 또한 개방교도소를 설치하여 수형자의 자유제한을 가능한 완화하려는 노력을 하고 있다. 앞으로 그와 같은 방향으로 더욱 발전하여 개방교도소뿐만 아니라 자유형의 집행방법을 다양화하고,

수형자가 출소하였을 때 다시는 범죄를 범하지 않고 생계를 꾸려 나갈 수 있는 일에 종사하게 하여야 한다. 이 같은 일을 하는 데 있어서도 피구금자는 그가 일한 분량에 따라서 자유인과 마찬가지로 임금률에 따른 최저임금 이상의 임금을 받는 대신 그의 교도소 숙식비 총액은 공제해야 할 것이다. 왜냐하면 종래의 강제노역에서처럼 노동에 대한 적절한 대가 지불 없는 강제노동은 수형자 자신이 착취당한다는 생각을 들게 하고, 그들에게 노동이란 지겨운 것으로 보게 되는 계기가 될 것이다. 따라서 단순한 강제노역만으로는 수형자의 재사회화를 강화시키기보다는 약화시켜, 그들이 출소를 한 경우에 힘들이지 않고 쉽게 벌이가 되는 범죄행위의 유혹에 빠질 것이기 때문이다.[174]

7. 민영교도소 활용

1999년 12월 28일에 개정된 형행법(2000년 3월 29일부터 시행)은 그 제안 이유에 명시하고 있듯이 "과밀수용을 해소하고 교화효과를 제고하기 위하여" 민영교도소의 도입을 위한 근거규정을 마련하였다. 또한 「민영교도소등의설치·운영에관한법률」의 제안 이유에도 "국가의 재정부담을 경감함과 아울러 교정시설을 확충"하는 것을 목표로 삼고 있음을 분명히 밝히고 있다. 즉 당면하고 있는 과밀수용의 문제를 해소하고, 교정업무의 효율성을 극대화시키려는 것이 민영교도소의 설치와 운용의 주요취지임을 알 수 있다.

민영교도소가 설립되어 수용정원이 증가하면 국영교도소의 수용밀도는 상대적으로 낮아지게 되어 기존 수용시설의 과밀화 현상이

---

174) 허일태, "자유형제도의 문제와 개선방향에 관한 연구", 75면.

어느 정도 완화될 수 있다.[175] 더욱이 민영교도소의 설립은 국영교도소의 신축에 비하여 상대적으로 단기간에 이루어질 수 있다는 장점이 있다. 국영교도소를 새로이 설립하는 데는 관료체계의 경직성으로 인하여 시간이 지체되는 경우가 많지만, 이윤추구를 목적으로 하는 민간기업의 특성상 의사결정과 집행이 공공기관의 그것보다 신속하게 이루어질 것이기 때문이다. 따라서 민영교도소의 설립은 재정투자의 부담 없이 과밀수용의 문제를 보다 신속하게 대처하고 해결할 수 있는 방안으로 부상하게 된다.

그러나 민영교도소의 신설(또는 증설)이 수용밀도를 낮추기보다는 오히려 전체 수용인원만 증가시키는 역효과를 가져올 수 있다는 비판이 제기되기도 한다. 이 비판은 수용능력의 여분이 생기면 언젠가는 새로운 재소자로 채워지기 마련이며, 때로는 종전까지 시설에 수용되지 않았던 (경)범죄자도 수용되는 결과로 이어지는 등 시설확충으로 인한 형사사법상의 불필요한 확대를 경고하는 입장과 같은 맥락이다. 민영교도소는 매년 국가로부터 그 운영비를 지원받게 되는데, 대체로 수용자의 수에 따라 지급액이 차등 결정되리라고 예상된다.[176] 특히 영리를 목적으로 교도소를 운영하는

---

175) 미국은 1984년 테네시 주의 Chattanooga에 설립된 교도소가 효시인데 1999년에 이르러 159개의 민영교도소가 12만 명을 수용하고 있다고 한다. 자세한 것은 이승호, "교도소민영화에 관한 연구", 형사정책(제12권 제2호), 2000, 166면.

176) 「민영교도소 등의 설치·운영에 관한 법률」에 의하면 국가는 매년 민영교도소의 운영경비를 지급하도록 되어 있다(동법 제23조). 이에 따라 민영교도소가 설립되면 현재의 공영교도소와 같이 수용자 1인당 운영경비를 산정하여 지급액을 결정하리라고 예상된다. 한편, 민영교도소 등에 수용된 수용자의 작업수입은 동법 제26조에 의하여 국가에 귀속된다. 즉 수용자의 작업수입에서 이윤을 남길 수 없도록 되어 있다.

민간기업은 수익을 올리기 위해서 가능하면 많은 재소자를 확보하려고 노력하게 될 것이어서 교도소의 설립으로 인하여 단기적으로 수용밀도가 낮아지는 효과는 볼 수 있어도 장기적으로 전체 수용인원이 증가하고 수용밀도도 높아지는 결과가 나타날 수도 있다.[177] 또한 가능한 한 많은 재소자를 수용하려는 민영교도소에는 항상 과밀수용 현상이 발생할 수 있다는 지적도 있다.[178] 따라서 민영교도소의 설치와 운영에 있어서 형벌집행권의 민간이양에 관한 법치국가적 한계를 명확히 설정하여야 할 것이다.

제3절 벌금형의 문제점과 개선방안

Ⅰ. 문제점

현행 형법은 총액벌금제도와 일시납입방법을 취하면서 이의 납입을 담보하기 위하여 강제징수와 노역장 유치를 규정하고 있을 뿐, 벌금형에 관한 양형 기준이나 벌금형의 납입을 완화시킬 수

---

177) 이와 같은 현상을 방지하기 위한 방안으로 국가는 민간수탁자(교정법인)와 교업무위탁에 관한 계약을 할 때에 수용자 1인당 비용을 산출하여 지원하지 말고 개별 교도소의 최저수용인원을 정하고 이 인원을 바탕으로 지급해야 할 경비를 산출한다면 일부러 수용인원을 늘리기 위해서 로비를 할 필요가 없어진다는 주장도 있다.(이윤호, "교도소 민영화의 쟁점과 과제", 교정연구(제9호), 1999, 348면)

178) 한영수, 『행형과 형사사법』, 240면에 의하면 이윤추구를 목적으로 하는 민영교도소에 수용된 수형자는 사회적 연대성을 바탕으로 한 원조의 대상이 아니라 단지 영리를 위한 보안의 대상이 되고 만다는 표현을 쓰고 있다.

있는 장치는 마련하고 있지 않다. 앞서 본 벌금형의 단점과 관련하여 제기되는 문제점을 살펴보기로 한다.

1. 총액벌금형제도와 상대적 불평등 문제

총액벌금형제도는 벌금형을 일정액으로 산정, 선고함으로써 경제적 지위의 차이가 거의 고려되지 않아 부자와 가난한 자 사이에 그 효과에 있어서 현저한 불평등을 초래하여 희생동등의 원칙을 살릴 수 없게 된다. 이렇게 되면 결국 부자는 호주머니에서 지불하고 가난한 자는 신체로써 지불할 수밖에 없는 결과가 되므로 피고인의 경제적 능력을 고려할 필요가 있지 않은가 하는 문제가 제기된다.

2. 벌금형의 액수와 문제점

현행 형법상의 벌금액을 보면 그 금액이 급격히 변하는 경제사정을 반영하지 못하여 매우 비현실적이다. 벌금등임시조치법을 개정하여 액수를 조정하는 방법을 취하고 있으나 조정이 제때 이루어지지 못하고 있어 물가인상과 경제성장을 제대로 반영하지 못하고 있다. 따라서 이렇듯 벌금이 낮게 규정되어 있다는 것이 재판 시 벌금형을 선고할 수 있는 여지를 줄이게 됨으로써 벌금형에 대하여 형벌로서의 실효성을 의심케 하는 결과를 초래하고 있는 것이다.

3. 노역장 유치와 문제점

사형과 자유형은 국가의 물리력을 행사하면 누구에 대해서도 집행할 수 있으나 벌금형은 재산을 가지지 않은 자에 대해서는 집행할 수 없다. 따라서 집행의 면탈을 막기 위하여 현행범은 벌금판결을 집행명의로 하는 강제집행을 예정하고 있으며 또 노역장 유치제도를 두어 이 사태를 대비하고 있다. 이러한 노역장 유치제도는 벌금형의 납부를 강제함으로써 벌금형의 실효성을 확보하기 위한 압력수단으로 벌금미납자인 수형자는 일정액 비율로 산정된 기간 동안 자유형과 동일한 교도소 내에서 자유를 박탈당하게 된다. 그러나 노역장 유치는 실질적으로는 단기자유형의 성격을 가지는 것을 부정할 수 없어 단기자유형의 폐해를 시정하기 위하여 등장한 벌금형이 다시 단기자유형의 실질을 갖게 되는 문제점을 안고 있는 것이다.

4. 과료와 문제점

과료는 금액이 상대적으로 적다는 점을 제외하면 벌금과 본질적으로 차이가 없다. 그러나 과료는 그 액수가 낮기 때문에 활용도에 있어서도 현저히 떨어지는 경향이 있다. 따라서 굳이 벌금과 구별하여 과료를 그대로 존치할 필요가 있는지에 대하여 검토할 필요가 있다.

5. 양벌규정과 문제점

자연인과 법인에 대하여 동일액의 벌금형을 부과하도록 한 것은 문제가 있다. 실제로 자연인과 법인의 지불능력에는 상당한 차이가 있으며, 법인에 대하여 실질적인 응보 또는 범죄예방효과를 위하여 자연인과 다른 기준에 의하여 형벌을 과할 수 있도록 하는 것이 필요할 것이다. 또한 현행 양벌규정에서는 법인 등에 대하여 벌금형이 과해지는 경우에 그 벌금다액이 행위자에 대한 벌금다액을 넘지 못하게 되어 있어 법인 등에 대한 벌금다액과 행위자에 대한 벌금다액이 연동되는 형태로 되어 있기 때문에 법인 등의 자력을 고려한 경우, 법인 등에 대한 벌금액이 낮기 때문에 형벌로서의 효과에 있어 문제가 있게 된다.[179)]

 따라서 오늘날 법인 등의 사회경제활동의 실태에 비추어 보아 법인 등에 대한 처벌이 불충분하기 때문에 법인 등에 대한 적정한 벌금액의 수준을 어느 정도 고려해야 할 것인가[180)]를 충분히 검토하여야 할 것이다.[181)]

Ⅱ. 개선방안

1. 벌금형 적용범위의 확대 필요성

벌금형은 단기자유형의 폐해를 극복하기 위한 대체수단으로 등

---

179) 박기석, "벌금형 개선방안", 형사정책(제12권 제2호), 2000, 7면.

180) 예컨대, 법인 입장에서 환경범죄로 처벌받는 벌금형이 오폐수정화를 위해 투자하는 비용보다 저렴하다고 생각한다면 그 벌금액에 대하여 깊이 검토해 보아야 할 것이다. 자세한 것은 박기석, "환경범죄의 효율적 대처방안에 관한 연구", 한양대학교 법과대학 박사학위논문, 1996, 180면 이하.

181) 신의기, "벌금형제도의 문제점과 개선방안", 형사정책연구(제7권 제3호), 2000, 113면에 의하면 벌금형으로 법인에 대한 처벌이 불충분하여 법인의 해산명령 등 제재도 고려해야 한다고 하고 나아가 벌금을 납입하지 않은 법인은 영업정지명령이 필요한가도 문제된다고 한다.

장하였으나 오늘날 오히려 자유형보다 널리 사용되고 있는 독립된 형벌제도로써 자리잡고 있다. 따라서 벌금의 액수를 현실화함으로써 효율적인 벌금형의 운용이 될 수 있도록 하여야 할 것이다. 또한 벌금형이 단기자유형에 대한 적절한 대체수단이 되기 위해서는 자유형만을 법정형으로 규정하고 있는 가벼운 범죄에는 벌금형을 선택형으로 규정할 필요가 있다.

자유형만이 규정되어 있으나 그 성격상 벌금형을 부과하여도 지장이 없는 범죄에 대해서는 벌금형을 선택형으로 규정함으로써 상황에 따른 적절한 양형이 이루어질 수 있을 것이다. 이와 같은 가벼운 범죄의 예로서는 공무집행방해죄, 사문서위조, 자격모용에 의한 사문서작성죄, 명예훼손죄 등을 들 수 있는데 1995년 형법개정에 반영되어 벌금형을 법정형으로 두게 되었다. 그러나 제241조의 간통죄에 대해서는 아직도 징역형만을 고수하고 있어 문제이다. 원칙적으로 간통죄 자체가 비범죄화되어야 할 것으로 보고 있으나 그것이 안 된다면 벌금형을 선택형으로 입법하는 것이 반드시 필요하다고 본다. 벌금형이 법정형으로 규정되어 있지 않음으로 인하여 발생하고 있는 모순을 더 이상 방치해서는 안 될 것이다.

2. 일수벌금형제도의 도입 문제

가. 일수벌금형제도의 내용

일수벌금형제도는 총액벌금형제도가 안고 있는 문제점을 보완하기 위하여 나타난 제도로 핀란드, 스웨덴, 덴마크 등 스칸디나비아 국가와 독일, 오스트리아에서 도입, 시행하고 있다. 이 제도는 피고인의 책임과 경제적 능력을 고려하여 벌금액을 선고함으로써 총액벌금제가 가지는 형벌효과의 상이점을 극복하고자 하는 제도로 자유형에 있어서와 마찬가지로 개인이 느끼는 고통을 균등하게 하려는 목적에서 도입된 제도이다. 이 일수벌금형제도하에서의 벌금형의 양정은 총액벌금형제도에서와는 달리 3단계로 나누어서 행해지게 된다. 제1단계에서는 법관이 양형의 일반원칙, 즉 일반예방과 특별예방의 필요와 범죄의 심각성, 범죄자의 과거기록을 고려하여 일수를 결정하고, 제2단계에서는 범죄자의 경제사정을 고려하여 1일의 벌금액, 즉 일수정액을 결정한다. 예를 들자면 법관이 60일 결정한 경우 1일의 벌금액을 상·하한 중에서 5만 원으로 정하였다면 벌금 액수는 300만 원으로 하는 방식이다. 마지막으로 일수와 일수정액을 곱한 벌금액을 수형자가 즉시 납부할 수 있는가를 고려하여 일시불로 납부하게 할 것인가, 납부완화를 허용할 것인가 결정하는 것이다. 따라서 부유한 자는 1일 벌금액이 높을 것이기 때문에 가난한 자보다 더 많은 벌금을 부과받는다.

나. 일수벌금형제도의 장단점

(1) 장 점

일수벌금형제도의 장점으로 가장 먼저 불법과 책임이 동일한 행위는 행위자의 경제적 능력과 관계없이 일수에 의하여 동일하게 처벌받게 됨으로써 벌금형에 있어서도 자유형에서와 같은 정의가 실현된다는 것이다. 또 일수벌금형제도는 벌금이 부과과정을 투명하게 함으로써 일반형사사법제도는 벌금의 부과과정을 투명하게 함으로써 벌금의 일수와 일반형사사법제도에 대한 신뢰를 증대시키고 부과된 벌금은 범죄자의 재산의 차이를 고려하고 있다는 것을 입증할 수 있다는 장점이 있다.[182] 그리고 일수정액의 산정은 경제적 능력을 기초로 하여 결정되므로 법관은 정당한 벌금형의 산정을 위한 기준을 얻게 되면 경제적 능력에 적합한 벌금형을 부과함으로써 빈부 차이에 관계없이 형벌의 목적을 달성할 수 있다. 동시에 대체자유형의 집행가능성을 현저히 감소시켜 단기자유형의 폐해를 줄일 수 있을 뿐 아니라 벌금형 미납 시의 환형 유치에 대한 기준이 명료하게 해결될 수 있다.[183]

마지막으로 일수벌금형제도를 활용함에 있어 벌금의 범위를 넓게 확대하여 실시할 수 있게 함으로써 소수의 범죄자들을 관리하기 위하여 많은 인력과 시설이 투입되어야 하는 자유형이 최후의 형벌수단으로 남을 수 있도록 하여 형벌제도의 운용에 융통성을 줄 수 있다. 따라서 형벌의 목적인 범죄자의 재사회화와 교화라는 형사 정책적 효과를 기대할 수 있다.

(2) 단 점

먼저 벌금형의 양정에 경제적 능력을 고려하는 것은 행위자의 경제적 능력에 대하여 다른 양형 사유보다 우월한 지위를 인정하는 것으로 되며 이는 양형에 있어 경제적 능력의 의미를 지나치게 강조하게 되는 폐단이 있다.[184]

---

182) 이경재 역, "약물범죄수익에 대한 몰수", 형사정책연구(제4권 제3호), 1993 가을호, 211면.

183) 강동범, "재산형의 문제와 개선방안", 88∼89면.

184) 박기석, "벌금형 개선방안", 1면에 의하면 재산이 10배 더 있다고 하여 동일한 범죄를 저질렀을 때 벌금을 10배 부과받는다면 부의 축적이 정당화되는 자본주의를 부정하는 것이나 다름없다고 한다.

또 실제의 운용에 있어 비난가능성에 의하여 일수를 정하고 다음으로 피고인의 경제적 능력을 살펴 일액을 정하여야 하는데 편의상 법관이 먼저 벌금형의 총액을 정하고 이를 일수와 일수정액으로 분할하여 선고함으로써 이 제도 본래의 취지를 상실시킬 위험성도 있다.

그리고 일수벌금형제도의 기초가 되는 경제적 능력에 대한 정확한 조사, 확정이 실제적으로 매우 어렵다는 것도 문제점으로 지적할 수 있다. 즉 경제적 능력에 대한 정확한 조사를 위하여 본인의 협력뿐만 아니라 은행 등의 금융기관과 국세청 등의 정부기관의 협력이 필수적이나 우리나라의 경우 이러한 연계가 부족하여 정확한 경제적 판단이 가능하지 않다는 것이다.[185]

게다가 일수벌금형제도가 책임원칙과 희생동등의 요청을 조화시킬 수 있다고 하지만 벌금형의 본질을 '일정액의 재산의 박탈'에서 구하는 한 이 제도는 기교적인 고려를 통하여 외관적 평등의 착각을 이용하고 있음에 지나지 않으며 또한 벌금형에 있어서는 결국 자기가 얼마를 지불하였는가, 다른 사람은 얼마를 지불하였는가가 최대의 관심사이기 때문에 일수벌금의 사고가 뿌리내리기에는 어려움이 있다는 점도 부정할 수 없을 것이다.[186]

---

185) 우리나라 국민연금을 실시하는 과정에서 자영업자 등의 소득을 파악하는 것이 불가능하여 겪은 시행착오를 본다면 이를 쉽게 짐작할 수 있다. 그러나 서보학, "벌금형제도소고 : 비판과 입법론적 대안", 형사정책(제10호), 1998, 82면에 의하면 자산상태파악을 정확히 할 수 없기 때문에 일수벌금제도 도입이 불가능하다고 하는 것은 부당하다고 한다.

186) 강동범, 앞의 논문, 89면.

다. 검 토

범죄인이 범한 범죄의 불법과 책임을 정확히 표시할 수 없고 벌금형의 산정에 범죄인의 빈부의 격차를 고려할 것을 강제할 수 없으므로 빈자에게는 단기자유형으로의 전환을 강제하고 부자에게는 형벌의 목적을 달성할 수 없다는 비판을 받고 있다. 형벌의 개별화라고 하는 형사정책적인 기본입장에서 볼 때 일수벌금형제도에 대한 비판은 매우 사소한 것이며 피고인의 경제사정에 대한 조사도 피고인의 사회경제적 지위, 생활 정도, 납세액 등을 고려한다면 일정한 판단기준을 찾아내는 정도는 그리 어려운 일이 아니라고 일수벌금형제도를 도입할 것을 주장하는 학자들이 많다.[187]

그러나 범죄와 관련이 없는 재산의 다과여부가 범죄효과인 형벌의 양을 결정하는 주된 변수가 된다는 것은 책임원칙에 반하기 때문에 부당하며,[188] 일수벌금제를 시행하는 국가들과 달리 우리의 경우 개인의 경제적 능력에 대한 정확한 판단자료가 없는 상황이어서 이 제도의 도입은 타당하지 않다고 생각한다.

3. 벌금의 분납, 연납제도

앞서 본 일수벌금제도를 도입하지 않으면서도 개인의 재산상태에 따라 납부방법을 분납(分納), 연납(延納)하는 방법은 가능할 것

---

187) 김기춘, 앞의 책, 396면; 박순용, "현행 벌금형제도의 개선", 법무자문위원 논설집 제2집, 52면; 이재상, 앞의 책, 570면; 정영석, 『형사정책』, 법문사, 1988, 278면; 김일수, "형법개정과 제재제도의 개선방향", 형사정책(제5호), 1990, 19면; 송광섭, 앞의 논문, 562면; 서보학, 앞의 논문, 83면.

188) 배종대, 『형사정책』, 325~326면; 박기석, "벌금형개선방안", 20면.

이다.[189] 따라서 납입을 용이하게 하는 수단으로서 연납, 분납을 인정하는 것이 타당하고, 현재 영국, 독일, 스위스, 덴마크, 스웨덴, 미국의 일부 주에서 이를 채용하고 있다. 우리나라의 경우에도 형법상 이 제도가 채택되고 있지 않으나 실제「검찰징수사무규칙」상 벌금을 징수할 경우 분납, 연납을 허용하고 있는 상태이므로 형법상 벌금형 선고 시 법관이 허용할 수 있도록 형법에 도입하는 것이 타당하다고 생각한다.[190] 법원에서 벌금형 선고와 동시에 분납, 연납을 명할 수 있는 권한이 주어져 있다면 자력이 없는 자에 대하여 벌금형이 선고될 수 있는 가능성이 높아지고 그만큼 벌금형의 활용빈도가 높아지게 될 것이기 때문이다.[191]

4. 벌금형의 집행유예제도

현행형법은 벌금형의 선고유예를 인정하고 있으면서 집행유예는 인정하고 있지 않다. 벌금형이 선고된 후 이를 납부하지 못하게 되면 대체자유형(노역장유치)이 집행되는데 우리나라의 경우 교도소에 노역장유치를 받는 인원이 1996년에 8,853명, 1997년에 11,762명 1998년 5,166명에 이르는 적지 않은 수에 달하고 있다.

벌금형은 자유형보다 가벼운 형벌인 데도 불구하고 가벼운 벌금형을 받은 사람이 자유형에 대한 집행유예판결을 받은 사람에 비하여 훨씬 불이익한[192] 노역장유치를 받는다는 것은 커다란 모순

---

189) 박기석, "벌금형 개선방안", 21면.
190) 박승서, "형법중 형벌규정의 개정방향", 대한변호사협회지(제76호), 1982. 4, 17면.
191) 同旨: 서보학, "벌금형제도 소고 : 비판과 입법론적 대안", 91면.
192) 자유형의 집행유예를 받은 사람은 재범을 하지 않는 한 교도소에 수

이 아닐 수 없다.

자유형에 대한 집행유예가 허용되고 있는데 벌금형에 대한 집행유예제도가 피고인 간의 경제적 차이에 따른 형벌효과의 불평등의 문제점을 어느 정도 해소할 수 있을 것이기 때문에[193) 벌금형의 집행유예를 입법할 필요가 있다고 사료된다.[194)

5. 노역장유치의 합리화 방안

가. 노역장유치의 폐해 감소방안

벌금형이 국가의 형벌로서 실효성을 확보하기 위해서는 당연히 그 납입을 강제할 수 있는 수단이 마련되어야 할 것이다. 이러한 강제수단으로서 형법은 강제노역과 노역장유치를 규정하고 있는데 노역장 유치의 집행은 단기자유형의 폐해를 시정하기 위하여 주로 이용되는 벌금형이 다시 단기자유형으로 환원되는 결과가 되고 만다.

따라서 노역장유치는 벌금형집행에 있어 최후의 수단으로 사용되어야 하며 사용되는 경우에도 그 폐해를 극소화할 수 있는 방안이 강구되어야 할 것이다. 이러한 폐해를 극소화하기 위해서는 앞서 본 바와 같이 벌금형에 대한 집행유예와 연납, 분납제도의 도입으로 노역장에 유치되는 인원을 줄일 필요가 있으며, 노역장에 유치하는 경우에도 그 폐해를 극소화시키기 위하여 자유형의 가석

감될 염려가 전혀 없다.

193) 서보학, 앞의 논문, 70~71면.

194) 同旨: 송광섭, 앞의 논문 563면; 서보학, 앞의 논문, 92~93면에 의하면 벌금형의 일부에 대해서도 집행유예제도를 도입할 것을 주장하고 있다.

방제도와 마찬가지로 노역장에 유치된 자의 행형실적에 따라 미리
석방시킬 수 있는 제도가 노역장유치에도 인정되어야 할 것이다.[195]

나. 노역장유치의 대체방안

자유노동에 의한 상각제도는 벌금을 납부하지 않는 자를 국가가
지정하는 노동에 취업시켜 벌금 납부에 대체하는 것으로 신체의
구속을 피하는 것이 가능하다. 따라서 영국과 같이 사회봉사명
령[196]제도를 참작하여 봉사활동으로서 노역장유치에 갈음할 수 있
도록 하는 방안도 검토해 볼 필요가 있을 것이다. 독일에서는 벌
금미납자에게 대체자유형집행에 앞서 그가 자유노동(freie Arbeit)
을 함으로써, 즉 사회봉사명령을 이행함으로써 벌금납입을 대체할
수 있는 길을 열어 놓고 있다(독일형법시행법 제293조). 벌금형이
제1차 형벌이라면, 사회봉사명령은 제2차 형벌이고 대체자유형은
3차 형벌로서 최후의 제재수단인 셈이다. 우리나라에서도 이를 도
입할 필요가 있다고 생각되며[197] 이는 법관의 벌금형 선고 시 다
음과 같은 형식의 판결주문으로 표현될 것이다.
「피고인을 벌금 200만 원에 처한다. 피고인이 위 벌금을 납입하

---

195) 현행법상으로도 해석상 이를 긍정하고 있는 견해가 있다. 이재상, 앞
의 책, 613~614면.

196) 영국의 사회봉사명령은 1973년 형사법원권한법(Powers of Criminal
Courts Act 1973)에 의하여 채택된 것으로 16세 이상의 자유형에
처할 수 있는 범죄자에 대하여 사회봉사활동을 하도록 하는 제도로 이
에 따르지 않는 경우에는 벌금으로 바꾸도록 하고 있다. Christopher
J. Emmins, *A Practical Approach to Criminal Procedure(4th eds)*,
London: Blackstone Press Limited, 1988, 268~270면 참조.

197) 同旨: 한영수, 앞의 책, 220면, 최병각, "노역장유치의 실제와 벌금
양형", 형사정책(제12권 제2호), 2000, 220면.

지 아니하는 경우 금 3만 원을 1일로 환산한 기간 피고인이 사회
봉사를 하게 하거나 금 5만 원을 1일로 환산한 기간 피고인을 노
역장에 유치한다.」

6. 벌금액의 현실화

가. 자연인에 대한 벌금

현대범죄에 있어 상당수를 차지하는 범죄(특히 재산적 법익침해
에 관한 죄)가 이욕(利慾)을 동기로 하고 있으므로 이러한 범죄에
대해 벌금형이 효과적이라 할 것인데 현실상 운용되고 있는 것은
자유형을 주된 처벌수단으로 하면서 재산형을 종된 형벌로서 활용
하는 실정이다. 그러므로 자유형과 벌금형 동일한 반열에 놓고 범
죄의 성격, 동기 및 정상자료를 참작하여 법관이 효율적으로 법정
형을 선택할 수 있도록 하기 위해 자유형에 비견할 경도의 타격정
도를 갖는 벌금 액수가 구비되어야 한다. 우리나라 평균소득수준
에 비추어 1일 평균 5만 원 상당의 벌금액이 적당하므로 자유형 1
년과 비견될 수 있는 벌금액은 1,800만 원 정도가 되어야 한다.
따라서 경제범죄의 성격을 가지는 각종 특별법상의 벌금액수는 자
유형과 비견될 수 있도록 벌금액이 대폭상향 조정되어야만 벌금형
활용빈도가 늘어날 것이다.[198]

나. 법인에 대한 벌금

법인에 의해 행하여지는 범죄는 법익침해의 결과나 경제질서의

---

198) 박기석, "벌금형 개선방안", 9~10면.

문란 정도가 매우 크므로 자연인에 비하여 훨씬 높은 벌금형의 처벌이 필요하다. 현행법에서도 법인에 대한 양벌규정을 두고 있는 경우가 많으나 대부분의 경우 자연인에 대한 벌금형과 동일한 벌금을 병과할 수 있도록 규정하고 있다. 그러나 자연인에 대한 벌금형과 법인에 대한 벌금형이 같을 수 없다. 법인은 대부분 거대한 규모이므로 자연인에 대한 벌금형과 동일한 벌금형의 병과만으로는 효과를 거두기 힘들 것이므로 법인에 대한 벌금형의 부과에는 보다 강화된 규정을 두어 실질적으로 위하력을 가질 수 있도록 하여야 할 것이다.

범죄의 성격에 따라 주가조작, 환경오염, 탈세, 밀수, 부정식품제조, 기업비밀입수 등 법인의 범죄에 효율적으로 대응하기 위해서는 자연인의 벌금액보다 수배에서 수십 배까지 부과할 수 있도록 입법적으로 대응하는 것이 필요하다고 본다.

7. 과료의 폐지

재산형의 하나로 규정되어 있는 과료는 금액의 다과에만 차이가 있고 그 본질이나 징수절차 등에서 벌금과 동일하며 실제 법운용에 있어서도 거의 사용되지 않고 있어 굳이 과료를 유지할 필요가 없다는 지적이 있는 데 타당하다고 사료되며 이를 폐지하는 입법을 하여야 할 것이다.

제4절 자격형(명예형)의 문제점과 개선방안

Ⅰ. 문제점

형법상 자격 상실에 관하여 사형, 무기징역 또는 무기금고의 선고가 있으면 ① 공무원이 되는 자격, ② 공법상의 선거권과 피선거권, ③ 법률로 요건을 정한 공법상의 업무에 대한 자격, ④ 법인의 이사, 감사 또는 지배인 기타 법인의 업무에 관한 검사역이나 재산관리인이 되는 자격은 당연히 상실된다(제43조 1항)로 규정되어 있다.

자격 정지에 관해서는 범죄의 성질에 따라서 선택형 또는 병과형으로 부과할 수 있도록 되어 있다. 일정한 형의 판결에 의한 당연 정지와 판결의 선고에 의한 선고 정지가 있다. 당연 정지는 유기징역 또는 유기금고의 판결을 받은 자에게 그 형의 집행이 종료되거나 면제될 때까지 위 ①-③의 자격이 당연히 정지되는 것을 말하고(제43조 제2항), 선고정지는 판결 선고에 의해 일정한 자격의 전부 또는 일부를 일정 기간 정지시키는 것을 의미한다. 자격 정지 기간은 1년 이상 15년 이하이고(제44조 제1항), 자격 정지가 선택형일 때, 그 기간은 다른 형벌과 마찬가지로 판결이 확정된 날로부터 기산하며 병과일 때는 징역 또는 금고의 집행을 종료하거나 면제된 날로부터 기산한다(제44조 제2항)고 규정되어 있다.

우선 자격 상실과 관련하여서 현행 형법상 형의 종류로서 자격 상실이 규정되어 있기는 하지만 과연 자격 상실이 형벌로써 유지되어야 할 필요가 있는가 하는 점이 문제된다. 즉 사형, 무기징역,

무기금고를 선고하는 경우 그 판결의 부수효과로서 자격이 상실되는 것으로 하면 되는 것이 아닌가 하는 문제가 있다.

자격 정지와 관련하여서도 자격 정지 형벌을 법원의 판결에 의해 선고하는 것을 폐지하고 유죄판결에 대한 부수효과로 규정하는 것이 타당하지 않은가 하는 문제가 제기된다. 나아가 자격 정지형을 법률 규정에 의해 필요적으로 부과 내지 선고하게 될 경우 책임주의 원칙에 반할 개연성이 크므로 각 사안마다 구체적 타당성을 잃는 판결이 선고될 수 있는 문제가 있으므로 자격 정지형이 필요적으로 병과되어야 할 것인지는 검토되어야 한다. 또한 형법에서 개개인의 공직취임자격, 피선거권, 선거권을 일률적으로 제한하고 있는 현행 방식이 입법 방법상 타당한 것인지에 대한 문제도 제기된다.

Ⅱ. 개선방안

1. 자격 상실의 존치 여부

자격 상실의 법적 성질과 관련하여 지적되어야 할 것은 비록 자격 상실이 형의 일종으로 규정되어 있지만, 실제로 자격 상실은 법원의 판결에 의해 따로 선고될 수 있는 것이 아니고 법원의 판결에 따라 당연히 수형자에게 부과되는 형 판결의 부수효과로서 성질만을 가지고 있다는 것이다. 이에 따라 지난 1995년의 형법개정 시에도 형의 종류에서 자격 상실을 삭제하는 한편 자격 상실에 형의 선고에 따른 부수 효과로서 법적 성질만을 부여하고자 하였으나 개정 시 반영되지 못한 바 있다. 앞으로 형법을 개정할 경우 자격 상실을 형의 종류에서 제외하고 형의 선고에 따른 부수효과로만 규정하는 것이 타당하다고 본다.

2. 자격 정지의 존치여부

우리 문헌에서는 자격 정지를 법원의 판결에 의하여 별도로 선고하는 것은 피고인의 사회복귀에 부정적인 영향을 미치므로 부가형으로서의 자격형은 폐지하고 독일 형법의 예에서 보는 바와 같이 유죄판결에 부여된 부수 효과로 규정하는 것이 바람직하다는 의견들이 개진되고 있다.[199]

살피건대 독일 형법상 부수효과로 규정되어 있는 자격 상실은 우리 형법의 규정과는 달리 자유형의 집행 기간만 부과되는 것이 아니고 중죄로 1년 이상의 자유형을 선고받는 자에 대하여 5년 동안 일률적으로 자격을 박탈하는 것(독일 형법 제45조 제1항)이기 때문에 많은 경우에 형 집행이 종료된 이후에도 자격 상실은 계속 유효한 것이고 따라서 피고인의 재사회화를 저해하는 결과를 낳는 것은 자명하다. 만약 유기자유형의 집행 종료 후에도 자격 정지 상태가 계속 부과되어야 한다면 이는 법원의 판결로 선고되는 형으로 규정하는 것이 바람직하다. 형의 부수효과로 규정되는 것보다는 형의 일종으로 규정하는 것이 책임 원칙에 의한 제한을 받아 당사자에게 유리하고 또한 명예형의 선고필요성과 기간산정에 법원의 심사가 전제되어 최소한의 합리성을 확보할 수 있기 때문이다. 따라서 부가형으로서의 자격형을 폐지하는 방식보다 현행 형

---

199) 박재윤, "우리나라의 형사제재제도의 개선방안", 법학논총(제5집), 국민대학교, 1993, 47면.

법의 방식이 더 합리적이라고 생각되어 존속할 것을 지지한다.

3. 명예형을 필요적 부과하는 규정에 대하여

첫째, 명예형이 법률규정에 의해 필요적으로 부과 내지 선고될 수 있도록 규정하고 있는 현행 형법은 책임원칙과의 부조화문제가 우려된다. 자격 상실이 형 선고에 부가하여 필요적으로 부과 내지 선고된다면 이때의 자격제한은 책임 원칙에 의해 정해지는 형량에 덧붙여 부가되는 추가 형이 될 가능성이 매우 높아지게 된다. 이러한 위험은 자격 상실이 형의 부수 효과로 부과되는 경우에도 마찬가지로 나타나게 된다. 형의 부수 효과라는 명칭에도 불구하고 이때의 자격제한은 사실상 수형자의 권리와 자격을 추가적으로 제한하는 형벌로서의 성격을 갖고 있기 때문이다.

둘째, 명예형이 필요적으로 병과될 경우 구체적인 타당성을 결여할 가능성이 크다는 것이다. 많은 경우에 자격의 제한이라는 추가적인 제재가 전혀 필요치 않은 경우에도 자동적으로 자격제한이 부과되어 수형자의 조속한 사회복귀를 어렵게 만드는 결과를 가져올 수 있다.

따라서 이러한 형사제재는 단지 범죄인이기 때문에 반드시 처벌대우를 해야 한다는 사상에 얽매여 필요성과 합리성을 결여한 불필요한 제재일 뿐만 아니라 합목적성을 추구하는 정당한 형사제재가 될 수 없는 것이다. 그러므로 자격 정지를 모두 임의적인 규정으로 만들어 그 형의 선고여부를 법관의 합리적인 판단에 맡기는 것이 타당한 입법이라고 생각한다.[200]

---

200) 同旨: 서보학, "형벌제재로서의 명예형은 존치되어야 하는가?", 259면.

4. 형법을 통한 공직취임자격 제한의 불합리성

명예형이라는 형사제재를 통해 일률적으로 공직 또는 공적인 업무를 취임자격의 박탈 또는 제한을 부과하는 것에 대해서는 형법전의 일반적인 규정으로서는 각각의 공직·공적인 업무에서 요구되는 적임자에게 필요한 요건들을 개별적으로 타당성 있게 고려하는 것이 불가능에 가까운 것이므로 형법전에 형사제재의 하나로 규정되어 있는 공직 또는 공적인 업무에의 취임자격의 박탈 또는 제한을 삭제하는 것이 바람직한 것으로 판단된다. 비록 범죄인이 공직과 관련된 범죄를 저질렀다고 할지라도 공직취임과 관련된 권리 내지 자격의 박탈 및 제한은 형법이 아닌 개별 관계법령에서 규율하고 해당관서의 자율적인 판단에 맡기는 것이 더 타당하다고 보이기 때문이다.

5. 피선거권 제한의 불합리성

법을 통한 피선거권 제한의 취지는 범죄자가 선거를 통해 선거직 공무원에 당선되는 것을 막고 공직세계의 순수성을 보호하려는 데 있다고 생각되지만 선거관계법도 아닌 형법에 따로 피선자격을 제한하는 제재조항을 둘 필요가 사실상 없다고 보인다. 선거관계법에 후보자의 자격이 자세히 규정되어 있기 때문이다. 이러한 규정은 삭제되어야 할 것이다.

6. 선거권 제한의 불합리성

형법이 자격형을 통해 범법자의 선거권을 박탈하는 것도 자유민주주의 국가에서는 용납될 수 없는 제도이다. 왜냐하면 세계관의 다원주의를 바탕으로 하는 자유민주주의 국가에서는 어떠한 사상, 어떠한 과거 전력을 가진 사람이라 할지라도 자유로운 선거에의 참여를 통한 자유민주주의 질서 형성에 참여할 권리를 가지고 있으며, 범법 행위에의 전력을 이유로 국가가 이를 부인하는 것은 자유민주주의의 원칙을 부정하는 결과가 되기 때문이다. 따라서 범법자라 할지라도 스스로 판단하고 결정할 수 있는 정신능력·판단능력을 가지고 있는 한 투표에 참가할 수 있는 권리는 인정되어야 할 것이다.

제5장

새로운 형벌제도의 도입가능성

제1절 개 관

현행 형벌 중 금고형, 구류형은 징역형과 그 본질에 있어 차이가 없고 과료형도 벌금형과 그 본질에 있어 아무런 차이가 없어 금고, 구류, 과료형과 앞서 본 자격 상실형은 형벌에서 삭제하는 것이 타당하므로 현행 형벌 중 계속 존치될 형벌은 사형, 징역, 자격 정지, 벌금, 몰수 등 5개에 불과하게 될 것이다.

이러한 전통적 형벌만을 가지고 형벌의 목적을 달성할 수 없기 때문에 형벌의 다양화 방안이 요구되는바, 자유형 특히 단기자유형의 단점을 보완하면서 범죄인의 원활한 사회복귀를 도모한다는 현대 행형과제를 충족시킬 수 있는 방안으로 어떤 것이 논의될 수 있는지에 대하여 살펴보고자 한다.

대체로 미국에서는 법관 및 배심원에 의해 범죄인에게 부과되는 형벌은 일반적으로 사형, 자유형, 벌금형, 보호관찰 그리고 중간적 형벌의 다섯 가지 범주로 나타난다. 미국에서 중간적 형벌의 개념은 각 주마다 상이한 의미로 사용되지만 일반적으로 자유형과 통상적인 보호관찰 사이에 놓이게 되는 모든 제재를 의미하는데 사회봉사명령, 원상회복, 전자감시 및 범죄수익박탈이 중간적 형벌(Intemediate punishment)로 분류되고 있다.[201]

중간적 형벌은 유죄판결을 받아 통상적으로 교도소에 보내져야 할 범죄자 중 재범의 위험성이 낮거나 비폭력 재산범과 같이 사회에 대한 위험성이 비교적 낮은 자들에게 적정한 형벌로서 교도소의 과밀화를 해소할 수 있는 적절한 제도라고 생각된다.

여기서는 이러한 중간적 형벌 중에서 우리에게도 도입할 수 있는 가능성이 있는 사회봉사명령, 수강명령, 전자감시제도, 원상회복제도, 징벌적 손해배상제도, 범죄수익몰수제도 등에 대해 살펴보고자 한다.

제2절 사회봉사명령제도

Ⅰ. 사회봉사명령제도의 도입배경

오늘날 형벌 기타의 형사제재를 운용함에 있어서는 범죄에 대한 응보보다는 그 방지에 중점을 두고 있을 뿐만 아니라 그 구체적인 방법에 있어서도 종래 형벌위하를 통한 일반예방보다는 범죄인의 재사회화를 통한 재범방지에 더 중점을 두고 있다. 이에 따른 조치로서 범죄인에 대한 처우수단으로서의 시설 내 처우는 금세기까지도 가장 우월한 위치를 차지하였다. 그러나 이러한 처우는 20세기 초에 이르러 오히려 범죄학습과 범죄감염을 초래하는 결과

---

201) 최석윤 역, "사형에 관한 미국연방대법원의 판례", 형사정책연구(제10권 제1호), 1999, 165면; 곽병선, "미국에 있어서 구금형의 대체수단으로서의 중간처우", 형사정책(제11호), 1999, 306면.

를 낳았다.202)

이러한 시설 내 처우의 문제점을 개선하기 위한 노력의 하나로 사회 내 처우가 추진되었다. 사회 내 처우란 범죄인의 사회복귀와 재범방지를 위하여 범죄인을 교정시설에 수용하지 않고 사회 내에 두고 정상적으로 사회생활을 영위하도록 하면서 교정처우를 실시하는 것을 말한다.203) 이러한 사회 내 처우 중의 하나가 사회봉사명령이다.

우리나라에서는 1989년 소년법에 사회봉사명령제도를 도입하여 소년에 한해서 시행하고 있었다. 그리고 이것을 개정형법(1995.12.29, 법률 제5057호)에 따라 성인에 대해서도 도입하였고, 보호관찰 등에 관한 법률(1996.12.12, 법률 제5178호)을 개정하여 1997. 1. 1부터 시행하기에 이르렀다. 이에 따라 대법원은 '형사사건과 소년보호사건에서 보호관찰 및 사회봉사명령·수강명령 등과 관련한 사무처리지침'을 만들어 형사사건에서 선고유예·집행유예를 선고하는 경우와 소년보호사건에서 보호처분을 명하는 경우 그 대상자의 정상적인 사회복귀를 도모하고 범죄를 예방하기 위하여 봉사명령을 적극 활용토록 하고 있다.

Ⅱ. 사회봉사명령의 의의

사회봉사명령에 대한 통일적인 정의는 없지만, 일반적으로 사회

---

202) 오영근, "보호관찰제도의 이론적 기초", 청소년 범죄연구(제6집), 1988, 139면; 오재환, "범죄인의 사회내 처우제도의 성립과 정당성", 사회과학연구, 조선대학교, 1992. 6, 13면.

203) 유숙영, "사회봉사명령제도에 관한 연구", 경희대학교 법과대학 박사학위논문, 1996, 11면.

봉사명령이란 유죄가 인정된 범죄자를 일정한 기간 내에 지정된 시간 동안 무보수로 근로에 종사하도록 하는 처분[204]으로 이해되고 있다. 이러한 사회봉사명령은 다양한 형벌 목적이 결합된 형태로서 오늘날 자유형의 대체수단으로서 가장 널리 이용되고 있으며, 재범방지측면에서도 그 효과가 큰 것으로 나타나고 있다. 다만 각국의 형사사법체계와 관련하여 다양한 형태로 운용되고 있어 형벌적 이념에 있어서 구체적으로 차이가 있지만, 다음과 같은 공통점을 갖고 있다.

첫째, 사회봉사명령은 행위자에게 그의 행위로 인한 불법에 대한 상징적인 사회적 원상회복을 가능하게 한다. 이로써 사회봉사명령은 개별적인 원상회복이 가능하지 않거나 충분하지 않는 경우에 행위자·피해자 조정에 대한 중요한 보충수단이 될 수 있다. 형사 절차의 목적은 당사자 사이의 조정에 의한 공동체 내에서의 평화회복과 손해의 원상회복이다. 결국 범죄자의 재범방지와 효과적인 사회복귀에 유용하면서도 이들 행위자의 사회적 책임이 강조되는 형사제재체계가 갖추어져야 함을 의미한다. 사회봉사명령은 유죄판결에 의해서도 지금까지의 사회적 관계가 그대로 유지되면서 공동체를 위한 노동급부를 부과하도록 함으로써 피해자보상의 가능성을 높일 수 있고, 이로써 피해자의 보호에도 유리하다.[205]

둘째, 사회봉사명령은 지역사회에 기초한 사회 내 제재로서 범죄투쟁과 자유형의 부정적인 효과를 회피하기 위한 수단이며, 벌금형과 자유형보다 더욱더 다양한 형벌 목적의 실현에 기여할 수

---

204) 이재상, 『형법총론』, 2001, 574면.
205) Blau, *Die gemeinnutzige Abeit als Beispiel fur einen grund-legenden Wandel des Sanktionenwesens*, F.S. - H.Kaufmann. 1986, 193면.

있다. 사회봉사명령은 특히 단기자유형에 대한 구조적인 대안이다. 사회봉사명령은 경미범죄 영역에 있어서 여가상실과 노동력 대체에 의하여 행위책임을 상쇄할 수 있고, 특별 예방적 관점에서도 행위자에게 영향을 미칠 수 있으므로 적극적 일반예방의 의미에서 규범안정화에 기여할 수 있다. 한편으로 지역사회에 대한 배상[206]을 이념으로 하는 제재로서의 성격을 갖기도 한다.

셋째, 기본적으로 사회봉사명령은 실형과 형의 유예 사이의 영역에 놓여 있는 중간제재[207]의 성격을 갖는다. 따라서 지금까지 형벌이 사형·구금형·재산형 등 세 종류로 한정되어 있어 양형 결정에 어려움이 많았다는 점을 감안하면, 사회봉사명령은 실형 아니면 유예라고 하는 양극단에서 자유 제한적인 요소를 갖는 보호관찰과 사회봉사명령을 선택적·병합적으로 부과함으로써 법관의 양형상의 어려움을 많이 해소시킬 수 있을 것이다.[208]

---

206) 이처럼 사회봉사명령은 사회에 대한 원상회복이라는 의미가 더 크며, 이런 점에서 소위 상징적 원상회복에 해당된다고 하여, 행위자에 의한 피해자의 손해회복에 중점을 두는 원상회복과 구분하는 입장이 있다. 이호중, "형법상의 원상회복에 관한 연구", 서울대학교 법과대학 박사학위논문, 1997, 23면 이하, 특히 27면.

207) 중간제재란 보호관찰과 시설 내 구금 사이에 놓인 조건적 지도감독 프로그램을 의미한다. 중간제재는 일반적으로 사회 내 처우와 동일시되는데, 이는 범죄자의 지도감독이 사회 내에서 이루어지기 때문이다. 딘 제이 챔피언, "미국의 보호관찰", 보호, 법무부, 2001. 10, 129면.

208) 박미숙, "형사제재로서의 사회봉사명령의 의의와 전망", 형사법연구 (제17호), 2002, 93~95면.

Ⅲ. 현행 사회봉사명령제도

1. 개 관

우리나라에서는 소년과 성인에 대하여 사회봉사명령을 시행하고 있다. 현행 소년법에 의해 비행소년에 대한 보호처분의 성격을 지닌 것으로 도입한 것이 그 시초이다. 도입 이유는 ① 소년사법의 현실이 소년법의 이념, 즉 소년보호주의를 실현하지 못하고 있었고, ② 소년보호사건의 경우 실제로 이용되는 보호처분의 종류가 제한되고 있었으며, ③ 비행소년에 대한 보호관찰처분이 형식적으로 운영되어 실질적인 선도효과를 기대할 수 없었기 때문이다.[209] 성인에 대한 봉사명령은 개정형법 제62조의2에 집행유예의 조건으로서 보호관찰·수강명령과 함께 규정되었다. 이에 따라 전체 형사범에게 보호관찰을 확대실시하고, 절차법인 보호관찰 등에 관한 법률과 형사소송규칙(1996.12.3 대법원규칙 제1441호)도 이에 맞추어 관련규정을 개정·정비하였다.

2. 소년법상 사회봉사명령

소년에 대한 사회봉사명령은 가정법원 또는 지방법원의 소년부가 이를 관할하며(소년법 제32조 2항), 단기보호관찰 또는 보호관찰처분에 부가하여 명해야 한다. 또한 소년부판사가 봉사명령을 결정으로서 처분하며(동법 제32조 1항),[210] 대상자의 선정·봉사시

---

209) 이황우 / 이상현 외 6인, 『형사정책』, 법문사, 1997, 158면.
210) 우리나라에서는 현재 서울가정법원, 대구·부산·광주지방법원 소년

간의 결정·봉사시설·장소의 지정·봉사명령의 고지 등의 절차를 거쳐야 한다.

봉사명령의 운영에 있어서 가장 중요한 것이 바로 대상자의 선정이다. 대상자 선정에 있어서는 3단계를 거쳐야 하는데 1단계로 소년에게 보호처분의 필요가 인정되어야 하고, 2단계로 단기보호관찰 또는 보호관찰처분을 하며, 3단계로 봉사명령을 부가하여 명할 수 있다. 소년에 대한 사회봉사명령의 대상자 선정에는 적격성의 판단이 중요하다. 이를 위해 소년부는 조사 또는 심리를 함에 있어서 정신과의사·심리학자·사회사업가·교육자 기타 전문가의 진단 및 소년분류심사원의 분류심사결과의 의견을 참작하여(동법 제12조), 의학·심리학·교육학·사회학 기타 전문적인 지식을 활용하여 소년과 보호자 또는 참고인의 성행·경력·가정상황 기타 환경 등을 구명토록 노력해야 한다(동법 제9조). 이러한 분류심사에 따라 봉사명령에 적합한 소년은 다음과 같다. ① 부모의 과잉보호로 인해 자기중심적이고 배타적인 성격을 가진 경우, ② 생활궁핍의 경험이 없는 경우, ③ 근로정신이 희박하고 무위도식하는 경우, ④ 퇴폐향락과 과소비에 물든 경우, ⑤ 경미한 비행을 반복하여 범함으로써 가정에서 소외된 경우, ⑥ 기타 봉사명령을 부과하는 것이 적절하다고 판단되는 경우 등이다.[211] 봉사시간은 대상자의 개선가능성·범죄의 경중·미결구금여부 등을 종합적으로 고려하여 결정하는데 그 대상자는 처분 시 16세 이상의 소년이어야 하며(동법 제32조 3항), 단기보호관찰인 때에는 50시간을, 보호관

부지원, 대전·춘천·청주·전주지방법원 등 8개소에 소년부가 설치되어 있다.

211) 대법원, 형사사건과 소년보호사건에서 보호관찰 및 사회봉사명령·수강명령 등과 관련한 사무처리지침(송일 97-1), 참조.

찰인 때에는 대상자의 특성에 따라 50시간·100시간·150시간·200시간 중 하나를 선택하여 명하며, 이를 집행함에는 본인의 정상적인 생활을 방해해서는 안 된다(동법 제33조 4항). 또한 사회봉사명령은 보호관찰 기간 내에 시행되어야 하는데 단기보호관찰인 때에는 6개월, 보호관찰인 때에는 2년 내에 이행해야 한다(동법 제33조 2항·3항).

봉사의 대상자 선정과 봉사 기간의 결정은 소년부판사의 권한이자 의무이나(소년심판규칙 제31조 2항 전문), 봉사의 종류나 방법 및 그 대상이 될 시설 등을 지정하는 것은 재량사항이다(동규칙 제31조 2항 후문). 또한 법원장에게도 보호관찰소장으로 하여 필요한 보고나 의견을 들어 장소의 지정 및 취소를 할 수 있는 권한이 인정된다(동규칙 제34조 2항·3항).

봉사의 유형에 관해서는 대법원의 지침에 의해 다음과 같이 규정되어 있다. 봉사의 유형으로는 ① 자연보호활동(공원·하천 등 제초작업 및 오물수거), ② 복지시설 및 단체 봉사활동(양로원·고아원·장애자시설 지원, 사회복지기관·단체의 복지관련 사업보조 등), ③ 공공시설봉사활동(고속도로·국도 변 쓰레기·오물수거, 도서관 장서정리, 공공시설 보수 등), ④ 병원지원활동(응급실 인력보조, 환자 간병보조 등), ⑤ 공익사업보조활동(자원재생공사의 재활용사업지원 등), ⑥ 농촌봉사활동(모내기, 벼 베기, 과일 수확 등), ⑦ 문화재보호봉사활동(문화재 보수·제설·배수로 정비 등), ⑧ 행정기관 지원 기타 지역사회에 유익한 공동 분야 업무 지원활동(읍·면·동사무소 등 행정기관 업무보조, 공공시설보수, 쓰레기 분리수거, 우편물 분류보조 등) 등이다. 이러한 작업은 개별적인 경우마다 달라질 수 있다.

3. 형법상 사회봉사명령

성인에 대한 사회봉사명령은 형의 집행을 유예하는 때에 부과할 수 있으며, 그 대상자는 다음의 기준에 따라 선정하여야 한다. 사회봉사명령은 원칙적으로 보호관찰을 명하는 모든 대상자에 대하여 부과할 수 있으며, 구체적으로는 ① 자신을 비하하거나 목적 없이 생활하면서 자신의 능력을 모르는 때, ② 사회적으로 고립되어 있거나 단편적인 행동양식을 가진 때, ③ 근로정신이 희박하고 다른 사람의 재산을 탐내거나 직무와 관련하여 부당한 대가를 받은 때, ④ 음주·무면허운전 등 중대한 교통법규를 위반한 때, ⑤ 기타 봉사명령을 부과하는 것이 적절하다고 판단되는 때 등이다.212) 그러나 마약이나 알코올중독으로 범죄를 범한 때, 상습적이거나 심한 폭력 또는 성적 도착에 의한 범죄를 범한 때, 정신질환이나 심한 정신장애의 상태에 있는 때, 육체적 장애로 인하여 주어진 작업을 수행할 수 없는 때 및 보안관찰의 대상이 되는 공안범죄를 범한 때에는 대상자에서 제외된다.

사회봉사명령의 시간은 최대 500시간까지 명할 수 있으며(보호관찰등에관한법률 제59조 1항), 집행유예 기간 내에 이를 집행하여야 한다(형법 제6조 2의 2항). 또한 법원은 봉사를 명하는 판결을 선고한 때부터 10일 이내에 판결문등본을 피고인의 주거지를 관할하는 보호관찰소장에게 송부하여야 하며(보호관찰등에관한법

---

212) 이러한 지침에 의하여 사회봉사명령을 받는 경우는 2002년 기준으로 전체 명령대상자 중 교통사고사범이 29.8%, 폭력사범이 24.0%, 절도사범이 12.5%, 사기횡령공갈사범이 12.4%, 성폭력사범이 2.5%, 환각마약사범이 2%, 강도사범이 1.9% 등이다.(『범죄백서』, 법무연수원, 2003, 335면.)

률 제60조 1항), 그 의견 기타 봉사명령에 참고가 될 만한 자료를 첨부할 수 있다(동법률 제60조 2항).

사회봉사명령의 종료는 봉사명령의 집행을 완료한 때, 형의 집행유예 기간이 경과한 때, 형법 제64조 제2항의 규정에 의하여 집행유예의 선고가 취소된 때 및 봉사명령의 집행 기간 중 금고 이상의 형 집행을 받게 된 때이다(동법률 제63조).

IV. 사회봉사명령의 문제점과 개선방안

사회봉사명령은 어느 정도 성과를 거두고 있다는 견해가 지배적이나, 최근 실제의 운용 면에서 여러 가지 문제점이 나타나고 있는 것도 현실이다. 여기서는 문제점과 함께 개선방안도 함께 검토하고자 한다.

1. 사회봉사명령의 위헌성 여부

사회봉사명령은 간접적으로는 노동을 통하여 스스로 야기한 손해를 변상하는 것이므로 법원에 의한 사회봉사명령이 강제노역이 아닌가 하는 문제가 일찍이 제기되어 왔으며, 이는 사회봉사명령의 활용에 중대한 장애가 되어 온 것도 사실이다. 우리나라의 경우에는 이미 헌법 제12조 제1항의 강제노역에 관한 적법절차조항에 따라 제정된 법률에 의하여 사회봉사명령이 명문으로 인정되고 있다는 점에서 위헌의 문제는 제기될 여지는 없다고 하겠다. 다만 법률에 의하지 않는 사회봉사명령은 적법 절차에 의하지 않는 강

제노역이라는 비판을 받을 수도 있다.213)

생각건대 사회봉사명령이 여러 나라에서 새로운 형사제재수단으로서 각광을 받고 있는 것은 범법자가 자발적인 사회봉사활동을 통해 사회에 배상함으로써 자신의 범법행위를 스스로 청산할 수 있는 기회를 부여하여 사회복귀를 용이하게 할 수 있다는 점에 있다. 하지만 우리 형법과 같이 수명자의 동의를 요건으로 하지 않는 강제적인 사회봉사명령제도의 시행은 자칫하면 그 본래의 취지를 벗어나 과거의 강제노역형을 재도입하여 운영하는 것이 되어버릴 수 있다. 따라서 사회봉사명령을 부과하기 위해서는 반드시 수명자의 동의를 받도록 제도개선이 이루어져야 한다.214)

2. 명령위반자의 처리

사회봉사를 완전불이행한 경우는 집행유예를 취소할 수 있으나, 부분 이행한 경우에 대해서는 아무런 규정을 두지 않아 이에 대한 논란이 예상된다. 이 밖에도 보호관찰에 따른 경고, 구인, 긴급구인, 유치도 가능하나, 이 같은 명령위반행위를 처리할 때의 기준이 확립되어 있지 않고 공정한 운용이 보장되어 있지도 않다. 따라서 사회봉사명령제도를 효율적으로 운용하기 위해서는 봉사명령 미집행자에 대하여 실효성 있는 제재 조치가 확보되어야 한다.215) 우

---

213) 박미숙, 앞의 논문, 98~99면.

214) 이경재／최석윤, "한국의 사회봉사명령", 형사정책연구(제8권 제3호), 1997, 207면.

215) 이와 관련하여 사회봉사명령을 일부 집행한 후 집행유예가 취소되어 형을 집행할 경우 집행된 봉사명령 기간을 형기에 산입해야 한다는 주장이 있는바, 타당하며 입법을 해야 한다고 본다. 자세한 것

리나라도 법원과 봉사담당자 간의 긴밀한 협력이 필요하며 부분 불이행 등에 대한 기준을 확립해야 한다.

3. 전담기구 및 봉사프로그램 확충의 필요성

사회봉사명령의 집행기관은 보호관찰소이다. 보호관찰소는 이러한 봉사명령제도의 목표를 달성하기에 필요 충분한 물적·인적 자원을 갖추고 있어야 한다. 그러나 우리의 실정은 보호관찰조직으로 지소를 포함한 25개 기관이 전국 15개 시·도와 271개 시·군·구를 담당하고 있기 때문에 평균 1개의 기관이 6개의 시·군 내지 21개 시·군을 담당하고 있다.[216] 또한 1995년 우리나라의 보호관찰관 1인당 대상자 수는 328명으로 일본의 100명, 독일의 55명, 미국의 60명에 비해 턱없이 많은 수이며, 봉사명령의 대상이 소년에서 성인에까지 확대됨에 따라 대상자 수가 더욱 늘어났다. 이러한 실정으로는 봉사명령의 실질적인 지도·감독을 기대하기 어렵다. 따라서 봉사명령의 효율성을 확보하기 위해서는 보호관찰소 내에 봉사명령을 전담하는 부서를 설치[217]해야 할 뿐만 아니라 그 전문 기관과 전문 인력도 늘려 본 제도를 체계적이고 효율적으로 운용하여야 한다. 그리고 다양한 봉사프로그램의 개발도 시급한 문제이다.[218]

은 정동기, "사회봉사명령제도의 현황과 개선방안", 형사정책(제11호), 1999, 38~39면 참조.

216) 공정환, "사회봉사명령제도에 관한 고찰", 사법연구자료 제23집, 법원도서관, 1996, 494면 이하.

217) 이춘화, "사회봉사명령제도의 효율성 분석연구", 한국청소년연구, 1990, 68면.

4. 인권침해

사회봉사명령대상자에게 비천한 일을 시킴으로써 인권침해라는 비난이 일 수도 있을 뿐만 아니라 사회봉사를 하는 범죄자 자신들의 신분이 사회에 알려짐으로써 나타날 수 있는 낙인효과를 어떻게 극복할 것인가도 문제이다.[219] 실제로 봉사활동의 장소는 검찰청 봉사활동을 제외하고는 모두가 일반인에게 공개된 장소여서 봉사 작업 시 주위가 산만하고 본인의 신분이 노출될까 우려하는 경향이 있으며, 이를 조금이라도 극복하기 위해서 모자와 리본 등을 없애고 일반인의 접근이 드문 장소에서 봉사 작업을 실시하고[220] 있으나 앞으로도 이에 대한 연구가 따라야 한다고 생각한다.

5. 사회봉사시간과 집행시간

현행 소년법에는 초대의 사회봉사시간을 50~200시간으로 규정하고 있는데 이에 대한 법적 제한이 필요하며, 실무상으로도 봉사시간의 결정에 관한 구체적인 지침이 필요하다.[221] 일반적인 양형기준으로서 재판관이 봉사명령을 구금형의 대체수단으로 고려하는

---

218) 이영란, "사회봉사명령의 양형과 효과에 관한 경험적 연구", 형사정책(제12권 제1호), 2000, 56면.

219) 송태호, 『교정교육학』, 미리내, 1995, 282면; 조준현, "성인에 대한 사회봉사명령제도", 형사정책연구(제7권 제3호), 1996, 36면.

220) 한상흠, "사회봉사명령 집행의 실제", 형사정책(제6호), 1992. 6, 308면.

221) 범죄백서에 의하면 2002년의 경우 사회봉사명령으로 100시간 초과 200시간 이하를 받은 사람이 45.3%이고 50시간 초과 100시간 이하인 사람이 38.1%, 50시간 이하인 사람이 13.5%로 나타나고 있다.(『범죄백서』, 2003, 336면)

경우는 작업시간 수가 길어지고, 고려하지 않은 경우는 시간 수가 짧아진다고 볼 수 있다. 그리고 양형의 기준으로 100시간 이상의 봉사를 구금형의 대체로 보고, 240시간의 봉사는 대략 1년의 구금형에 상당한 것으로 보는 견해도 있으며, 190시간의 봉사와 9~12개월의 구금형을 동일시하는 견해도 있다. 또한 보호관찰대상자의 재범 시기를 볼 때 보호관찰개시 6개월까지가 재범위험이 가장 높은 시기이다. 따라서 재범방지를 위하여 봉사명령을 조기에 집행함이 타당하다고 본다.[222]

6. 판결전조사제도의 활용

현행법상으로 판결전조사제도가 규정되어 있는 경우로는 소년범을 대상으로 한 보호관찰, 사회봉사명령 또는 수강명령을 선고하는 경우이다(보호관찰등에관한법률 제19조 1항). 이 경우에 조사내용은 범행의 동기, 직업, 생활환경, 교우관계, 가족사항, 피해회복여부 등 피고인에 관하여 필요한 사항이다.

이러한 판결전조사제도를 성인범에게까지 확대 적용할 것인가 하는 점에 대해서는 견해가 대립된다. 기본적으로 법원의 입장은 보호관찰관에 의한 판결 전 조사는 법원의 재량권을 침해하며, 현행 형사소송구조에 반한다는 점, 법원에 독립한 보호관찰관의 조사결과에 대하여 신뢰할 수 없으며, 동시에 보호관찰관의 구성자체의 문제점을 들어 반대하고 있다.[223] 다만 법원은 양형조사관제

---

222) 이존걸, "현행 사회봉사명령제도의 개선방향", 교정연구(제7호), 한국교정학회, 1997, 210~211면.

223) 법원행정처, "사회봉사 · 보호관찰제도 해설", 36면; 박형남, "성인범에 확대실시되는 사회봉사명령제도 등의 운용방안", 보호, 1997. 3, 34면.

도의 도입에 대해서는 적극적인 지지입장을 보여주고 있다.

미국의 경우를 보면 성인범에 대하여 사회봉사명령이 필요하다고 인정하는 경우에는 예외 없이 판결전조사제도를 활용하고 있다.224) 즉 법원은 보호관찰관을 통한 판결전조사에 의하여 범죄자의 인격적·사회적 조사를 하고, 그러한 조사의 결과 및 의견을 첨부한 보고서를 검토하고 나서 판결을 내리도록 한다. 이러한 판결 전 조사 보고서는 양형 자료로 활용된다. 독일의 경우에도 판결전조사제도를 두어 보호관찰부 집행유예, 검사의 조건부 기소유예 등에 활용할 수 있도록 하고 있다(독일 형사소송법 제160조 3항).225) 최근 형사소송법 개정을 통하여 특히 검사의 조건부 기소유예(형사소송법 제153조의 a)에 있어서 손해보상과 가해자·피해자 조정을 위해 필요한 정보를 조사할 수 있도록 한 것도(독일 형사소송법 제155조의 a) 일종의 판결전조사제도의 활용이라고 할 수 있다.

생각건대 법원의 양형을 보호관찰관에 의한 조사보고서를 토대로 하는 것은 허용하기 어렵다. 다만 현행법상 보호관찰관에 의한 판결 전 조사는 그 대상이 집행유예 자체가 아니라 보호관찰 및 사회봉사명령을 위한 자료에 그칠 것이 아니라 양형 일반을 위한

---

224) 최인섭 / 진수명, "보호관찰제도의 성인범확대실시를 위한 예비연구", 한국형사정책연구원, 1997, 80면; 최석윤, "판결전조사제도", 형사정책(제12권 제2호), 2000, 62면.

225) 다만 독일에서는 검사가 판결전조사제도를 활용할 것인가는 검사의 판단여하에 달려 있다. 독일에서의 판결전조사관은 검사에 소속되어 있는 경우와 법원에 소속되어 있는 경우 등 각 주에 따라 소속 관할이 차이가 있고, 뿐만 아니라 중죄와 중간범죄사건, 소년보호사건, 특별한 상황으로 인한 사람에 대한 범행 등의 경우에만 적용된다는 등의 문제점으로 인하여 통일적인 연방입법의 필요성이 제기되고 있다.(Roxin, *Strafverfahrensrecht*. 24.Aufl. 1995. §10. Rn.44)

것으로 확대되어야 하며 이를 위해 제도적 여건을 마련해야 한다고 본다.226)

7. 사회봉사명령 이행 시 안전사고에 대한 적절한 대처방안문제

사회봉사명령집행 시 안전사고는 항시 상존해 있는 것이고 따라서 이에 대한 배상기준의 정립이 시급하다. 이에 대해서는 첫째, 국가예산 중 응급구호비를 대폭 증액하여 경미한 부상 등에는 응급구호비를 사용, 치료하도록 하고, 중상 또는 장애가 발생하거나 사망 시에는 국가배상법에 의한 배상신청을 하는 방안, 둘째, 상해보험증권의 가입을 본인 부담으로 하는 조건으로 사회봉사명령을 선고할 수 있도록 법률에 규정하는 방안, 셋째, 국가에서 예산을 확보하여 명령집행 대상자에 대하여 일괄적으로 보험에 가입토록 하는 방안, 넷째, 협력기관에 실질적인 도움을 주면서 안전사고에 대비하여 그 이익의 일정분을 보험료로 적립·배상하는 방안이 제시되고 있다. 사회봉사명령 집행 중의 안전사고에 대한 국가의 보상 문제는 사회봉사명령의 법적 성격을 어떻게 보느냐에 따라 달라질 수 있는 것이다. 사회봉사명령의 법적 성격을 독립된 형벌이라고 본다면 형벌집행에서의 사고를 교도작업에서의 사고와 같이 취급하여 재소자가 국가로부터 보상금을 지급받는 형식을 취할 수

---

226) 최석윤, "판결전조사제도", 76∼77면. 이에 대해 이승호, "우리나라 사회내 처우의 역사적 전개와 향후 발전방향", 형사정책(제8호), 1996, 226면에 의하면 현행 형사소송구조(당사자주의)상 보호관찰관이 조사하는 것은 바람직하지 않으며 법무부 소속 조사기관과 변호사회 소속 조사기관에 공히 담당시키고 그 결과를 법원이 판단하도록 하는 것이 적정하다고 한다.

있고, 사회봉사명령의 법적 성격을 부가적 처분으로 본다면 위의 방안 중 하나를 택하게 될 것227)이라 보이는데 이에 관하여 국가가 2004년 2월부터 전국의 사회봉사대상자 4만여 명에 대하여 단체상해보험에 가입함으로써 셋째 방안을 채택하고 있다.

V. 사회봉사명령의 입법론적 발전방향

1. 사회봉사명령의 장점 및 확대 필요성

현행 형법에서 집행유예부 사회봉사명령이 활용되고 있는바, 사회봉사명령은 형의 집행을 유예받은 자가 실제로는 아무 처벌도 받지 않는다는 생각을 불식시켜 주는 한편, 그에게 적극적으로 사회를 위해 봉사할 기회를 주어 특별예방효과를 극대화시켜 준다는 장점을 가지고 있다. 또한 이와 함께 부과되는 보호관찰은 집행유예가 단기자유형은 물론 중기자유형도 대체할 수 있을 만큼 '자유박탈 없는 형사제재'의 적용범위를 넓히는 효과가 있다. 나아가 열악한 우리의 교정 현실을 감안할 수 있고 예산을 절감할 수 있을 뿐만 아니라 인간존중의 원리 및 자조(自助)의 원리에 입각한 제도로서 도덕의식을 회복시켜 특별예방을 달성할 수 있는 가능성이 높은 제도228)여서 이 제도를 확대 실시할 필요성이 있으며 이는 형벌의 다양화 요청에도 부응한다고 보인다.

---

227) 유숙영, 앞의 논문, 233～234면.
228) 이영란, "사회봉사명령제도", 형사정책(제9호), 1997, 72면.

2. 형사처분의 부수처분으로서의 사회봉사명령 도입

가. 기소유예부 사회봉사명령

기소유예부 사회봉사명령이란 기소유예처분을 하면서 동시에 사회봉사명령을 부과하는 제도이다. 독일 형사소송법 제153조 a §153a StPO를 대표적인 예로 들 수 있는데 기소법정주의를 채택하고 있는 독일이지만 일반 '경'범죄(Vergehen)[229]의 경우 검사는 수소법원과 피고인의 동의를 받아 공소를 제기하지 않을 수 있으며, 이러한 기소유예조치와 더불어 사회봉사명령을 부과할 수 있도록,[230] 우리나라의 경우에도 이를 도입할 수 있다고 보인다. 우리나라의 경우 소년범에 대하여 기소유예를 하는 경우 전통적으로 소년범 및 보호자의 서약서를 징수하는 등 심리적 억지력을 주어서 재범을 막으려는 노력을 하고 있는바, 사회봉사명령을 부수처분으로 하게 하여 땀의 의미를 깨닫게 한다면 재범을 막으려는 특별예방의 이념에도 맞고 기소유예를 보다 확대할 수 있는 방안으로 작용하리라 본다.

나. 선고유예부 사회봉사명령

선고유예는 집행유예와 마찬가지로 보호관찰과 결부되어 발전된 제도로서 영미국가의 조건부 석방제도에서 유래하였다. 형의 집행

---

229) 독일형사법은 범죄의 불법의 경중에 따라 중범죄(Verbrechen)와 경범죄(Vergehen)를 구별하고 있다.

230) 검사는 공소를 제기하지 않는 대신 사회봉사명령 외에도 원상회복조치, 국가나 공익단체를 위한 일정한 헌납조치 또는 부양의무 이행명령 등을 부과할 수 있다.

을 유예해 주는 집행유예와 달리 선고유예는 일정한 기간 형의 선고 자체를 유예해 준다. 이와 같이 형의 선고 자체를 유예해 줌으로써 형의 선고로 인한 '낙인효과'가 없으므로 피고인의 사회복귀보다 용이하게 해 준다는 점이 그 장점이라 할 수 있다. 이러한 특별예방적 효과는 유예 기간 중에 보호관찰을 실시함으로써 더욱 강화된다. 선고유예 시 집행유예의 경우보다 더 다양한 부수처분(부담과 지시)[231]을 할 수 있도록 하기도 하는데 이런 부수처분의 하나로서 사회봉사명령을 부과할 수 있게 한 것이 선고유예부 사회봉사명령이다.

우리나라에서도 사회봉사명령이 부수될 수 있는 선고유예제도를 구비하게 되면 그 구체적 사안에 따라서는 선고유예제도가 더 쉽게 활용될 수 있는 가능성이 많을 것으로 보이므로 도입할 필요가 있다고 본다.

다. 가석방자에 대한 보호관찰부 사회봉사명령

재소자는 자유박탈로 인한 사회와의 절연을 경험한다. 가석방제도는 이러한 사회와의 절연 기간을 단축시키면서 동시에 가석방 기간 중에 가석방자의 사회복귀를 도모해 준다. 즉 가석방 기간은 수형자의 사회복귀를 위한 준비 기간이라고 할 수 있다. 가석방자에게 보호관찰을 부과함은 이 기간에 재범을 하지 못하도록 감시함은 물론 사회복귀에 용이한 여건을 마련해 주기 위함이다. 또한

---

231) 독일에서는 형사적 부수처분으로 '부담'과 '지시'를 명확히 구분하고 있다. 부담이 과거에 저지른 불법행위에 대한 징계성 부수처분이라면, 지시는 장래에 정상적인 사회생활을 하도록 돕기 위한 교육적 처분이다.

보호관찰 기간 중에 가석방자가 사회봉사업무를 수행하도록 하는 것이 '가석방자에 대한 보호관찰부 사회봉사명령'이다. 이것은 수형자가 교도소 내에서보다는 사회에 나아가 자유로운 분위기 속에서 사회(공익)를 위한 봉사활동을 함으로써 적극적으로 사회에 복귀할 수 있게 하려는 취지를 지니고 있다.[232]

필자는 가석방이 될 시기에 사회봉사명령을 부과하는 방식에는 적극 반대한다. 이러한 경우 사회봉사명령이 형벌을 받고 복역한 사람에 대하여 또 하나의 형벌로 작용할 수 있기 때문이다. 다만, 필자는 가석방의 요건인 형기의 3분의 1이 경과하기 전에 사회봉사명령을 조건으로 가석방을 원활하게 하는 의미에서, 즉 사회 내 처우의 일환으로 사회봉사명령을 도입, 활용하자는 주장이다.

3. 미납벌금의 대체수단으로서 사회봉사명령

벌금미납의 대체수단, 즉 환형처분의 대체수단으로서의 사회봉사명령에 대한 대표적인 입법례는 독일의 형법시행법(EGStGB) 제293조를 들 수 있다. 이 사회봉사명령은 1차적 제재양식이 아닌 2차적 형사처분으로서 벌금미납자에게 대체자유형(노역장유치)을 집행하기에 앞서 공익근무를 하여 미납벌금을 갚게 하는 제도이다. 형벌체계상 제1차 형벌이 벌금형이라고 한다면, 제2차 형벌은 사회봉사명령이 되고, 제3차 형벌은 최후수단이라 할 수 있는 자유형의 집행,[233] 즉 '환형처분'이다.

---

232) 한영수, 『행형과 형사사법』, 세창출판사, 2000, 176~177면.
233) 이에 관해서는 제4장 제3절 벌금형의 문제점과 개선방안 중 Ⅱ의 5항 "노역장 유치의 합리화방안"에서 언급한 바 있었다.

미납벌금의 대체수단으로서의 사회봉사명령은 단지 돈이 없다는 이유로 (대체)자유형이 집행되는 것을 방지해 준다는 점에서 그 장점이 있다. 즉 사회정의라는 관점에서 볼 때 사회봉사명령은 빈부의 차이로 인하여 내재되어 있는 벌금형 자체의 불평등성을 어느 정도 해소해 주는 역할을 하고 있다. 또한 법관은 양형 과정에서 극빈 수명자가 사회봉사명령을 이행하기에 적합하며 모든 상황을 종합해 볼 때 부과된 사회봉사명령을 준수하리라고 예견할 수 있어야 한다.

법원이 사회봉사명령을 선고하려면 이러한 형벌부과에 대한 수명자의 동의를 얻어야 함에 주의할 필요가 있다. 이때 법관은 사회봉사명령은 '사회봉사'라는 말에서도 쉽게 알 수 있듯이 수명자의 자발적인 동의가 없으면 실행되기 어려울 것이다. 강압적인 사회봉사는 형사·교육적인 입장에서 볼 때 무의미하기 때문이다. 또한 수명자의 자발성은 무엇보다 헌법상의 강제노역금지조항과 결부지어 볼 때 더욱 필수 불가결한 것이기도 하다. 만일 수명자의 동의 없이 사회봉사명령을 부과한다면, 결국 강제노역에 처하는 것이나 다름없기 때문이다.

4. 독자적인 주형으로서 사회봉사명령

사회봉사명령이 하나의 독자적인 형벌로서 처음으로 활용되기 시작한 곳은 영국이다. 1972년부터 시행되어 온 영국의 사회봉사명령(community service oder)은 세계 각국의 형벌제도개혁의 모델로 채택되고 있다. 특히 영국과 프랑스는 교도소의 수용인원 과밀화로 말미암아 야기되고 있는 수형자를 감소시켜야 할 현실적인 필요성 때문에 독자적인 주형(主刑)의 하나로서 사회봉사명령을 도입하였다. 사회봉사명령제도가 실형선고를 줄이기 위해서 자유형을 대체하는 역할을 수행하고 있는 것이다.

영국의 사회봉사명령은 '강제노역형'이 아니며 수명자의 자발적 협력을 바탕으로 한 '사회 내 처우'의 일환으로 자유형의 대안형벌이다. 형벌의 강제적 성격이 수명자의 자발적 동의라는 형식을 거쳐 '순화된' 형태의 사회봉사명령은 자유(또는 재산)박탈이 없다는 점에서 기존형벌의 대안으로서의 역할을 하고 있다.234)

우리나라에서 사회봉사명령을 영국의 경우와 같이 독립된 형벌의 하나로 인정할 것인가 여부가 문제된다. 형벌의 다양화라는 측면에서는 사회봉사명령을 독립된 형벌로 규정하는 것도 고려해 볼 수 있으나, 아직 시행 초기로서 다른 나라에서도 전면적으로 독립된 형벌의 하나로 인정하고 있는 예는 그다지 많지 않다.235) 그러나 아래의 이유에서 독립된 형벌로서 도입되어야 한다고 본다.

첫째, 사회봉사명령은 그 자체가 형벌로서의 충분한 이념, 내용을 포함하고 있다. 독립 형벌로서의 사회봉사명령이야말로 자유형을 대체할 수 있는 이념에 부합한다.

둘째, 집행유예부 사회봉사명령은 사회봉사명령을 모두 이행하고도 집행유예 기간은 계속되어 재범이 있을 경우 유예된 형의 집행이 불가피하게 되지만, 독립형벌로서 사회봉사명령이 있을 경우 사회봉사명령의 집행으로 형의 집행을 종료하는 장점이 있다.

셋째, 봉사명령시간에 차등을 둘 수 있어 독립된 형벌로서 형의

---

234) 한영수, 『행형과 형사사법』, 169~172면.

235) 독립된 형벌의 하나로 인정하고 있는 예는 영국과 미국의 몇 주 그리고 독일의 소년법원법에서 독립된 교육처분으로 사회봉사명령을 과하고 있을 뿐이다.

양정이 가능하다는 것이다.[236]

　독립된 형벌로 도입하게 될 경우에 사회봉사명령에 처할 수 있는 범죄를 형법각칙에서 개별적으로 혹은 형법총칙에서 일반적으로 규정해야 하는 입법기술상의 번거로움이 예상되고 사회봉사명령을 독립한 형벌로서 형법에 도입하는 것은 자유형과의 관계에서 문제될 수도 있으며 형사정책상 아직도 응보형적인 사고가 현저한 현시점에서 사회봉사명령을 독립된 형벌로 규정하게 되는 경우에는 사회봉사명령의 형벌적 성격만이 지나치게 강조되어 사회복귀의 목적이 몰각될 우려도 있다[237]는 지적이 있지만, 1년 미만의 자유형(특히 6개월 이하의 단기자유형)을 선고받을 수 있는 범죄인을 대상으로 독립된 형벌로서 활용한다면 사회봉사명령은 자유형을 대체하는 커다란 대안으로 활용될 수 있을 것으로 보인다.

제3절 수강명령제도

Ⅰ. 수강명령제도의 의의

　수강명령이란 법원이 유죄가 인정된 범죄인이나 비행소년을 교화·개선하기 위하여 일정한 강의나 교육을 받도록 명하는 것을 말한다. 수강명령의 주된 목적은 경미한 범죄자에 대하여 심성을 개발하고 올바른 가치관을 심어주며, 성행을 교정하여 사회에 정

---

236) 정동기, 앞의 논문, 43~44면.

237) 유숙영, "사회봉사명령의 집행현황과 효율적인 운용방안", 형사법연구(제16호), 2001, 220면.

상적으로 복귀할 수 있도록 촉진하는 데에 있다. 그리고 수강명령제도는 시설 내 처우의 폐단을 줄이고, 비용을 절감할 수 있으며, 지역사회의 관심과 협력을 이루어 낼 수 있는 제도이기도 하다.

Ⅱ. 수강명령제도의 연혁

우리나라에서의 수강명령제도는 최근 보호관찰제도의 활성화에 따라 발전되었다. 그 이전에 우리나라에서 보호관찰제도는 1963년 개정 소년법에 의하여 소년보호사건에서 보호처분의 형태로 최초로 법제화되었다. 그러나 이에 대한 절차법과 담당조직의 미비로 인하여 법원의 소년조사관에 의하여 간헐적으로 이루어지다가 1980년대 말에 이르러 보호관찰 등이 본격적으로 실시되는 중요한 전환기를 맞이하였다. 즉 1988년 개정된 소년법에서 보호관찰처분을 받는 16세 이상의 소년에게 사회봉사명령과 선택적으로 수강명령을 할 수 있도록 한 후, 보호관찰제도는 더욱 활성화되었다. 그 집행법으로서 1999년 12월 31일 「보호관찰법」이 제정되었다. 형사범죄자에 대해서는 1989년 개정된 「사회보호법」이 보호감호가출소자에 대하여 보안처분으로서의 보호관찰을, 1994년 제정된 「성폭력범죄의처벌및피해자보호등에관한법률」이 성폭력범에 대한 보호관찰을 규정함으로써 일부 성인범에게도 보호관찰을 실시할 수 있게 되었다. 그리고 이에 맞추어 1995년 1월 5일에 종래의 보호관찰법을 개정한 「보호관찰등에관한법률」이 제정되었다. 그 이후 1995년 12월 형법이 개정되어 모든 형사범죄자에 대한 보호관찰, 사회봉사명령과 더불어 수강명령제도가 입법화되었고, 이 형법은 1997

년 1월 1일부터 시행되기에 이르렀다.

형법에 의하면 우선 법원은 형의 선고유예를 할 경우에 보호관찰을 명할 수 있고(제59조의2), 형의 집행유예를 할 경우에도 보호관찰을 명할 수 있다(제62조의2). 이는 우리나라에서 그 이전에 소년에 대해서만 형의 선고단계에서 시행되던 소위 'Probation'제도를 선진 각국과 같이 성인에 대해서도 확대하기 위하여 규정된 것이다. 형의 집행유예를 할 경우에 법원은 보호관찰을 명하거나 사회봉사 또는 수강을 명할 수 있다. 여기서 사회봉사명령 또는 수강명령은 그 이전에 소년법 제32조 3항에 의하여 16세 이상의 소년에 대하여 소년보호처분의 일종으로만 실시되어 오던 것인데, 시행의 결과 그 유용성이 검증되어 이번에 모든 형사범죄자에게도 도입하게 된 것이다.

형법은 상기한 형 선고단계에서의 보호관찰제도인 'Probation'은 물론, 형 집행 단계에서의 보호관찰제도인 소위 'Parole'도 신설하였다. 형법에 의하면, 형 선고 단계에서 선고유예나 집행유예의 경우에 결합되는 사회봉사명령 또는 수강명령은 임의적인 데 반하여, 집행단계에서 가석방의 경우에 그와 결합되는 보호관찰은 필요적임을 원칙으로 하는 형태이다.[238]

Ⅲ. 수강명령의 법적 성질

형법에 의해 형의 집행유예와 결합하여 선고되는 수강명령은 형의 집행유예의 보완조치에 해당한다. 즉 이 경우의 수강명령은 종

---

[238] 손동권 / 최영신, "수강명령프로그램의 운용실태와 개발방향", 한국형사정책연구원, 1998, 33∼34면.

래 단순히 형 집행유예의 재판을 하면서 범죄자를 사회로 석방하는 데 따르는 사회적 위험을 방지하면서 범죄자에게 유용한 재사회화 처우를 실시하기 위한 제도로서 작용한다. 이러한 작용은 형 집행유예와 결합되는 보호관찰의 경우와 동일하다. 단지 보호관찰의 내용은 형 집행유예 피고인에게 보호관찰관의 감시와 원호를 받게 하는 비교적 광범위한 내용을 담고 있는 것인 데 비해, 수강명령은 일정한 장소에 출석하여 일정한 처우적 강의를 받게 하는 한정적인 것에서 양자는 약간 다를 뿐이다. 따라서 수강명령은 항상 형 집행유예부 보호관찰과 직접 또는 간접으로 관련되어 있다고 할 것이다.[239]

IV. 현행 수강명령프로그램의 유형

수강명령프로그램의 내용은 다섯 가지로 구분된다. 내용별로 프로그램[240]의 수가 많은 순서에 따라 살펴보면, 첫째는 정서장애 관련 프로그램이며, 둘째는 약물남용 관련 프로그램이며, 셋째는 준법운전프로그램이며, 넷째는 성폭력 치료프로그램이며, 마지막으로는 앞의 네 가지 분류에 해당하지 않는 프로그램이 있다. 다섯 번째 분류에 속하는 프로그램에는 충효예절이나 서예, 가야금 연

---

239) 손동권 / 최영신, 앞의 책, 39면.

240) 범죄백서에 따르면 2002년을 기준으로 9,596명의 수강명령생중 자체 집행된 5,995경(62.5%)을 제외한 나머지 3,601명(37.5%) 가운데 준법운전프로그램을 수강한 사람이 2,138명(22.3%)으로 가장 많고 약물관련프로그램 수강자가 517명(5.4%), 심리치료프로그램 수강자가 307명(3.2%), 가정폭력프로그램 수강자가 261명(2.7%), 성폭력 프로그램 수강자가 91명(0.9%), 기타가 287명(3.0%)으로 나누어진다.(『범죄백서』, 2003, 339면)

주 등이 속하는데, 이 프로그램들은 간접적으로 정서순화를 목적으로 한다는 점에서는 정서장애 관련 프로그램과 공통점을 갖지만 접근 방법에서 차이를 보인다.[241]

V. 수강명령의 개선방안

1. 프로그램 개발 및 대상자 집단 구성의 세분화

수강명령프로그램은 그 내용별 유형에 있어서 분화가 잘 되어 있고, 대상자의 집단 구성에 있어서도 동질적으로 세분되는 것이 가장 이상적이다.

현재 운용되고 있는 소년을 대상으로 한 수강명령프로그램은 약물남용 대상자를 위주로 한 것이 가장 많고, 이외에 그 대상자의 특성을 특별히 고려하지 않은 심리치료프로그램이 있으며, 성폭력 프로그램이 소수 존재한다.

소년 수강명령 대상자 중에는 성폭력 사범이 매우 높은 비중을 차지하는 데도 프로그램은 그 수요에 맞게 운용되지 못하고 있으며, 특히 수강명령 대상자의 상당한 비율을 차지하고 있는 절도나 폭력사범의 특성을 고려한 프로그램은 운용되고 있지 않다. 따라서 이들을 고려한 프로그램이 개발될 필요가 있다. 그리고 아직은 소년들을 대상으로 하는 준법운전프로그램이 활발하게 시행되고 있지 않지만 오토바이 이용자나 승용차 운전자의 연령 저하로 이

---

241) 손동권 / 최영신, 앞의 책, 84면에 의하면 정서관련 프로그램은 공동체훈련, 정신과적치료, 인성교육, 욕구조절훈련 등에 중점을 두고 있다고 한다.

에 대한 수요가 증가할 가능성이 높아 소년을 대상으로 하는 준법운전프로그램이 개발되어야 할 것이다.

그리고 성인의 경우에는 단지 준법운전프로그램 정도만 전문성을 갖고 시행되고 있고 다른 유형의 프로그램은 아직 시험적인 단계에 있다.[242] 성인 성폭력 사범을 대상으로 한 프로그램은 기존의 소년을 대상으로 하는 프로그램에 기반을 두어 이를 발전시키는 방향으로 개발이 모색되어야 한다. 그러므로 이제까지 그 분야에 경험이 있는 기관의 프로그램 담당자가 역량을 발휘할 수 있도록 지원해야 할 것이다.

2. 수강명령 집행을 위한 전문인력의 확보

현재 수강명령프로그램은 대부분 해당 지역에서 협력기관을 지정하여 그 집행을 위탁하는 방식으로 운영되거나 보호관찰소에서 자체적으로 개발한 자체 프로그램을 집행하고 있다. 앞서 각 보호관찰소의 관할 지역에 따라 소년에 대한 보호처분 시 수강명령 병과율에 큰 차이가 나타난다는 것이 통계를 통해 알 수 있는 바와 같이 지역별로 수강명령에 대한 관심도가 크게 다르다. 이는 각 보호관찰소별로 집행 가능한 프로그램이 어느 정도 개발되어 있는가와 관할법원 판사들의 수강명령에 대한 인식에 좌우된다. 그리고 이 두 요소는 상호 적극적으로 영향을 미친다. 보호관찰소에 따라 수강명령의 집행이 어느 정도 활발하게 이루어지는가는 대개 수강명령 집행

---

242) 범죄백서에 의하면 2002년 기준으로 수강명령을 받은 사람은 교통사고사범이 67.2%, 환각·마약 사범이 11.3%, 폭력사범이 12.6%, 절도사범이 3.0%, 성폭력사범이 2.3%, 사기사범이 1.1%, 강도·공갈사범이 0.5% 등으로 나타나고 있다.(『범죄백서』, 2003, 335면)

을 담당하는 보호관찰관의 역량에 좌우되는 경향이 크다. 프로그램을 위탁할 만한 적당한 협력기관을 발굴해 내는 일도 보호관찰관의 관심과 역량에 좌우되며, 이들 협력기관의 프로그램을 활용하여 자체 프로그램을 개발하는 일도 담당자의 관심과 열의에 좌우된다.

3. 프로그램 진행자에 대한 감독과 재교육

수강명령프로그램은 물론이고 모든 교육프로그램은 그 프로그램을 진행하는 담당자의 질에 의해 좌우된다. 같은 내용의 프로그램이라도 그것을 누가 실시하느냐에 따라 프로그램의 효과가 크게 달라지기 때문이다. 그런데 현재 우리나라의 경우 협력기관에 수강명령을 위탁하는 경우, 프로그램 진행자에 대한 통제를 할 수 없는 상황이다. 수강명령프로그램의 효과를 높이고자 한다면 정부는 위탁 프로그램의 진행자이든 자체 프로그램의 진행자이든 이들에게 항상 새로운 정보와 지식을 제공하여야 한다.

제4절 전자감시제도

Ⅰ. 전자감시제도 개관

1. 의　의

전자감시제도(electronic monitoring system)는 일정한 조건으로

(가)석방된 범죄자가 지정된 시간에 지정된 장소에 있는지 여부를 확인하기 위하여 범죄자의 손목 또는 발목 등에 전자감응장치(전자 팔찌 또는 전자 발찌라고 부른다)를 부착시켜 유선전화기 또는 무선장비를 이용하여 원격 감시하는 새로운 제재유형의 하나이다. 이러한 전자감시제도는 미국의 경우 51개 주(state) 중에서 43개 주에서 사용되고 있는 것을 비롯하여 오늘날 세계적으로 대략 10여 개 국가에서 시행되고 있는데[243] 현재 전자감시제도는 형사소송 절차에서 유·무죄확정 전 재판진행 중에 있는 자에게 미결구금에 대신하여 일정한 조건하에서 실시되거나, 법원의 판결에 따른 유죄확정 후 형벌집행의 단계에서 집중감독 보호관찰 프로그램(intensive supervision program)이나 가택구금명령 등 다양한 프로그램과 결부되어 실시되고 있고, 가석방자나 소년비행자, 여성범죄자, 음주관련범죄자 등 각 시행국가의 제도적 특성에 따라 다양한 집단을 대상으로 실시되고 있다.

우리나라의 경우 최근 아동대상 성범죄자에게 전자 발(팔)찌를 채우느냐 여부와 관련하여 논의되고 있다.

2. 전자감시 대상자

전자감시의 대상자로는 일반적으로 재범위험성이 낮고, 폭력적

---

243) Ed Mortimer and Chris May, "Electronic Monitering in Practice; the second year of trials of curfew orders", *A Research and Statistics Directorate Report*, Home Office, 1997, pp.3～4에 의하면 1983년 미국 뉴멕시코 주에서 시작되어 현재 영국, 스코틀랜드, 프랑스, 이탈리아, 오스트리아, 캐나다, 이스라엘, 네덜란드, 스웨덴, 독일, 싱가포르 등에서 시행되고 있다.

이지 않은 자로서 본인이 희망하는 경우가 일반적이다.244) 전자감시 대상자가 되기 위한 개별적인 적합성의 검토는 모든 실시국가에서 차이점을 보이고 있으나 나름대로 다음과 같은 공통점을 찾아볼 수 있다.

첫째, 프로그램 대상자는 단기자유형에 선고되었거나 혹은 잔형이 얼마 남지 않은 경우에 고려되어질 수 있다. 다른 기준이 충족된 경우에 스웨덴에서는 3개월까지, 네덜란드에서는 12개월까지의 단기자유형을 선고받은 자를 여기에 포함시키고 있다.

둘째, 전자감시 대상자들은 중한 범죄에 의하여 형을 선고받은 자들이 아니어야 한다.

셋째, 전자감시 대상자는 알코올중독 혹은 마약중독자가 아니어야 하고,245) 전자감시를 통한 재택구금 기간 동안 알코올과 불법적인 약물을 복용해서는 안 된다.

넷째, 대상자는 일정한 직업을 가지고 일을 하거나 혹은 반나절 정도의 규칙적인 활동을 해야만 한다. 여기에서 의미하는 활동에는 직업교육이나 재교육 및 네덜란드와 스웨덴에서처럼 사회봉사명령의 집행도 포함된다.

다섯째, 전자감시 대상자는 정해진 주거지에서 살아야만 한다.

여섯째, 전자감시 대상자는 전화가 있어야 한다. 왜냐하면 기술적인 감시시스템이 전화선을 필요로 하기 때문이다.

일곱째, 함께 사는 가족 혹은 다른 동거자도 또한 전자감시에

---

244) 홍정원, "성인 보호관찰대상자 지도, 감독, 원호 등 보호관찰기법에 관한 연구", 법무연구(제25호), 법무연수원, 1998, 248면.

245) 유석원, "미국의 보호관찰제도 운영실태연구", 보호(제6호), 1997, 125면에 의하면 마약판매제조 전과자나 폭력, 미성녀자 성폭력전과가 있는 자는 대상에서 제외된다고 한다.

동의해야만 한다. 왜냐하면 정해진 시간에 집에 머물러 있어야 하는 전자감시 대상자로 인해 동거자에게도 영향을 미칠 수 있기 때문이다.

여덟째, 전자감시 대상자가 거주하는 집이 타인의 소유인 경우에는 집주인도 전자감시에 동의를 해야만 한다. 왜냐하면 만약 위반사항이 발생하는 경우 감시자가 시간에 관계없이 대상자의 집에 수시로 들어갈 수 있어야만 하기 때문이다.

아홉째, 전자감시 대상자는 기술적인 통제로 인하여 부수적으로 일상생활을 침해받을 수 있는 포괄적인 지시사항에 동의한다는 의사를 표시하여야만 한다.

3. 전자감시 기간

전자기기를 이용하여 대상자를 일정시간 동안 감시하기 때문에 대상자는 많은 심리적 압박감을 받게 된다. 더구나 격리된 곳이 아닌 사회 속에서 정상적인 생활을 영위하면서 전자감시의 조건을 이행하는 것은 더욱 쉽지 않으리라고 본다. 1989년 미국 사법연구소가 조사한 당시까지의 미국에서의 평균 전자감시 기간은 79일이었고, 영국의 경우 전자감시에 의한 가택구금의 경우 60일 미만이었으며, 전자감시에 의한 통행금지의 경우 평균 5~6개월이었다.

가석방 시 전자감시를 받도록 하는 방향으로 제도운영을 한다고 전제하였을 경우 잔여형기의 전체 기간을 전자감시에 의한 가택구금을 한다면 대상자에게 엄청난 심리적 부담감을 주게 될 것이다. 따라서 잔여 형기 중 일정 기간만을 전자감시에 의한 보호관찰을 받도록 하고 보호관찰관이 전자감시가 필요하지 않다고 판단하는 경우 전자감시가 동반되지 않는 일반 보호관찰로 변경할 수 있도록 하는 것이 타당하다고 본다.

Ⅱ. 외국의 전자감시제도

1. 미 국

가. 개 황

미국에서의 최초의 전자감시프로그램의 운용은 1984년 플로리다 주 팜비치 카운티에서 실시되었고, 1985년 불과 2~3개의 주에서만 실시되고, 대상자도 200~300명에 불과하였으나 1989년에는 미국 전체 50개 주 가운데 37개 주가 실시하였고, 대상자도 6,500여 명으로 확대되었다.[246] 그 후 1994년에는 67,000명에 이르게 되었다.[247] 이와 같이 전자감시가 급격하게 확대된 이유는 네 가지로 살펴볼 수 있다.

첫째는, 전자감시가 교도소의 과잉구금을 완화할 수 있다고 보았다. 1970년대에 들어서서 범죄가 증가함에 따라 새로운 교도소를 더 많이 건설하여야 한다는 주장들이 제기되었다.[248] 그러나 이러

---

246) Renzema, M. and D. T. Skelton, *The Use of Elextronic Monitering by Criminal Justice Agencies 1989*, Kutztowm University Foundation, 1990, pp.5~6.

247) 김혜정, "전자감시제도의 도입 및 운영을 위한 예비연구", 한국형사정책연구원, 2000, 55~56면.

248) R. Del Carmen and J, Vaughn, "Legal Issues in the Use of Elextronic Survillance in Probation", *Federal Probation*, 1986,

한 수용공간의 확대는 오히려 실형판결을 증가시키는 결과를 낳기 시작하였다. 이와 같은 악순환 속에서 교도소건설을 중지하는 한편으로, 구금장소를 교도소에서 자택으로 옮긴다는 발상의 전환이 생겨났다. 공공의 안전이라는 관점에서 가택구금을 하였을 경우 불안을 주는 대상자에게 더욱 감시기능을 높이는 방법으로 등장한 것이 바로 전자감시이다.

둘째는, '법과 질서'의 유지라는 관점에서 범죄자의 엄격한 처벌을 요구하는 시민감정이 높아졌다는 점이다. 엄격한 처벌의 요청은 형을 장기화시켜, 결과적으로 교도소의 과밀화문제를 남기게 되었다. 그러나 한편에서는 일반시민의 입장에서 범죄자에 대한 재정부담은 최소한으로 되어야 한다고 주장하는 목소리도 증가하였다. 이와 같은 엄격한 처벌의 요구와 비용절약의 요구는 상호 배척되지만, 전자감시는 구금비용을 절약한다는 경제성의 요청에도 부응하고, 전자기기에 의하여 범죄자의 통제를 강화한다는 점에 있어서 엄격한 처벌의 요구도 동시에 수용한 것으로 볼 수 있다.

셋째는, 과학기술이 급속하게 고도로 발전하고 있는 상황 속에서 교정보호 분야에도 첨단 과학기술이 도입되어야 한다는 사회적 분위기이다.

넷째는, 교도소의 과잉구금이 중대한 사회문제로 부각되던 차에 교정 분야의 참여가 경제성이 있다고 판단한 민간기업의 판단이 일치하여 '교도소의 민영화'가 미국 각지에서 현실로 이루어졌다. 전자감시는 보호 영역에 대한 민간자본의 진출을 의미한다.

Vol. I , No.2, p.60.

나. 전자감시 실시현황[249]

(1) 전자감시 대상자

1989년 2월 현재 전자감시프로그램은 37개 주와 콜롬비아 특별 행정구(Washington D.C.) 및 푸에르토리코에서 실시되고 있으며, 총 6490명의 범죄자를 대상으로 하고 있다.

1987년 제1차 조사가 실시되었을 때에는 전자감시처분을 선고 받은 자의 4분의 3이 보호관찰(probation) 대상자였으나, 1989년 조사에서는 4분의 1로 감소하였다. 이는 전자감시기술이 개선되고, 교정프로그램의 전자감시기술을 운용하는 능력이 향상됨에 따라서 더 넓은 범위의 범죄자로 그 대상이 확대되었음을 알 수 있다. 또한 재판과 양형단계 이전에서의 전자감시의 이용이 증가하고 있는 것도 하나의 특징으로 나타났다.

(2) 전자감시프로그램위반자에 대한 조치

전자감시프로그램은 대상자의 준수사항위반을 방지하고, 범죄인 으로부터 시민을 보호하고, 신뢰성을 유지하는 일이 무엇보다 중 요하다. 이를 위해서는 준수사항을 위반하는 자에 대하여 즉시 교 도소나 구치소에 수용하는 것이 가장 간편한 방법이겠으나 전자감 시가 시설의 과밀화를 해결하기 위한 것이 주목적이기 때문에 현 실적으로 그렇게 하지 못하고 있다. 사법연구소의 조사에 의하면 전자감시프로그램 위반자에 대해 대체로 유연한 조치를 취하고 있

---

249) 아래의 미국 전자감시의 실시현황은 곽병선, "사회 내 처우로서 전자 감시에 의한 보호관찰 도입방안", 형사정책(제3권 제2호), 2001, 83 면 이하에서 요약, 발췌하였는바, 이 현황은 미국 사법연구소(National Institute of Justice)의 전자감시 조사보고에 근거한 것이라고 한다.

는 것으로 나타났다. 예컨대 위반자에 대해 전자감시사무소에 보고의무를 강화하거나, 사회봉사활동시간을 늘리거나, 교도소 이외의 지역사회 교정시설로의 일시적인 수용을 명하는 경우가 많았다.

(3) 다른 프로그램과의 병행여부

현재 전자감시프로그램을 운용하고 있는 지역에서 정기적인 약물검사를 실시하고 있는지의 여부를 물어보았다. 회답이 있었던 182개 지역 중 33개의 지역이 약물검사를 정기적으로 시행하지 않는다고 답하였고, 66개의 지역이 전자감시 대상자에게 정기적으로 약물검사를 시행하고 있고, 기타 일부 지역은 전자감시 대상자 중 일부만을 무작위로 선택하여 실시한다고 답변하였다.

(4) 전자감시비용부담

3분의 2 이상이 전자감시의 비용을 대상자에게 청구하고 있고, 그 요금은 전자감시장치의 임대료를 충분하게 지불할 수 있을 정도였다. 비용의 월정액은 다양하였고, 비용을 청구하고 있는 프로그램의 4분의 2 정도가 월 100 내지 300달러를 청구하고 있으며, 4분의 1이 100달러 이하, 나머지 4분의 1이 300달러 이상을 청구하고 있었다.

(5) 직원배치의 현황

전자감시센터의 적절한 직원배치는 직원이 컴퓨터의 메시지를 검토하거나, 전자감시의 준수사항위반을 확증하는 역할을 하기 때문에 중요하다. 사법연구소 조사에서 전체적으로 190개의 지역에서 다음과 같은 내용을 답하였다.

① 66개의 지역에서 1일 24시간, 1주 7일 전자감시센터에 직원
  을 배치하고 있었다.
② 54개의 지역에서 전자감시센터에는 근무시간 내에는 직원이
  배치되어 있고, 나머지 시간의 경우 일정한 위반이 발생한
  경우에 전자감시 컴퓨터가 방문 직원에게 연락하도록 시스템
  이 작동하는 방식을 취하고 있다.
③ 41개 지역에서는 전자감시센터에 통상 월요일부터 금요일까
  지 근무시간에만 직원이 배치되고 있다.
④ 나머지 지역은 전자감시센터에 직원이 근무하지 않고 불규칙
  적인 단속적 방법으로 감시를 시행하고 있다.

2. 영 국

1982년 범죄자전자감시협회(Offender Tag Association, 이하
OTA라 함)가 설립되었고 이 단체를 중심으로 구금의 대체수단과
범죄를 줄이기 위한 수단으로서 전자감시가 추진되었다. OTA는
선데이 타임즈지의 기자이며 소설가 그리고 교화위원인 톰 스테이
시에 의해서 창설되었고, 이후 정치가를 비롯하여 전과자, 교회 성
직자, 대학교수, 전자산업의 대표자 그리고 교도관인 스테팬 튜민
등이 참여하였다. 처음에는 보호관찰소나 기존의 형벌개량운동가,
시민단체 등에 의해서 강한 반대가 있었으나 시간이 흐르면서 점
차 지지를 받았다.[250] 영국 정부도 처음에는 OTA의 활동에 거의

---

250) Carnings, J., "Electronic Monitering; A Chief Probation Officer's
 Perspective", in Russel, K. and R. Lilly(eds.), *The Electronic
 Monitering of Offenders*, Leicester : Leicester Polytechnic Law
 School Monograph, 1989, pp.83∼89.

관심을 기울이지 않았으며, OTA가 내무성에 제출한 최초의 계획은 가택구금이 형벌로서 불충분한 제도라는 이유로 거부되었다. 그 후 1984년 내무성은 OTA의 종전의 계획을 재검토하였다. 영국 하원도 교도소의 과밀현상에 관한 보고를 받고 미국이나 캐나다의 전자감시프로그램이 영국에서도 적용가능한지의 여부를 평가할 목적으로 연구해야 한다는 결론에 이르렀다.

1988년 영국 정부는 '형벌, 구금 및 지역사회'(Punishment, Custody and the Community)라는 보고서에서 비구금적 처우수단의 채택에 관한 논의를 환기하면서, 그 한 방법으로 전자감시에 관심을 보이고, 전자감시는 범죄를 줄이고 교도소의 과잉구금을 완화하는 방안이 될 수 있다고 보고하였다. 전자감시는 14세에서 16세까지의 소년범죄자들에 대한 구금형의 유력한 대체수단이 될 수 있고, 동시에 범죄자의 '감시와 처벌 그리고 통제'를 임무로 하는 종래의 보호관찰소의 역할을 '조언과 지원 및 보살핌'을 하는 기관으로 변혁하는 효과도 얻을 수 있다고 하였다. 보고서의 내용은 개략적으로 다음과 같다.

> "전자감시는 범죄자에게 자신의 자택에 머물도록 요구하는 명령을 집행하는 데 필요하다. 미국에서도 범죄자를 자택에 머물도록 하는 목적으로 이용되고 있다. 전자감시는 그다지 제한적인 처우가 아니며, 범죄자의 소재를 추적하는 데 도움이 될 수 있다. 또한 전자감시는 그 자체로 재범을 방지할 수는 없지만 법원이 구금의 정당한 다이버전(diversion)이라고 인정하는 한도에서는 범죄를 행하는 기회를 제한할 수 있는 제도가 될 수 있다."

이 보고서로 인하여 영국에서 전자감시에 대한 논의가 활발해졌다. 전자감시에 대하여 영국의 보호관찰관협회(National Association of Probation Officers)는 자신들의 종전의 지위 및 역할이 크게 변화될 것으로 예상하여 처음에는 반대하였다.

이와 같은 일련의 논의과정을 거치고 전자감시제도 시찰단을 미국에 보내어 조사케 한 후 1989년 보석석방자를 대상으로 전자감시를 최초로 시험실시하였으나 성공하지 못했고,[251] 1991년 형사사법법(Criminal Justice Act)의 개정으로 전자감시를 조건으로 하는 통금명령을 법에 명문화하였다. 1995년 7월부터 1997년 6월까지 맨체스터, 노포크, 버크셔에서 1, 2차에 걸쳐 실험적으로 통금명령을 실시하였다. 위 지역에서의 시험적 실시가 성공적이라는 평가가 나오자 1997년 7월에 가석방자들에 대하여 전자감시에 의한 가택구금을 시험실시하였고, 1998년 범죄와 비행에 관한 법률(Crime & Disorder Act)을 제정하고, 1999년 1월 28일부터 전국적으로 확대 실시하였다. 통금명령은 그해 12월 1일부터 전국적으로 실시하였다.

Ⅲ. 전자감시 프로그램의 방식

1. 단속적 감시시스템

단속적 감시시스템에는 다양한 실행방법이 가능하나, 그 공통점은 정해진 주거지에서 지속적으로 감시를 받는 것이 아니고, 정해진 주거지에서 정해진 시간에 소재여부를 확인받는 방식이다. 즉

---

251) 김혜정, 앞의 논문, 15면에 의하면 대상자 46명 중 24명이 지시사항을 위반하고 재범을 하였다고 한다.

단속적 감시시스템은 중앙감시컴퓨터가 무작위로 또는 선정된 시간에 범죄자를 전화로 호출하여 그 응답여부를 통해 소재여부를 확인하는 것으로, 이러한 전화호출에 전자감시 대상자는 반드시 반응을 보여야 하며, 전화호출에 반응하는 방식에 따라 두 가지로 나눌 수 있다.

하나는 전화호출이 있는 경우 범죄자의 팔이나 발목에 장착된 팔찌 모양의 전자감응장치를 자신의 주거지에 설치되어 있는 전화기에 부착된 검지기 안에 넣어 중앙감시컴퓨터에서 자동 확인하는 방법, 즉 검은색 플라스틱제의 팔찌 모양의 전자감응장치를 범죄자의 팔목에 부착시켜 컴퓨터가 전화호출을 한 경우 해당 범죄자는 전자감응장치를 탐지기 가운데 넣어서 확인시키는 방식이고 또 다른 하나는 전화로 범죄자에게 일정한 질문을 하여 전화 응답 시 미리 중앙감시컴퓨터가 기억하고 있는 음성으로 확인하도록 하는 방법과 거기에서 발전된 것으로 전자감시 대상자의 주거지에 화상전화를 설치하여 대상자 스스로가 중앙감시컴퓨터에 전화하여 자신의 모습을 보여줌으로써 소재유무를 확인시키는 방법이 있다.

이러한 단속적 감시시스템의 장점은 기술적으로 복잡하지 않고 비교적 가격도 저렴하며 오류도 상당히 적다는 것이다. 그러나 이 방법의 가장 큰 단점으로는 대상자를 빈틈없이 감시하는 것이 불가능하다는 것이다. 따라서 이 방법은 경미한 범죄자에게만 적용이 가능하다는 것이다.

2. 계속적 감시시스템

계속적 감시시스템은 범죄자의 발목 또는 손목 등에 소형 발신기를 착용하게 하여 그 발신기가 일정한 시간 간격으로 무선신호를 자동 발신하면 지정된 주거지 전화기에 부착된 수신장치가 그 신호를 탐지하여 이를 중앙감시컴퓨터에 전송하고, 중앙감시컴퓨터는 전송된 사항과 해당 전자감시 대상자에게 주어진 지시사항을 대조하여 위반사항 여부를 감시하는 방식이다.[252] 대상자가 지정된 범위(전화기에서 30~60m)를 이탈하였다가 복귀하거나 신체에 부착된 송신기를 무단 변경하면 주거지에 설치되어 있는 수신기는 자동적으로 중앙컴퓨터에 송신하게 된다.

이러한 계속적 감시시스템이 단속적 감시시스템과 달리 빈틈없는 감시를 할 수 있다는 장점을 가지고 있는 반면에, 단점으로는 무엇보다도 텔레비전이나 비디오 혹은 부엌용 전자장치 등을 통해 신호가 끊기는 등의 오류 발생가능성이 크다는 것이다. 그러나 현재는 10년 이상 계속적 감시 시스템이 사용되어 옴으로써 상당한 기술상의 발전을 가져오게 되어 이러한 오류를 해결하고 있다고 하며, 따라서 현재 가장 많이 사용되고 있는 감시시스템이라고 한다.

3. 탐지시스템

탐지시스템은 전화기를 사용하지 아니하고 범죄자에게 부착된 소형발신기가 계속적으로 무선신호를 발하면 범죄자의 주택부근을 순회하는 감시자의 차량에 부착된 수신기나 혹은 감시자가 소지하고 있는 휴대용 수신기로 범죄자의 소재유무 여부를 확인하는 방식이다. 이 방식은 취업 등 대상자가 사회에 적극적으로 참여하여 적응할 수

---

252) 최연희, "우리나라 사회내처우프로그램에 관한 연구", 성균관대학교 법과대학 박사학위논문, 1993, 214면.

있는 기회를 제공하면서, 만약 대상자가 준수사항을 위반했을 때 순회하는 감시자가 즉각 대상자의 주거지를 확인하는 등으로 대응함으로써 구금에 대한 대안으로서 사회 내에서 지도·감독하는 것을 용이하게 하고 있다. 이러한 탐지시스템은 소재유무뿐만 아니라 위치파악까지 가능하며 나아가 지정된 장소를 벗어나는 경우 경보음을 보내서 그에 따른 적절한 제재조치를 할 수 있도록 하고 있다.

4. 무선 송·수신 기록감시시스템

이 또한 전화를 사용하지 않는 무선 통신에 의한 시스템운영방식으로 대상자에게 부착된 발신기의 무선신호를 대상자의 주거지 또는 승인된 장소에 설치된 탐지장치가 일차적으로 수신하여 기록하고, 다시 이를 무선신호로 중앙감시컴퓨터에 중계함으로써 대상자의 정보를 수신하고 네트워크의 구성원 간 커뮤니케이션의 조정 기능도 수행한다.[253)]

Ⅳ. 전자감시제도를 통한 기대효과

1. 범죄자에 대한 일반인의 처벌욕구의 만족

전자감시 재택구금은 범죄자의 원활한 사회복귀, 즉 재사회화에 이바지하는 반면에, 범죄예방을 통한 사회안전의 보호에 소홀하다는 비판을 받고 있는 기존의 사회 내 처우(사회봉사명령 혹은 수

---

253) 김용준, "전자감시제도에 의한 교정의 연구(하)", 교정(제203호), 1993, 85~86면.

강명령)가 가지고 있는 단점을 자유를 제한하는 분명한 자유 제한적 제재수단인 전자감시라는 통제를 통하여 사회안전의 보호라는 문제점을 해결하고 있다.[254)]

2. 교정시설의 과밀수용 완화로 인한 비용절감

전자감시제도를 통해 시설 내에 구금할 범죄자를 사회 내에서 처우할 수 있다면 그에 따라 과밀구금을 완화하는 효과를 가져 올 수 있다. 또 전자감시제도는 필요적 구금형의 집행과 직접적으로 비교하여 비용절감이 될 뿐만 아니라, 전자감시 대상자가 일정한 전자감시비용을 지불하도록 하여 예산의 절감효과를 가져 올 수 있다.

3. 사회방위효과의 강화

전자감시제도는 새로운 전자장비기술을 통하여 대상자가 지정된 주거지를 이탈하는지 여부를 감시할 수 있게 되어, 기존에 사회안전과 관련하여 사회 내 처우를 할 수 없었던 대상자에게 사회 내 처우를 하여도 이러한 감독기능의 강화를 통해 사회방위효과를 증대시킬 수 있는 기대효과를 가지고 있다고 본다.

4. 원활한 재사회화의 추구에 기여

일반적으로 자신의 주거지에서 형을 집행받게 되어, 기존의 시

---

254) 김혜정, "전자감시제도의 적용가능성에 대한 검토, 전자감시는 새로운 행형의 신호탄인가?", 형사정책(제12권 제2호), 2000, 118면.

설 내 구금을 통해서 발생했던 사회와의 단절을 회피할 수 있고, 비록 제한된 범위이기는 하지만, 자신의 일상생활을 그대로 유지할 수 있음으로써 사회복귀가 원활하게 될 수 있다. 특히 시설 내 구금을 통해서 나타나는 낙인효과를 회피하고 범죄인이 위해적인 교도소 문화에 접하지 않게 되어 구금에 따른 폐해를 줄일 수 있게 된다.

5. 대체자유형을 통한 형사제재의 다양화

사회 내 처우의 가장 큰 특징은 무엇보다도 처우방법의 다양화라고 할 수 있다. 전자감시제도도 그러한 사회 내 처우의 한 유형으로 전자감시를 통해 자유형을 대신하는 등 형사제재의 다양화를 꾀할 수 있다.

V. 전자감시제도 적용범위에 관한 검토

1. 단기자유형의 대안

우리나라의 경우 대부분 구속수사를 원칙으로 하고 있기 때문에 미결구금 기간을 형량에 산입하고 나면 6개월 미만의 단기자유형을 선고하는 것은 아무런 의미가 없고, 이로 인하여 오히려 형량을 다소 늘려서 선고하는 경향을 초래할 수 있다고 한다.[255] 자유형 자체에 대한 근본적인 회의와 함께 시설 내 처우의 변화와 발

---

[255] 한영수, 『행형과 형사사법』, 세창출판사, 2000, 253면.

전으로 인하여 단기자유형에 대한 논쟁은 더욱 복잡하게 되었다. 단기자유형은 비록 단기일지라도 자유박탈로 인한 구금에 기인한 심리적 충격, 사회와의 관계단절, 교정시설의 하위문화에 동화되는 현상 등과 같은 자유형의 일반적인 문제점과 함께 단기형으로서의 특수한 문제를 함께 지니고 있다. 그러나 이미 오래 전부터 단기간의 구금은 범죄자를 교정교화하기보다는 오히려 구금에 따른 악풍감염의 문제점이 더 심각하다는 논란이 있어 왔다. 단기형에 대신하여 전자감시에 의한 가택연금을 실현하게 되면 이는 폐쇄교도소, 개방교도소에 이은 제3의 행형모델이 될 수 있다. 예를 들어 스웨덴에서는 3개월 이하의 단기자유형이 선고될 경우 전자감시를 받으며 재택 감금하는 것으로 형의 집행을 대신하고 있다. 이러한 전자감시를 받는 자 중에는 음주운전자가 다수이고 폭행, 상해죄를 범한 자도 상당수 있다고 한다.

생각건대, 실형을 선고하면서 집행을 전자감시에 의한 재택 감금하는 방식도 있겠지만 구속피고인에 대하여 단기자유형에 처한 경우 구치소에서 교도소로 이송하지 않고 즉시 가석방을 허가하여 전자감시에 의한 재택구금을 실시하는 것도 하나의 방법으로 도입할 만하다.

2. 집행유예나 가석방의 부과조건

형법 제62조의2(집행유예)와 제73조의2(가석방)를 수정 입법하는 방식으로 형의 집행이 유예되거나 가석방된 자에 대하여 그 기간 중 보호관찰은 물론이고 전자감시를 받을 수 있도록 함으로써 전자감시제도를 도입하는 것이 현실적이고 용이한 방식이라고 한다.256) 생각건대, 전자감시제도를 도입하여 보호관찰관의 감시기능을 강화하면 실형이 선고될 자에 대해서도 전자감시를 조건으로 하는 집행유예가 선고될 가능성이 높아지고 가석방이 어려웠던 자에게도 전자감시를 조건으로 조기석방이 가능해져 시설수용인원의 감축이 이루어질 수 있다고 보인다.

3. 미결구금의 대안

일반적으로 교도소의 수용인구 중 미결수용자가 차지하는 비율이 상당히 높은 것으로 되어 있다.257) 일반적으로 구속피고인 중에서 약 1/4만이 실형을 선고받았을 뿐, 나머지 4분의 3은 집행유예형, 벌금형 등으로 석방되어 실제로 구속할 필요가 없었던 것으로 보인다. 따라서 도주위험을 이유로 구금된, 그러나 실질적으로는 구금이 필요 이상의 자유박탈처분으로 보인 미결수용자에게 일정한 조건하에 전자감시 재택구금을 통해 미결구금을 대신하는 것으로 할 때, 상당한 과밀구금의 완화를 기대해 볼 수 있을 뿐만 아니라, 시설 내 구금을 통해서 나타날 수 있는 문제를 막을 수도 있으므로 충분히 의미가 있다고 본다.258)

---

256) 한영수, 앞의 책, 254면.

257) 『범죄백서』, 2005, 254면에 의하면 2004년 한 해 동안 1일 평균 교도소 수용인원 57,184명 중에서 미결수용자는 18,915명으로 약 33%를 차지하고 있다.

258) 곽병선, 앞의 논문, 106면에 의하면 전자감시 기간은 미국·영국의 경우를 참고할 때 2개월의 범위 내로 하는 것이 타당하다고 하고 있는데 현재 우리나라의 경우 미결구금일수가 통상 2개월 정도인 것을 감안하면 미결구금의 대안으로 전자감시제도를 도입할 필요성이 있다고 하겠다.

4. 소년범에 대한 통제가능성

소년범의 경우 보호관찰을 받거나 소년원에 유치하게 하는 처분 외에 보호관찰을 하면서 사회봉사명령, 수강명령을 받도록 하는 것이 보호처분의 전부이다. 소년범의 경우 개선가능성이 충분하여 초기단계에서 또래 집단들과 어울려 비행을 저지르는 것을 상당기간 제어해 준다면 소년범의 범죄억지력은 충분히 예상될 수 있다. 전자감시를 통하여 소년에 대해 외출금지를 실시한다면 대단히 유효한 소년범죄 대처방안이 될 수 있을 것으로 판단된다.

Ⅵ. 전자감시제도 도입과 관련한 논의

1. 인권침해 가능성

전자감시는 기계에 의한 인간의 감시라는 점에서 인간의 존엄성을 해칠 가능성이 높다는 것이다. 그러나 이러한 인권침해적 요소가 있다는 지적은 전자감시제도의 취지나 외국에서의 실제 운영사례에 대한 충분한 이해의 밑바탕이 없는 데서 유래하는 오해라고 본다. 왜냐하면 전자감시제도는 징역, 금고 등 자유형에 처할 범죄인에 대하여 본인의 동의하에 교도소에 수감하는 것 대신 사회에 석방하여 사회, 가정생활을 할 수 있게 하면서 그에 대한 조건으로 일정한 시간에 지정된 주거지에 상주하여야 할 의무를 부과하고 이를 전자장비를 통해 확인하는 것에 불과하기 때문이다.

2. 사생활침해가능성

전자감시제도는 전자장비를 이용하여 범죄자를 감시한다는 점에서 사생활에 대한 침해가능성의 문제가 제기되기도 한다. 그러나 전자감시제도는 시설 내 구금을 통해 나타나는 인간 자유의지의 침해보다는 훨씬 더 인간적이며 사회 내 적응 가능성이 높다는 점에서 전자감시가 시설 내 처우에 비하여 사생활 침해 정도나 인권 침해 정도는 미약하다고 본다.

전자감시제도의 사생활침해가능성 문제와 관련하여 미국연방대법원은 Knotts사건 판결(United States v. Knotte, 460 U. S. 276(1983))에서 영장 없이 전자감시장치에 의하여 행하는 감시행위는 육안에 의해 동일정보를 획득할 수 있을 때에는 미국수정헌법 제4조에 위반되지 않는다고 하였고, 또한 영장이 없더라도 대상자의 동의에 의해 전자감시장치를 부착한 것 자체는 헌법에 위반되지 않으나, 육안에 의한 감시로는 동일정보를 얻지 못하는 경우에 영장 없이 전자장치에 의해 감시하는 것은 대상자의 사생활을 침해하는 것으로 허용되지 아니한다고 하고 있다.(United States v. Knotte, 486 U. S. 705, 104 S. Ct. 3296(1984))

3. 낙인효과의 회피가능성

전자감시 대상자가 자신의 주거지에서 형사제재를 받기 때문에 낙인효과를 회피할 수 있다는 생각은 어쩌면 지나치게 단순한 생각일 수 있다. 왜냐하면 전자감시장비로 인해 주변사람들로부터 범죄자라는 낙인을 받을 수 있기 때문이다.[259] 또한 전자감시로

---

259) 정완 역, "미국의 전자감시제도", 형사정책연구(제10권 제1호), 1999,

인해 다른 가족이 받을 수도 있는 정신적인 고통이 시설 내 구금의 경우 발생할 수 있는 가정파괴의 경우보다 덜 심각하다고 단언할 수도 없다고 한다. 그러나 시설 내 구금을 집행당하고 사회에 복귀할 때에 받는 범죄자로서의 낙인과 전자감시로 인하여 받는 정신적 고통은 비교할 수 없이 전자가 클 것은 자명하다. 전자감시를 받는 사람의 가족, 직장관계인들은 이미 그 사실을 모두 인식하고 있으므로 더 이상 낙인찍힐 가능성도 많지 않다고 생각된다.

4. 전자감시 기술의 신뢰성 문제

전자감시제도 제1세대방식은 전자기기에 의하여 범죄자의 소재를 확인하는 것으로, 보호관찰과 같이 사람에 의한 관찰에 있어서도 실수가 있는 것과 마찬가지로 처음에는 감시장치의 고장으로 인해 오진을 범할 가능성을 배제할 수는 없었다. 그러나 현재는 기술의 발달로 발신기에 입력된 내용을 변조 및 위조, 발신기를 벗겨내는 것이 용이하지 않다고 한다. 이러한 제1세대방식에서 발전하여 현재는 제2세대방식이라고 할 수 있는 발전된 장비가 개발되어 있는 상황이다. 제2세대방식에 의하면 단순한 소재 유무뿐만 아니라 GPS(Grobal Position System)방식260)을 이용하여 위치파악까지 하는 단계에 이미 이르고 있다고 한다. 여기에서 더 나아가

193면.

260) GPS방식은 1970년대 미국 국방부가 군사목적으로 개발한 첨단항법장치로 4~8개의 인공위성으로부터 신호를 받아 위치를 파악하는 시스템이다. 오차 범위 3미터 이내의 물체의 위치·속도를 정확히 파악할 수 있으며 주로 자동차·선박·항공기의 항법장치로 활용되어 왔다.

서 소위 제3세대방식이라고 하여 위치파악뿐만 아니라 물리적으로 충격을 가할 수 있는 시스템까지 개발단계에 이르고 있다. 또한 앞으로 위성을 이용하여 감시망의 확대 내지는 정확성까지 확보하려는 단계에 있다고 한다.

Ⅶ. 결 론

미국 뉴욕 주 서퍽 카운티 의회는 2006년 6월부터 GPS방식을 이용하여 상습과속운전자와 성추행범의 재범을 막는 방범시스템을 가동하는 법안을 통과시킨 바 있다. 이에 따르면 상습과속운전자와 아동대상 성범죄자는 발목에 GPS장치가 달린 전자 발찌를 착용하여야 하고 그들의 위치는 24시간 파악되므로 재범을 막을 수 있게 된다는 것이다.

우리나라의 경우에도 아동대상 성범죄자가 어린이가 많은 초등학교나 놀이터에 접근하게 되면 경찰에 즉각 경보가 울리게 되는 방식으로 재범을 미연에 방지시키는 효과를 거둔다는 취지에서 그 도입과 관련한 논의가 계속되고 있는 것이다.

본고에서는 미국, 영국을 중심으로 한 외국에서의 전자감시제도 실시현황을 살펴보고 전자감시 프로그램의 방식에는 어떤 것이 있을 수 있는지 전자감시제도를 통하여 얻을 수 있는 기대효과는 어느 정도인지 전자감시제도를 도입한다면 현행법상 적용범위는 어느 한도까지 가능한지 등을 검토하였다. 사실 전자감시제도는 완전히 검증되고 확립된 제도라기보다는 아직도 발전도상에 있는 제도이고 전자감시실시를 해 본 결과 사생활 침해 가능성 등 부정적 요소도 내재되어 있다는 것이 충분히 확인된 바 있다.

전자감시제도를 도입함에 있어서는 전자장비를 이용한 감시활동의 헌법적 한계에 관한 논란도 없지 않으므로 그 한계를 명확히 설정하고 이를 준수하는 제도적 장치를 마련하며 정책결정에 신중함이 요구된다[261]거나 우리나라 현실과 관련하여 높은 경제적 부담을 감수하면서 굳이 이 제도를 도입할 필요성이 있는지 그 효과를 기대할 수 있는지에 대하여 회의적[262]이라는 등의 지적도 있으나 필자는 도입에 적극 찬성한다.

우리나라는 전자산업의 기술면에서 전 세계적으로 우위를 보이고 있고 컴퓨터가 광범위하게 보급되어 있는데다 인터넷 네트워크가 잘 구축되어 있으며 휴대전화 및 우수한 통신설비가 골고루 발전하여 있어 곧 휴대전화의 위치제공서비스가 상용화될 단계에 있는 점 등을 잘 활용한다면 어떤 나라보다 전자감시제도를 수월하게 도입·운영할 수 있으리라 확신한다.

필자는 본문에서 살펴본 바와 같이 전자감시제도가 미결구금의 대안, 집행유예나 가석방의 부가조건, 단기자유형의 대안, 소년법에 대한 적절한 통제수단으로서 도입되어 활용될 수 있기를 기대하고 있다. 이 제도는 활용여하에 따라서는 상습범죄자의 재범을 미연에 방지할 수 있는 부수적 효과도 거둘 수 있을 것으로 생각한다. 다만, 상습범죄자의 재범을 막는다는 이익과 인권침해 가능성 등 제도운영의 단점을 비교 교량하여 전자감시 대상자를 적절히 선정할 수 있도록 합리적인 기준을 마련하여야 한다고 생각한다.

---

261) 한영수, 앞의 책, 255면.
262) 김혜정, 앞의 논문, 118면.

제5절 원상회복제도

Ⅰ. 원상회복제도의 의의

최근에 논의되고 있는 형사제재수단의 하나인 원상회복(Wiedergut-machung)이란 '가해자가 피해자에게 자발적으로 급부하는, 범행으로 인하여 발생한 손해의 물질적인 배상'을 의미한다. 이를 협의의 원상회복이라고 부른다. 독일의 원상회복대안팀(Arbeitskreis Alternativ-Entwurf Wiedergutmachung)의 공식견해이기도 한 이러한 개념정의에 의하면 원상회복은 범행으로 인하여 파괴된 법질서를 재건시키는 데 도움을 준다고 한다.263) 이러한 의미에서 원상회복을 범죄로 인한 갈등의 해소에 기여하는 가해자의 피해자에 대한 급부264)라고 정의하기도 한다. 특히 원상회복에는 행위자가 피해자에게 이행하는 급부 내용이 중요한데, 이는 주로 민법상의 손해배상 내지 절취한 물건의 단순한 반환 등을 의미한다.

Ⅱ. 원상회복제도의 역사적 발전과정

원상회복제도는 현대의 고안물이 아니라 박물관에 보관되어 있던 내장물이다. 즉 오랜 과거에 시행되었다가 소멸된 형벌제도인

---

263) 이진국, "독일형법상 원상회복 옹호론과 비판론", 형사정책(제12권 제1호), 2000, 92면.

264) 이호중, "형법상의 원상회복에 관한 연구", 서울대학교 법과대학 박사학위논문, 1997, 29면.

것이다.265)

1. 고대사회에서의 원상회복제도

원상회복에 관한 가장 오래된 법규정은 이미 고대 바빌로니아의 법전에서 찾아볼 수 있다. 탈리오법칙으로 잘 알려진 함무라비법전(기원전 약 1700년경)은 절도의 경우 피해자에게 절취물건의 10배에서 20배에 해당하는 가치의 배상을 하도록 규정하였다고 한다.266) 그보다 오래된 우르나무법전(기원전 약 2000년경)도 피해자에 대한 배상규정을 두고 있었다고 한다.267) 역사가들에 의하면 이 시대의 불법행위에 대한 대응이 오히려 복수 위주에서 배상적 제재로 발전하였고 원상회복이 공식적인 갈등해결의 주요 수단이었음을 보여준다.268)

로마시대에도 기원전 450년의 12동판법을 보면 반역죄와 종교범죄, 그리고 방화나 자유시민의 살해와 같이 사회공동체를 직접 위협하는 중범죄에 대해서는 국가에 의한 소추와 공형벌이 적용되기는 하였다.269) 그러나 그 밖의 개인에 대한 불법행위는 공동체에 대한 침해로 간주되지 않고 당사자 사이의 문제로서 피해자의

---

265) 이승호, "형벌로서의 배상제도에 관한 연구", 피해자학 연구(제7호), 1999, 186~187면.

266) Rössner, "Historische Aspekte des Opferorientierter Sanktionen", in : Schädler / Baurmann / Sievering(Hrsg.), *Hilfe für Krimina- litätsopfer als internationale Bewegung*, Bonn 1990, 9면.

267) Frehsee, *Schadenweidergutmachung als Instrument strafrecht- licher Sozialkontrolle*, 1987, 13면.

268) Grothus, *Die Rechtsordnung der Hethiter*, 1973, 32면.

269) 박상기, 『독일형법사』, 24면.

제소에 의하여 민사소송의 방법으로 규율되었다.270)

중세 초기 독일과 영국의 역사에서 속죄금제도는 8세기경에 이르면서 상당히 세밀하고 완벽한 체계화를 이루었다.271) 독일의 경우 부족 간의 연합을 위하여 평화가 유지되었던 게르만시대에도 이미 사적 복수를 제한하기 위하여 부족 간의 화해계약에 의하여 배상금을 지불하는 관행이 있었다고 한다. 독일과 비슷하게 영국에서도 범죄자는 피해자나 그 유족에 대하여 배상기준표에 의거하여 피해배상을 함으로써 자신이 파괴한 평화를 되살릴 수 있었다.272)

이러한 속죄금은 가해자의 신분과 피해결과를 기준으로 일률적으로 정해졌기 때문에 전혀 가해자의 책임에 기초한 것이라고 볼 수 없다. 그러나 그것은 분명히 피해자에 대한 손해전보를 넘어서 일정한 사회통제적 기능을 수행하는 것이었다. 그러한 의미에서 속죄금제도는 피해자가 복수를 포기하는 필요한 정도에서 산정되었다고 할 수 있다.273)

그러면 왜 당시에 원상회복제도가 범죄해결책으로 애용되었는지 궁금해지는데, 네이더(Nader)와 콤-쉴링(Combs-Schilling)은 원상회복제도의 다음의 기능을 그 이유로 거론한다.

첫째, 원상회복제도는 피의 복수 내지 응보와는 달리 갈등의 심각한 악화를 초래하지는 않는다. 노동력의 절대적 부족을 겪고 있

---

270) Söllner, A., *Einführung in die römische Rechtsgeschichte*, 2.Aufl., München 1980, 54면.

271) 이호중, 앞의 논문, 38면.

272) Harding, J., *Victims and Offenders — Needs and Respon sibilities*, London; Bedford Square Press, 1982, 7면.

273) Frehsee, Detlev, *Schadenweidergutmachung als Instrument strafrechtlicher sozialkontrolle*, Berlin 1987, 19면.

던 전 국가사회에서 피의 복수나 응보는 갈등의 악화로 인한 노동력 상실을 수반하게 되는 반면, 원상회복제도는 배상이라는 생산적 방법으로 사태를 마무리 짓는 형벌형태이므로 더 선호되었을 것이다.

둘째, 원상회복제도는 범죄인을 가능한 한 신속하게 사회에 복귀시키고 부정적인 낙인의 효과를 피할 수 있게 한다.

셋째, 원상회복제도는 피해자의 요구와 필요를 생산적으로 충족시켜 주는 형벌방법이다. 특히 원상회복제도는 피해자에게 실제적인 도움을 제공하는 장점을 지니고 있다.

넷째, 원상회복제도는 결정 및 집행의 과정에서 범죄인과 피해자로 하여금 각자의 입장과 요구를 진술하게 함으로써 사회의 모든 구성원들에게 사회정의를 보여주는 기능을 한다.

2. 12세기의 이후

중세 유럽의 역사에서 대강의 구분이기는 하지만 민사적 손해배상과 형벌의 분화가 이루어진 것은 대략 12~13세기경이었다. 이 시기는 바로 군주의 중앙집권화가 진행됨과 더불어 도시를 중심으로 범죄사건을 관할하는 형사법원이 설치되기 시작한 점이기도 하다.[274] 이 시기에 경제적으로는 도시를 중심으로 중상주의 경제가 본격화되던 시기였고, 영지에서 이탈한 농노와 빈민들이 도시로 몰려듦에 따라 도시의 무질서에 대한 통제의 필요성이 증대되었을 뿐만 아니라, 이러한 상황에서 더 이상 속죄금제도는 사회의 통제 기능을 발휘할 수 없게 되었다. 이와 관련하여 하딩(Harding)은 국

---

274) 이호중, 앞의 논문, 39면.

가의 권리가 피해자의 권리를 점차적으로 잠식하고 대신하게 됨에 따라 12세기에 이르러 원상회복과 처벌 사이의 관계는 단절되었다고 지적한다.275)

3. 20세기에 있어서 원상회복의 부활

12세기에 사라진 원상회복제도는 20세기 후반 미국에서 다시 등장하기 시작하였다.276) 그렇다면 왜 원상회복제도를 다시 불러들인 까닭은 무엇일까? 대략 다음의 세 가지가 원상회복제도의 부활의 토대로 거론된다.

가. 교정의 실패

소위 교정주의는 20세기 형사사법의 중심축으로서 범죄인의 교화를 고식적인 모토로 하여 형사사법의 전 체계가 새롭게 짜여지고 운영되었다. 그러나 20세기 후반에 들어와 그동안 시행된 교정행형에 대한 평가는 상당히 부정적이었다. 마틴슨(Martinson)은 "지금까지 보고된 교정정책들은 매우 예외적인 경우를 제외하고는 재범을 방지하는 데 있어서 아무런 실제적 효과를 얻지 못했다"라고 평가했다.277) 교정행위의 반성은 새로운 형벌체계의 제시를 요구했고, 이는 원상회복이라는 형벌제도를 부활시키는 근거로서 작용하였다.

---

275) Harding, J., 앞의 책, 8~13면.

276) 이승호, "형벌로서의 배상제도에 관한 연구", 198면.

277) Martinson, R., "What's work? — The Martionson Report — ", *In The Sociology of Punishment and Correction*(ed. by Johnston, N., Savitz, Land Wolfgand, M.E.), New York, 1970, 788~810면.

나. 교도소의 과밀화와 비용의 증가

교정행형의 실패는 곧 교도소의 과밀화와 비용의 증가라는 현실적인 문제를 야기하였다. 과밀화는 필연적으로 새로운 교도소의 설립을 요구하였고 이에 소요되는 비용은 국가재정이 감당하기에는 너무 벅찬 수준까지 이르게 되었다.[278]

다. 피해자 지위향상에 대한 관심 증대

20세기 중반 이후 형성된 피해자의 지위에 대한 관심의 증대도 원상회복제도가 다시 논의되는 데 한 몫을 하였다. 소위 피해자학이라는 새로운 학문으로 범죄인의 분석에만 치중하던 종래의 형사학적 태도를 비판하며 피해자를 형사학 논의의 한 축으로 부각시켰다. 피해자의 지위향상이라는 새로운 모토가 형사사법의 과제로 등장하자 그 구체적인 방안의 하나로 원상회복이 현실적으로 논의의 장 속으로 자연스럽게 들어오게 된 것이다.[279]

Ⅲ. 원상회복의 형법적 대응수단으로서의 적합성

1. 행위자 측면

원상회복의 형사법적 가치는 크게 가해자관련점과 피해자관련점에서 집약시킬 수 있을 것이다. 우선 가해자(행위자)관련점에서 출

---

278) Funke, G. S., *The Economics of Prison Crowding*, The annals the American Academy of Political and Social Science, 1985, 252면.
279) 이승호, "형벌로서의 배상제도에 관한 연구", 200면.

발해 보면 행위자의 자유박탈을 본질로 하고 낙인의 결과를 초래하는 형벌과는 그 성격을 달리하는 제재라는 점에서 원상회복은 오늘날 '사회 내 제재의 형벌에의 수용'이라는 시대적인 경향과 맞물린다. 불법과 책임이 경미한 범행에서 행위자가 피해자에게 범행으로 인하여 발생한 손해를 원상회복함으로써 일반예방의 관점에서 처벌할 필요성이 특히 존재하지 않는 한 법원의 형 면제판결 또는 형 감경을 가능하게 하기 때문이다.[280]

원상회복이 당사자의 자율성에 출발하는 근본적인 이유는 한편으로는 특별예방효과에 대한 기대에서 나온다. 즉 행위자로 하여금 원상회복을 자발적으로 급부하게 함으로써 특별예방적 효과와 속죄기능을 증진시킨다는 데 있다. 또한 행위자가 스스로 그가 저지른 범행에 대한 책임을 수용하고 피해자의 고통을 승인하여, 이를 원상회복함으로써 실증해 보인다는 것은 일정한 범행에 한하여 (특히 경미범죄와 중범죄 사이의 범행) 처벌 필요성을 현저히 줄인다는 것을 의미한다.

원상회복은 적극적 예방측면에서 볼 때, 범죄행위에 대한 가장 직접적인 대응이라는 점과, 피해자 및 일반인의 법 감정을 만족시킴으로써 범죄에 의하여 파괴된 평화를 회복하는 효과를 가진다.[281] 나아가 원상회복은 행위자에 대한 사회 내 제재를 가능케 하여 국가와 사회의 경제적 비용을 덜어주는 형벌로서 작용된다고 보인다.

---

280) 이진국, 앞의 논문, 94면.
281) 이호중, 앞의 논문, 206면.

2. 피해자 측면

원상회복이 형사제재체계로 통합되어야 하는 또 다른 근거로서 피해자정의(正義)를 언급할 수 있다. 피해자는 범행의 직접적인 관련자임에도 불구하고 지금까지의 형사사법에서 경시되어 왔다. 전통적인 제재체계는 국가와 행위자 간의 독점적인 관계에만 국한되었기 때문이다. 그러나 피해자에게는 그가 배제된 형사 절차에서 비물질적인 이익을 만족할 길이 거의 존재하지 않았으며, 행위자는 형법이 관할하고, 피해자는 민법이 돌본다는 엄격한 양분체계는 피해자의 물질적 이익만족마저 어렵게 만들고 말았다.

또한 형벌권의 주체로서 국가와 행위자의 일면적인 관계는 범행으로 인하여 발생한 갈등을 해소할 가능성을 범행 당사자들로부터 박탈하고, 피해자는 오히려 지속적인 피해자화의 과정을 겪게 된다. 이 점은 피해자학에서 밝혀낸 피해자화의 연구결과를 통해서 일반적으로 인정되고 있다. 법평화를 달성하기 위해서는 피해자보호가 가장 우선되어야 한다는 것이 형사사법의 임무라면, 형법의 관할권은 행위자에게만 국한되어야 할 것이 아니라 피해자도 통합시켜야 할 것이다.282)

3. 검 토

원상회복은 전통적 형사제재에 비하여 행위자가 자의적(自意的)

---

282) 이진국, 앞의 논문, 95면, 이에 대하여 김일수 교수는 피해자의 개인적 이익을 배려하는 원상회복은 개인과 개인 간의 이익을 조절하면서 전체로서 사회적 이익에 봉사함으로써 사회통합적 일반예방의 기능과 목적에 적합한 수단이 된다고 한다. 김일수, "원상회복의 형사제재로서의 의미와 기능", 피해자학연구(제2호), 1993, 11면.

인 책임인수를 통하여 내면적으로 스스로 범죄행위를 극복할 수 있는 기회를 일찌감치 부여해 준다는 장점이 부각되어 예방적 형벌목적의 수행에 손색이 없을 뿐만 아니라 더 나아가서는 형벌목적 상호 간의 모순을 해소해 줄 수 있는 대안이기도 하여 형벌로 적합하다.

Ⅳ. 형법체계 내에서의 원상회복제도 유형

형벌목적에 기여하는 원상회복의 기능적 적합성을 확인함으로써 원상회복을 억압적인 형벌에 대한 대안으로 활용할 수 있는 이론적 토대는 마련되었다고 보고 이제는 원상회복제도를 어떠한 형태 도입할 것인지가 문제된다. 즉 "어떻게"라는 형식의 문제이다.

1. 원상회복을 형벌로 부과하는 형태

피해자에 대한 원상회복을 하나의 새로운 형벌의 종류로 채택하여, 일정한 범죄에서 자유형과 벌금형 외에 제3의 형벌종류로 과하여질 수 있게 하거나 적절한 사안에 대해서는 자유형과 벌금형 대신에 과하여질 수 있게 하는 방안이다.[283]

---

[283] 김일수, "형사상 원상회복제도의 형사정책적 기능과 효용에 관한 연구", 성곡논총(제2집), 1990, 584면. 김일수 교수의 논문 591면에서는 원상회복은 형벌이나 보안처분은 아니지만 형벌, 보안처분 외에 제3의 독자적형사제재 유형으로 정립하자는 구상이 있다고 하고 록신의 견해에 따르면 원상회복은 형법상 가능한 예방수단으로서 독자적인 제재수단의 한 형태라고 하며 또한 프레제는 원상회복은 바람직하지 못한 규범위반에 대한 비난의 기능과 함께 행위자에게는

형사법원이 원상회복만을 유일하게 형벌로 선고할 수 있을 때 독자적인 형사제재수단으로 될 수 있는데 이러한 제도의 예는 영국과 미국에서 찾아 볼 수 있으며, 한편 독자적인 제재가 아닌 부가적인 형벌로서 활용되는 예가 있다. 부가적인 것으로 대표적인 것은 원상회복이 집행유예의 조건으로 결합한 형(독일 형법 제56조의 b 2항), 선고유예(독일 형법 제59조)와 가석방(독일 형법 제57조)의 조건과 결합한 형, 미국 등에서 보호관찰(Probation)과 가석방(Parole)의 조건으로 결합한 형과 기소를 유예하면서 원상회복을 조건으로 부과하는 형284) 등이다.

원상회복이 적극적 일반예방의 측면에서 침해된 규점의 효력을 증명하고, 법질서에 대한 신뢰유지에 기여하며 또한 행위자에게 행위결과를 직시하고 피해자의 고통을 체험할 수 있게 한다는 점에서 특별목적수행도 할 수 있다는 것이 이 모델의 정당화 근거가 된다.285) 원상회복을 형사제재로 부과하여 형법에서 추구하는 예방목적을 달성할 수 있다면 그 범위에서 추가적인 형벌의 필요성

건설적인 체험학습의 기회를 제공한다는 점에서 형벌과 처우 사이의 매개자적 지위로서 제3의 법률효과라는 지위를 부여받을 만한 것이라고 소개하고 있으나 이 논문에서는 형법체계 내의 원상회복제도의 유형을 검토하게 되어 이에 대한 논의는 접기로 한다.

284) 독일 형사소송법 제153조의 a는 경죄에 있어서 원상회복조건을 부과하고 그 이행 후 절차를 종결하도록 규정하고 있다.

285) 법무부, "형사법상 범죄피해자의 원상회복제도", 법무자료(제248집), 2002, 222면 이하에 의하면 프랑스에서는 형의 집행을 유예하고 유죄판결을 받은 자에게 보호관찰부 원상회복 의무를 부과하여 직업에 종사하게 하면서 피해회복을 시키게 하되 의무이행을 하지 않은 경우 집행유예를 취소하거나 보호관찰 기간을 연장할 수 있다. 그 외에도 원상회복이 가능한 행위자에 대하여 선고를 유예하고 보호관찰을 할 수 있도록 하는 길을 열어 놓고 있다.

은 조각된다고 말할 수 있다. 따라서 일정한 사례에서 부과될 수 있는 형사제제수단으로 편입함으로써 형벌 수행의 능력을 활용할 수 있을 뿐 아니라, 가장 혹독한 제재수단인 형벌을 회피할 수 있는 장점을 갖게 된다.

이 모델이 다른 모델과 구별되는 가장 큰 특징은 원상회복이 사법기관에 의하여 부과된 후에 행위자가 이를 이행하여야 한다는 점에 있다.286) 따라서 세 가지 모델 가운데 가장 강제적 성격을 띤다.

반면 범죄로 인하여 야기된 사회적 갈등의 해소에 기여한다는 측면은 상대적으로 중요성을 가지지 않는다. 오히려 이 모델은 형법체계 내부에서 원상회복이 기능적으로 형벌을 대체하는 효과에만 관심을 갖고 있을 뿐이다.287)

2. 원상회복의 이행에 대한 형벌포기 형태

형벌포기모델이라 불리는 이 형태는 피해자와 가해자 사이에 자율적으로 원상회복이 이루어진 경우에 형벌권의 발동을 포기하는 방법이다. 오래 전부터 수많은 경미한 범죄의 경우, 범죄의 문제를 형사사법기관의 통제를 받지 아니하고 당사자 사이의 자율적인 갈등조정과 화해로 해결되었다. 형벌포기모델은 일상적인 의사소통의 장에서 이루어지는 원상회복의 통제적 기능을 승인하여 과감하게 형법적 통제를 철회하는 방향으로 나간다.288)

---

286) 이호중, "형법상의 원상회복", 형사법연구(제12호), 1999, 326～327면에 의하면 원상회복명령을 이행하지 않을 경우 민사상 강제집행이 아닌 형법상의 대체제재에 의하여 이행이 담보되어야 한다고 하며 사회봉사명령을 대체제재로 할 것을 주장하고 있다.
287) 이호중, "형법상의 원상회복에 관한 연구", 106～107면.

이것이 범죄구성요건의 광범위한 영역에서 이루어진다면 형벌폐지주의에 상당히 근접하게 되나, 이 유형에서 추구하고자 하는 바는 비교적 경미한 재산범죄를 중심으로 하여 자의적인 원상회복의 이행이 있는 경우 형법체계가 그것으로 갈등이 해소된 것으로 간주하고 더 이상의 개입을 포기할 수 있도록 한다는 것뿐이다. 이것은 극히 일부의 범죄행위에 대해서만 이를 적용할 수 있다는 단점이 있다.

그러나 형벌포기모델은 당사자 사이의 자율적인 갈등해결을 최대한 존중하는 태도를 취한다는 점에서 제재부과 방식보다 원상회복의 이념에 합치한다는 장점[289] 있으며, 이외에도 이미 이행된 원상회복을 처벌소멸사유 내지 형 면제사유로서 형법적 법률효과에 결합한다는 점에서 이론적 간명성을 가질 수 있다는 장점이 있다.

제재부과모델은 모든 범죄사건에 대한 국가의 개입을 전제로 하고 있으나, 형벌포기모델은 원상회복의 이행이 이루어진 경우 형법적 개입을 가능한 한 조기에 포기한다는 점에서 차이가 있다.

3. 행위자 – 피해자 조정 절차 형태

가. 일반인에 의한 조정절차제도

앞선 두 모델과 비교하여 조정절차모델은 원상회복을 실현하는

---

288) 법무부의 「법무자료」 제248집, 2002, 226면에 의하면 프랑스에서 행위자의 사회복귀가 이루어지고 발생한 손해가 원상회복되었으며 범죄행위로 저해된 법적 평온상태가 회복되면 형의 선고를 면제할 수 있도록 하고 있다(프랑스형법 제132 – 59조).
289) 이호중, "형법상의 원상회복에 관한 연구", 124면.

방법으로 기본적으로 범죄자와 피해자의 양 당사자가 참여하는 갈등해결 메커니즘290)을 선호한다.291) 사실 조정 절차는 먼저 민사상의 분쟁을 민사소송이라는 절차를 거치지 않고 당사자 사이의 자율적인 합의에 의하여 해결하려는 노력에서 비롯되었다고 한다. 그 후 조정 절차는 형사사건에서도 소위 다이버전(Diversion)의 한 방법으로 주목을 받으면서 여러 가지 모델 프로젝트에 의하여 실행되고 있다.292) 다른 모델에 비하여 조정 절차는 원상회복을 피해자와 가해자 사이의 화해를, 즉 갈등해결을 유도하는 방안에 중점을 둔다. 뢰스너(Rössner)는 특히 조정 절차에서 추구하는 바를 다음 다섯 가지로 규정한다. ① 정의 요청에 충분할 정도의 행위에 대한 대가 부담, ② 불법을 상쇄하기 위한 행위자의 자의(自意)적인 원상회복 이행, ③ 피해자의 이익에 대한 고려, ④ 범죄자 - 피해자 관계에 있어서 평화건설적 갈등해결, ⑤ 자의(自意)적인 책임인수와 규범 확인 효과에 의한 일반인의 법감정의 진정.

---

290) 법무부의 「법무자료」(제248집), 2002, 198~208면에 의하면 프랑스의 경우 소정관이 명예직일 수도 검찰공무원이 될 수도 있으며 수사단계에서 조정이 성립되는 경우 기소편의주의에 근거하여 형사소추를 하지 않는다. 조정에 도입할 범죄행위 목록은 없으나 공공질서에 중대한 침해를 야기하는 범죄 외에는 조정이 가능하며 형사소송법 개정(1993. 1. 4)으로 인해 손해의 원상회복이 가능하고 범죄가 사회복귀에 기여할 수 있다고 인정되는 경우 검사는 당사자의 동의하에 조정을 명할 수 있다(프랑스형법 제41~1조).

291) 이호중, "형법상의 원상회복에 관한 연구", 155면.

292) 김성돈, "형사절차상 피해자 - 가해자 조정제도의 도입방안", 피해자학연구(제19권 제1호), 2001, 180~181면에 의하면 우리나라의 경우 친고죄, 반의사불벌죄에 대하여 경찰단계에서 조정 절차가 도입되면 조정이 성공할 여지가 많다고 주장하고 있다.

나. 법원에 의한 조정절차제도

원상회복이 형벌제도로서의 실효성을 거두려면 조정 절차처럼 일반인에 의한 조정제도의 형태에 머물러서는 안 되고 형사사법기관, 특히 법원에 의해 직접 선고되는 제도여야 한다. 이는 조정법관에 의하여 법원이 직접 원상회복을 결정, 집행한다는 것이다. 즉 만약 조정 절차가 성공하지 못한 경우 그로 인한 피고인의 불이익을 방지하고 선입견의 작용을 회피하기 위하여 조정 절차를 개시한 조정법관이 아닌 법관에 의해서 합의 및 원상회복을 고려하여 적정한 형벌을 정하거나 형을 면제하고 만약 합의가 이루어지지 않은 때에는 통상의 형사 절차를 진행하게 하는 방식이다.

4. 형 집행 분야에 원상회복을 도입하는 형태

이는 형의 집행에 있어 가해자의 피해자에 대한 원상회복 의무 이행여부를 고려하는 형태이다.[293] 프랑스에서는 행위자가 손해배상을 위하여 자발적인 노력을 하려는지 여부는 외부작업의 인원선발, 외출허가, 형기단축, 사면의 전제조건으로 작용하게 된다. 또한 가석방 심사의 요건으로도 작용하게 되며 전자감시를 받는 가해자의 경우에도 원상회복 여부에 따라 외부작업, 외출허가, 조건부사면 등을 받을 수 있는 길이 열려 있다. 나아가 1990. 7. 6. 법률개정을 통하여 수용자는 자신의 구좌를 개설하고 근로보수를 입금할 수 있는데 그 수용자에게 귀속되는 보수의 20%는 수용자가 석방되었을 때를 위한 자산 및 원상회복금으로 사용되도록 하여 범죄

---

293) 법무부, 「법무자료」(제248집), 229면 이하.

피해자를 위해 수용자의 임금 일부가 할당되도록 하고 있다.

Ⅴ. 원상회복제도 도입을 기대하며

원상회복제도는 피해자의 손해회복에 기여하는 제도로서 피해자의 이익을 도모할 수 있다는 데 우선 큰 의미를 두고 싶다. 뿐만 아니라 행위자(가해자)가 자의적인 책임인수를 통하여 내면적으로 스스로 범죄행위를 극복할 수 있는 기회를 부여해 준다는 장점이 있어 자유박탈을 본질로 하고 낙인효과를 초래하는 기타 형벌과 다른 사회 내 제재의 한 형태의 형벌로 도입되길 바란다.

필자는 원상회복제도의 유형 중에서 우선은 형벌로 부과되는 형태, 즉 집행유예, 선고유예 및 가석방과 결합되는 형태로 도입하고 점차 그 범위를 확대하는 것이 타당한 것으로 생각된다.294)

원상회복제도를 도입함으로써 소위 몸으로 때우면 그만이라고 하는 국민의식이나 행위자의 인식을 불식시키면서 자의적으로 원상회복을 한 행위자에 대해서는 사회 내 처우가 가능하도록 하는 것은 우리의 정의관념을 한 단계 성숙시킬 수 있다고 본다. 최근 원상회복제도가 도입되지 않은 현실에서 형사피고인들이 양형에 참작하여 달라며 사회단체에 기부금을 내는 소위 속죄기부295)가

---

294) 김성돈, "원상회복의 형사제재로서의 적격성과 형법의 과제", 피해자학연구(제5호), 1997, 151~152면에 의하면 원상회복 하나만을 독자적 제재수단으로 부과하게 되면 당해 법익에 대한 충분한 보호를 보장하지도 못하게 되어 결국 잠재적인 피해자 보호에도 만전을 기울이지 못하게 될 수도 있다고 한다.

295) 2002. 7. 분식회계 등 혐의로 구속 기소된 모 그룹 회장은 피해자 특정이 어렵다며 1997년부터 모 초등학교에 매년 1,000만 원씩 기

하나의 현상으로 자리잡고 있고 피해회복의지가 있으나 피해자 불명 등으로 원상회복시키기 어려운 경우 자의로 재산 일부를 사회에 환원한다는 의식, 그리고 이를 재판에 참작할 수밖에 없다(피해회복이 이루어진 것으로 본다)는 의식[296] 등의 근저에는 원상회복제도가 소리 없이 우리의 법 현실과 법 감정에 이미 뿌리 깊게 잡혀 있는 하나의 예라고 보인다. 원상회복제도에 대한 논의가 활발히 이루어지고 이 제도가 우리나라 형법에도 도입되기를 기대한다.

부해 온 사실과 청각장애인 학교에 9,000만 원을 기부한 점을 양형자료로 제시한 바 있고, 비슷한 시점에 부정수표단속법위반으로 기소된 정모 씨는 판결선고를 앞두고 부도수표 피해자가 나타나지 않아 소지인 피해를 회복시키지 못했다며 피해액을 자선단체에 기부하였다고 한다.

296) 시사법률, 2003년 10월호, 48, 49면에 의하면 수원지방법원 성남지원 은택판사는 불법카드할인, 보도방업자, 유명상표위조범 등에 대하여 부당이득을 사회불우이웃에게 기부하도록 권유하고 이를 받아들이는 피고인에게 양형참작, 보호관찰·사회봉사명령 면제 등을 하고 있다고 한다. 은판사는 양형조건인 "범행후정황"으로 사회의 용서를 받은 것을 참작하는 것이 사회정의 관념에 맞는다고 한다.

※ 범죄피해자-가해자 화해제도 및 그 발전방향

Ⅰ. 서 론

전통적인 형사사법의 모델은 국가가 범죄에 상응하는 형벌을 부과함으로써 범죄로 인해 침해된 법질서를 회복하고, 범죄피해자를 포함한 일반시민을 위하는 동시에 가해자를 교육 개선시키는 것을 이념으로 하고 있다.297) 국가 주도의 형사사법 시스템에서 피해자는 언제나 국외자에 불과하였고 가해자에게 유죄판결이 선고되더라도 피해자가 피해를 배상받기 위해서는 별도로 민사소송을 제기해야만 했다. 즉 피해자가 피해를 전보하기 위해 또다시 2차적 피해라 할 수 있는 소송비용, 시간, 노력을 투여해야만 하였다. 나아가 피해자가 민사소송을 통하여 승소판결을 받는다 하더라도 가해자는 손해를 배상할 의욕도 없을 뿐 아니라 능력도 없는 경우가 많기 때문에 피해자는 채무명의인 판결문을 사용한 강제집행도 할 수 없어 또 한 번의 좌절감이라는 3차적 피해에 시달리게 되곤 하였다.

이러한 응보적 사법(retributive justice)은 피해자에게만 좌절을 안기는 것이 아니라 가해자에게 전과자라는 낙인을 찍어 사회로부터 추방함으로써 재범의 위험성을 높이게 되었고298) 가해자에 대

---

297) 이와 관련하여 Nicola Lacey, State Punishment, London and New York; Routledge, 1988, 11~12면에 의하면 형벌은 법을 위반한 자에게 법위반에 대응하거나 법집행을 위하여 국가기관에 의하여 불유쾌한 결과를 가하는 것이라고 정의하고 있다.

298) 범죄백서, 법무연수원, 2005, 159면, 표 Ⅱ-3에 의하면 전체 범죄자 중 재범 이상 전과자가 차지하는 비율이 52.4%에 달할 정도로

한 교정의 실패에 대한 반성299)으로 새로운 형벌체계의 제시가 요구되었다.300)

새로운 사법모델인 회복적 사법(restorative justice)은 가해자와 피해자 또는 지역사회 구성원 등 범죄와 관련된 모든 당사자들이 함께 참여하여 범죄의 피해와 그로 인한 후유증301)을 건설적인 방식으로 해결하려는 새로운 범죄대응 방식이다.302) 이 용어는 랜디

재범률이 높다. 전과 9범 이상의 경우도 8%에 이른다.

299) Martainson은 지금까지 보고된 교정정책들은 매우 예외적인 경우를 제외하고는 재범을 방지하는 데 있어 아무런 실제적 효과를 얻지 못하였다고 평가하였다. Martainson, R., what's work? ─ The Martainson Report ─, in; The sociology of Punishment and correction(ed. by Johnson, N., Savitz, Land Wolfgand, M.E.), New York, 1970, pp.788~810 참조.

300) 田口守一, リストラティブ・ジャスティスと刑事司法, 現代刑事法 第40號, 2002.8, 28면 내지 30면에서 응보적 사법과 회복적 사법을 잘 대비하고 있다.

301) 장규원, 우리나라 범죄피해자 지원제도의 발전방향, 피해자학연구(제13권 제1호), 2005, 238면에 의하면 범죄, 불법행위, 기타 개인・단체・집단이 사회생활을 하면서 바람직하지 않은 부당한 사건에 의해 피해받는 과정을 "피해자화"라고 표현하고 있다.

302) 회복적 사법의 특징으로는 첫째 회복적 사법은 범죄를 단순한 법규위반 이상의 사회현상으로 이해하고 범죄는 피해자, 지역사회 그리고 심지어 범죄자 자신에 대한 여러 가지 손해를 발생시킨다고 보며 둘째, 형사사법 절차는 이처럼 발생한 손해를 보상하는 데 도움을 줄 수 있어야 한다고 한다. 셋째 회복적 사법은 범죄통제에 대한 국가의 독점에 이의를 제기한다. 즉 피해자, 범죄자와 지역사회는 가능한 한 형사 절차의 초기 단계에서부터 관련된다. 회복적 사법은 이처럼 사회의 기본질서유지를 위한 국가의 책임과, 지역사회의 평화와 조화를 회복하는 데 책임 있는 다른 당사자 사이의 협조를 강조하고 궁극적 목표가 관계자 간의 갈등을 화해함으로써 재통합을 이루어내는 것이라고 한다. 회복적 사법의 특징과 관련하여서는 김용세, 회복적 사법의 개념과 활용가능성에 관한 소고, 피해자

바넷이 1977년 처음 사용한 이래[303] 많은 학자들에 의해 사용되고 있고 이러한 회복적 사법을 구현한 대표적 프로그램으로써 미국에서 피해자-가해자 화해제도(Victim-Offender Reconciliation Program: 이하 VORP라 약칭한다)로 입법되어 실무상 발전하고 있다.

본래 회복적 사법의 핵심이념은 당사자의 능동적 대화를 통한[304] 갈등해결, 비형식성(informalism)에 있지만 최근에는 회복적 사법의 개념폭을 보다 넓히려는 시도가 행하여지기도 한다. 대표적으로 Bazemore / Walgrave는 회복적 사법을 피해자·가해자의 대면 절차에 한정시키는 것은 너무 협소하다고 비판하면서 오히려 범죄로 인한 피해를 회복하려는 노력이 중요한 특징이라고 한다.[305] 본고에서는 회복적 사법을 범죄로 인하여 야기된 피해를 회복함으로써 정의를 실현하기 위한 모든 행위[306]로 보고 이러한

학 연구(제12권 제2호), 2004, 31~32면; 박미숙, 회복적 사법과 피해자보호, 피해자학연구(제8호), 2000, 216면; 민영성, 회복적 사법의 의의와 그 수용가능성, 부산대학교 법학연구(제1호), 2003, 243면에 자세히 언급되어 있다.

303) Barnett, R. E., Restitution : A New Paradigm of Criminal Justice, in; Ethics : An International Journal of Social, Political and Legal Philosophy, Vol.87 No.1, pp.279~301.

304) 움브라이트(Umbreit)는 범죄피해자나 가해자 모두 자기의 의지에 의해 회복적 사법을 선택한 경우에 갈등해결의 만족도가 높은 것을 보여준다고 하고 있다. 小宮信夫, 修復的司法の 槪念・利點・類型 ― 課題硏究への論評として ―, 犯罪社會學硏究 第37號, 2002, 7면.

305) 이호중, 회복적사법(Restorative Justice) ― 이념과 법이론적 쟁점들 ―, 피해자학연구(제9권 제1호), 한국피해자학회, 2001, 31면.

306) Bazemore and Walgrave, "Restorative Juvenile Justice : In search of Fundanentals and an Outilne for Systematic Reform", in : Bazemore and Walgrave(Eds.), Restorative Juvenile Justice : Repairing the Harm of Youth Crime, 1999, p.48.

관점에서 회복적 사법을 구현하기 위한 실천원리의 하나가 피해자 – 가해자 화해제도라고 전제한다. 최근 우리나라에 설치된 범죄피해자지원센터 내의 화해중재위원회도 범죄피해자, 가해자 및 지역사회 구성원 등 범죄와 관련된 당사자들이 자발적으로 참여하여 범죄 피해를 해결하려는 역할을 하고 있으므로 피해자 – 가해자 화해제도의 한 형태로 개념 짓고 논의를 이어가기로 한다.

본고에서는 피해자 – 가해자 화해제도가 미국 등 회복적 사법을 도입한 나라에서는 어떤 방식으로 전개되고 있는지 조망한 후 우리나라에서의 피해자 – 가해자 화해제도를, 즉 한국형 VORP의 현황을 범죄피해자지원센터의 화해중재위원회 실무자307)의 관점에서 평가하여 보기로 한다. 화해중재가 성립되었을 경우 조치사항은 어떤 것이 필요한지 또한 이 제도가 우리 형법상에 포섭될 수 있는지 포섭된다면 어떤 형태로 형법에 진입할 수 있는지 보기로 한다. 나아가 한국형 피해자 – 가해자 화해제도의 발전방향은 어떤 것이 있을 수 있는지에 대하여 특히 최근 검찰에서 전국적으로 실시하고 있는 고소조정제도와 관련하여 살펴보기로 한다.

Ⅱ. 피해자 – 가해자 화해제도 개관

1. 피해자 – 가해자 화해제도 연혁

과거 피해자소추주의 제도하에서 범죄에 대한 형사 절차를 개시

---

307) 필자는 2005년 1월 발족한 청주 범죄피해자지원센터에 발족당시부터 법률전문가(변호사) 자격으로 참여하여 화해중재위원장 직책을 맡아 현재까지 실무활동을 하고 있다.

하고 기소하는 역할을 하던 미국의 범죄피해자는 이러한 역할을 검사에게 넘겨주게 되었고 또한 범죄피해자에 대한 사회적 무관심의 증가는, 범죄를 개인에 대한 침해가 아닌 사회에 대한 침해로 보게 되고 원상회복의 성격을 가지던 제재를 구금이 대체하게 되었다. 결국 20세기 중반까지 100년 이상의 세월 동안 미국에서 범죄피해자가 형사사법 절차에 미칠 수 있는 영향력은 최소한의 것일 뿐이었다.

1970년대부터 미국에서 시작된 진정한 의미의 "범죄피해자 보호운동"은 피해자에 대한 신중한 배려를 강조하는 것으로, 이는 형사정책 관련 논의에서 중요한 위치를 차지하였다. 이 운동은 그 후, 다수의 형사사법 시스템 혁신, 즉 피해자 보상기금을 통한 원상회복 제도의 마련, 원상회복의 성격을 갖는 제재수단의 부활 및 형사 절차에의 피해자 참여 확대 등을 가져오게 되었다. 나아가 이 운동은 미국 51개 주 중에서 32개 주에서는 범죄피해자의 권리에 관한 규정을 두는 개헌[308]을 이루어냈다.

헌법규정 대부분은, 범죄피해자에게는 공정성과 위엄, 존중을 담은 처우를 받을 권리 및 형사사법 절차에 관한 정보를 얻고 이에 참여하여 입장을 밝힐 수 있는 권리가 있다는 내용으로 이루어져 있다. 그 밖에도 범죄자에 의한 원상회복을 받을 권리, 사건의 조속한 해결을 요구할 수 있는 권리 및 피고인에 대항하여 적절한 보호조치를 받을 권리 등이 포함되어 있다.[309]

---

308) 법무부, 형사법상 범죄피해자의 원상회복제도, 법무자료 제248집, 2002, 제31면에 의하면 이러한 개헌 내용은 "피해자의 권리장전"이라고 불리고 있으며 개개의 주마다 서로 다른 내용을 담고 있다고 한다.

309) 吉田敏雄, 法的平和の恢復(1), 法學硏究 第30号, 北海學園大學, 1995.3,

미국의 회복적 사법실무는 1978년 인디애나 주 엘카아트에서 처음 시작되었지만 처음부터 적극적 반향을 일으킨 것은 아니어서 1970년대 말 미국 전역의 형사화해중재기관은 10여 개를 넘지 않는 상황이었다. 그렇지만 1980년대 말경에는 미국의 거의 모든 주에서 피해자 - 가해자 화해 프로그램이 출범하였고, 1996년에는 그 수가 289개에 달하고 있다.310) 그 후 현재 미국에는 300개 이상, 유럽에는 700곳 이상의 형사화해중재기관이 있으며, 오스트레일리아, 뉴질랜드, 캐나다 등에서도 많은 기관·단체가 활동하고 있다.311)

우리나라는 1987년 범죄피해자구조법이 제정되어 1988년부터 시행하면서 생명·신체를 해하는 범죄행위로 인하여 사망한 자의 유족이나 중장해를 당한 피해자에게 구조금을 지급하고 있으나 지급범위가 한정되어 있는 데다 지급액도 매우 적다312)는 문제점을 가지고 있었다. 그러던 중 법무부가 범죄피해자의 보호·지원강화를 위한 종합대책을 2004년 9월경 발표하였고 이 대책 중 하나로서 범죄피해자지원센터(이하 지원센터라 약칭함)를 통한 피해자지원을 실현하고자 지원센터의 설립을 유도하여 총 54개 지역에 지원센터가 설립되었으며, 이 지원센터는 2005년 12월 13일 제정된 범죄피해자보호법소정의 범죄피해자지원법인으로 등록하여 피해자지원을 하고 있다.313)

443면 참조.

310) 김용세 / 박광섭 / 도중진, 형사화해제도 도입을 위한 입법론적 연구, 형사정책연구원, 2001, 60면.

311) 김용세 역, 회복적 사법 : 일본의 전망, 비교형사법연구(제4권 제2호), 2002, 797면.

312) 피해자의 정신적, 물질적 손해에 대해서는 구제받을 길조차 없다. 자세한 것은 장규원, 앞의 논문, 254면 참조.

313) 범죄피해자지원센터의 설립·조직현황, 피해자 지원 현황 등에 관해

2. 미국의 피해자-가해자 화해제도

형사피해자의 손해를 회복시킨다고 하는 회복적 사법의 이념은 미국에서는 이미 1970년대 초반부터 실천적으로 전개되어 왔다.[314] 소위 회복적 사법(restorative justice)이라고 하는 기치 아래 미국에서는 전 세계에서 가장 선도적으로 "행위자의 처벌에서 피해자의 원상회복"으로 표현되는 '패러다임의 전환'이라고 할 움직임이 있었고 그 영향은 국제적 조류로까지 파급되었던 것이다. 여기서는 미국에서의 피해자-가해자 화해프로그램[315]에 대해 살펴본다.

서는 윤상민, 범죄피해자 지원센터의 발전방안, 피해자학연구(제14권 제1호), 2006; 박철현/김상원, 부산 지역 범죄피해자 지원활동과 평가: 부산범죄피해자지원센터 '햇살'을 중심으로, 피해자학연구(제14권 제1호), 2006; 최영승, 범죄피해자지원센터의 운영 현황 및 활성화방안, 피해자학 연구(제14권 제1호), 2006. 등에 상세히 기재되어 있다.

314) 미국에서의 전개사항을 소개한 것으로서 민영성, 앞의 논문, 246면 이하; 박상식, 범죄피해자와 회복적 사법의 모델, 피해자학연구(제13권 제1호), 2005, 148면 이하 등이 있다.

315) 범죄 피해자-가해자 화해의 주된 이론적 요소에 대해서는 Umbreit, Violent Offenders and their Victims, in : Wright/Galaway(Eds.), Mediation and Criminal Justice, 1989, pp.100~101에 정리되어 있다. 이에 의하면 ① 범죄는 객관적인 문헌으로서 이해되어야 한다. 즉 범죄는 국가에 대한 위반이 아니라 사람들 간에 있어서의 분쟁이다. ② 범죄에 대한 대응은 응보가 아닌 회복이어야 한다. ③ 범죄에의 대응은 피해자와 가해자 쌍방의 필요에 합치되어야 할 것이고 그 방법은 감정의 표현 및 정서적인 타격을 치료하는 기회를 인정함으로써 행해진다. ④ 피해자와 가해자는 스스로 분쟁을 해결하고 사법 절차에 직접 참가할 수 있는 권한이 부여되어야 한다. ⑤ 가해자의 피해자에 대한 손해회복의 합의·실현은 화해의 중요한 상징이다. ⑥ 강제권한이 없는 제3자를 중개자로 하는 화해 절차는 피해자와 가해자 간의 화해 절차에 있어 필수불가결한 것이라고 표

가. 피해자와 가해자의 조정 모델
(Victim - Offender Mediation Program : VOMP)

(1) 활용상황

가해자·피해자 조정 모델은 회복적 사법 프로그램의 초기 단계에서 행해지던 것으로 훈련받은 조정자의 참여하에 피해자와 가해자가 직접 대면하는 형태이다. 처음 시도된 것은 1974년 캐나다 온타리오 주 키치너에서 기독교 메노나이트파 교도인 Mark Yantzi, Dave Worth 두 사람에 의해서이다.[316] 이 두 사람은 재물손괴로 체포된 2명의 가해자가 피해자와 만나 화해를 시도할 수 있도록 하기 위해 가해자와 피해자의 접근을 허락하여 줄 것을 판사에게 요구하였고, 그 결과는 가해자가 피해자에게 직접 손해를 변상하는 쌍방 간의 합의로 나타났다.

그 후 이 결과로 인하여 이 모델이 캐나다 전역으로 확대되는 계기가 되었으며 1980년대에 들어서는 종교단체의 활동에 힘입어 VORP는 미국에로 확산되었고 회법적 사법의 이념을 담을 수 있는 최적의 모델 줄 하나로 간주되고 있다.[317] 처음 VORP프로그램은 기존의 형사 사법제도와 관계없이 종교조직들의 자원봉사자 중심으로 운영되었고,[318] 1980년대 후반에 다이버전의 형태로 이용하는 형태로 제도적인 틀을 정비하게 되었다. 특히, 1994년 미국변호사협

현되어 있다.

316) 高橋則夫, リストラティブ・ジャスティスの 國際的動向 — 修復的 司法とは向か—, 現代刑事法 第40號, 2002. 8, 14면.
317) Leena, Kurki, Restorative and Community Justice in the United States, 27 Crime and Just, 200, p.235.
318) 藤本哲也, 刑事政策概論, 靑林書院, 1996, 289면.

회(ABA)에서 VORP프로그램을 지지하면서 다만 VORP라는 용어 대신에 피해자 - 가해자 조정 및 대화(Victime - Offender meditation and dialogue)라는 표현을 사용함으로써 그 영향으로 VOMP라는 용어가 사용되고 있다. 이후 미국 전역의 법원에서 이 프로그램이 적극 활용되는 계기가 되었다.[319]

(2) 활용되는 절차

현재는 형사법원 내에 설치되어 운영되고 있고, 다이버전 또는 소년사법 관련 부서에서 정식으로 지원을 받고 운영되는 것이 많다. 조정위탁은 프로그램에 따라 약간의 차이가 있다. 검사와 협력하여 조정에 적합한 사안을 선택하는 경우도 있고, 주의 형사법원 판사가 조정하여 위탁을 권고하는 경우도 있다.[320] 프로그램의 반 이상이 청소년범죄를 대상으로 하고 있고, 대상 범죄로는 약탈범, 폭행, 절도, 강도 등이 주종을 이루고 있다.[321]

VORP와 VOMP처럼 가해자·피해자 간의 화해를 목적으로 하는 경우 조정위탁은 경찰, 검찰, 재판, 교정단계 등 모든 단계에서 가능하다. 수사, 재판, 집행 등 어느 단계에서 조정을 시도하더라도 사법기관이나 지역사회 기관의 직원들과의 밀접한 협력관계가 필요하고, 이에 기초하여 대체조치 프로그램의 공동 설치는 물론

---

319) Umbreit, M. S., Restorative Justice through Mediation, Overcrowded Times, 1996, p.9; Umbreit, M. S., National Survey of Victim - Offender Mediation Programs in the United States, 2000, p.1.

320) 岸本基予子, カナダにおける修復的司法: 沿革, プログラム, 及. び平價, 제諸外國の修復的司法, 中央大學出版部, 2004. 344면.

321) Umbreit, M. S., National Survey of Victim - Offender Mediation Programs in the United States, 2000, p.7.

다이버전으로서의 기능 수행도 가능하게 된다. 그리고 양형전의 조정과정에서 대체조치 프로그램에의 다이버전 형태를 취하지 않는 경우 VOMP의 결과는 검사나 공판담당 법관에게 반려되어 검토 자료로 활용되게 된다. 또한 양형판단 이후 피해자와 가해자가 직접 만나 서로 의견을 교환하면서 회복을 시도하는 절차도 있다.

구체적으로는 4단계 절차로 행해진다.[322] 즉 제1단계는 접수, 심사, 중재담당자에의 할당, 제2단계는 행위자 및 피해자와의 예비적인 면담, 제3단계는 행위자와 피해자의 화해를 위한 면담, 제4단계는 보고, 심사, 재심사이다.

(3) 활용에 따른 평가

VOMP의 경우 범죄피해자가 실제로 여기에 참가할 의사가 있는가가 가장 큰 문제이다. 대체로 일단 당사자가 만나기만 하면 거의 합의가 성사되고, 합의 내용은 1년 내 이행되는 것으로 나타났다.[323]

결국 VOMP의 성공여부는 일단 당사자가 참가하면 거의 성공하

---

322) 화해프로그램의 절차과정에 관해서는, See, Chupp, Reconciliation Procedures and Rationale, in : Wright / Galaway(Eds.), Mediation and Criminal Justice, 1989, pp.56~68.

323) 움브라이트(Umbreit)의 실제조사에 의하면 피해자의 60%가 참가하였고, 특히 인디애나 주의 발파라이소에서는 10개 중 9개가 성공적으로 이루어졌다고 보고되고 있다. 한편 움브라이트는 1985년부터 1986년까지 1년 동안 미니에폴리스에서 실시한 조사에서 피해자의 84%, 가해자의 64%가 참가하여 128건에 대하여 화해가 성립되어 이 중 78%가 이행되었다고 한다. 자세한 것은 Umbreit · Coates · Voss, Restorative Justice Dialogue : Annotated Bibliography of Empirical Studies on Mediation, Conferencing And Circles, University of Minnesota, 2003, p.4.

기 때문에 피해자의 참가율을 어떻게 높이느냐가 중요한 과제이다. 가해자는 어느 경우에나 참가하겠지만 강력범죄인 경우에는 피해자가 참가하지 않을 가능성이 많다. 따라서 VOMP의 대상 범죄를 비폭력적인 재산범죄를 원칙으로 하고, 피해자가 원하는 경우에는 폭력범죄 등에까지 확대하도록 하는 탄력적인 운용이 필요하다.324)

이에 대해 VOMP에 대한 부정적 평가 내지는 현상비판적 견해도 적지 않게 눈에 띈다. 예를 들면, VOMP는 형사사법기관의 재량에 대폭적으로 맡겨짐으로써 극히 비체계적이며 재산범의 초범자나 비행소년 등의 위험성이 낮은 그룹에 적용되고 있는 데 불과하고, 재범률도 비교적 높다고 하는 것이다.325) VOMP에 피해자를 참가시키는 데 대한 근본적인 비판으로서는 예를 들면, 형사절차는 피해자에게 사적 이익을 주어서는 안 된다는 것이고, 그 밖에 원상회복을 중심으로 하는 VOMP는 양형이 갖는 기타의 목표를 배제하게 된다, 피해자는 참가에 소극적이다, 피해자는 보복적이라는 등의 비판도 있다.326)

나. 가족 집단회의(Family Group Conference : FGC로 약칭함)

(1) 활용상황

가족집단회의는 1989년 뉴질랜드에서 처음 시행된 것으로 현재

---

324) 박상식, 앞의 논문, 151면.

325) Weitekamp, Recent Developments in Restitution and Victim‐Offender Reconciliation in the USA and Canada : An Assessment, in : Kaiser /Kuri/Albrecht(Eds.), Victims and Criminal Justice, Vol.51, 1991, pp.428~430.

326) Galaway, Victim‐participation in the penal corrective process, Victimology(Vol.10), 1985, pp.617~630.

는 인근의 호주뿐만 아니라 미국과 유럽에까지 확산되어 있다. 이 것은 조정 절차에 비해서는 최근에 개발된 프로그램으로, 그 뿌리 는 뉴질랜드 마오리 족의 "와나우회의"에서 착안한 것이라고 한 다.327) 이 프로그램은 가해자와 피해자뿐만 아니라 그들의 가족이 나 형제, 자매 등 관련집단이 참여한다는 점에서 VOMP와는 구별 되는 특징을 가지고 있다. 프로그램에 따라서는 가해자를 체포한 경찰관, 가해자의 변호사 등도 참여한다고 한다. 이러한 가족집단 회의는 주로 청소년범죄 사건의 경우에 많이 활용되는 경향이 있 는데328) 주로 절도, 기물파괴, 왕따, 약물소지 및 사용, 빈집털이 등의 범죄를 다룬다.329)

(2) 활용되는 절차

이 프로그램은 보통 참여자의 수가 10명 내외라고 한다. 회의의 진행은 보통 조정자가 프로그램의 절차에 대하여 설명하고 난 후 가해자에게 범죄사건과 관련한 자신의 입장을 설명할 기회를 준다. 그리고 난 후 피해자에게 피해의 경험을 진술할 기회가 주어지고 필요하다면 범죄자에게 질문도 허용된다. 다음으로 피해자의 가족 에게, 그리고 가해자의 가족에게 발언의 기회를 제공하는 것이 보 통이다. 조정자는 이 과정에서 자연스럽게 피해의 회복을 위하여 어떠한 조치들이 강구되어야 하는가 하는 테마로 논의를 진전시킬 수 있게 된다. 이 협상은 모든 참여자들이 합의에 이를 때까지 계

---

327) 이호중, 앞의 논문, 39면.

328) McElrea, "Justice in the Commeunity : The New Zealand Experience", in : Burnside and Baker(Eds.), *Relational Justice : Repairing the Breach*, 1994, pp.99~100.

329) 岸本基予子, 앞의 논문, 346면.

속된다.

(3) 활용에 따른 평가

이 프로그램은 비교적 최근의 것이기는 하지만 그 평가는 상당히 긍정적이다. 이 프로그램에 참여한 피해자의 만족도는 90% 정도로 평가되었다고 한다.[330]

다. 양형써클(Sentencilg Circle)

(1) 활용상황

양형써클은 지역사회의 구성원 전원에게 문호가 개방되어 있다는 점에서 가해자·피해자 중심의 VORP(VOMP)와 가해자·피해자 관련자로 참여가 제한되는 FGC 모델과 차이가 있다. 이 모델은 미국 원주민과 캐나다 원주민 간의 분쟁해결 방식에 그 기원을 두고 있는 제도[331]로서 1992년 일반 주보다 작은 자치구인 캐나다 유콘의 법원에서 이것을 재판에 도입하면서 시작된 모델이다. 이 모델은 일부 주에서도 실시되고 있지만 대부분의 원주민 지역에서 실시되고 있다. 미국은 1995년 미네소타를 시작으로 알레스카, 오레곤, 텍사스, 매사추세츠, 콜로라도 주에서 소년범죄와 성인범죄에 적용하고 있다. 써클모델은 북미 이외의 지역에서 실시되고 있다는 기록은 아직 없으며, 대체로 지역 간의 문제, 학생의 퇴

---

330) 이호중, 앞의 논문, 39면.

331) Mara Schiff, Models Challenges and The Promise of Restorative Conferencing Stategies, in : Hirsh·Roberts·Bottoms·Roach and Schiff(ed), Restorative Justice & Criminal Justice, Hart Publishing, 2003, p.321.

학·정학, 어린이 보호사건 등을 주된 대상으로 하고 있다.[332]

(2) 활용되는 절차

양형써클은 유죄의 답변을 하거나 유죄판결을 받은 가해자의 동의를 얻어 피해자, 가해자, 지역사회의 연장자, 지역사회의 다른 구성원, 법원 직원 등이 함께 토론하면서 해결책을 모색하는 형태로 운영된다. 지역사회 구성원은 누구든지 제한 없이 이 모임에 참여하여 자기 의견을 개진할 수 있도록 하고 있고 이것이 이 모델의 특징이 되고 있다. 발언 순서는 우선 가해자가 사건을 설명하고 그 후 써클의 모든 사람들과 대화할 기회가 주어진다. 서로 자유롭게 대화하여 해결의 방법을 제안하며, 써클의 관리자는 중재자의 역할을 하고 절차의 순조로운 진행의 유지를 위해 노력하며 '번호표'(talking piece)를 가진 자에게 발언의 기회를 부여한다.

(3) 활용에 따른 평가

현재 이 모델의 성공여부에 대한 기록은 거의 없는데 브라이트웨이트(Braithwaite)의 조사에 의하면, 피해자 또는 피해자 가족들의 2/3가 써클에 가는 것을 좋아하지 않았지만 참가한 3/4 이상이 써클에서 대화하는 것에 만족했고, 모든 피해자들은 써클의 운영과정이 공평했다고 평가한다. 또한 피해자와 가해자들은 서로 장래에 만나기를 원했고, 다른 사람들을 위해 써클에 참가할 준비가 되어 있다고 한다.[333]

---

332) Mara Schiff, 앞의 논문, 322면.
333) 박상식, 앞의 논문, 154~155면.

3. 피해자 - 가해자 화해제도의 의의 및 적용 대상

범죄피해자지원센터는 역할을 기준으로 통상 상담위원회(피해자에 대한 법률구조, 심리적 지원을 위한 상담을 담당), 의료지원위원회(피해자에게 의료지원을 통한 사회복귀 담당), 화해중재위원회(피해자 - 가해자의 화해 알선을 담당), 사법보좌인위원회(피해자에게 형사 절차 조언, 동행 담당) 등으로 세분하고 있으나, 본고에서는 피해자 - 가해자 화해 프로그램, 즉 한국형 VORP에 한정하여 논하고자 한다.

가. 의 의

피해자 - 가해자 화해제도(VORP)는 회복적 사법이념을 구현하기 위한 실천원리로서 가장 중요한 요소이므로 종종 회복적 사법과 같은 의미로 간주되는바,[334] 이는 범죄로 인하여 영향을 받은 범죄자, 피해자, 지역사회가 범죄문제해결의 능동적 주체로 참가하여 합의 가능한 방안을 도출하는 과정[335]이라고 말할 수 있다. 화해란 범죄로 발생한 손해의 단순한 전보만을 의미하는 것이 아니라 피해자 - 가해자 간의 파괴된 관계를 장래에 대해 생산적이고 건설

---

334) 박상식, 앞의 논문, 134면.

335) 브라이트웨이트(Braithwaite)는 회복적 사법을 "범죄로 영향받은 관련 당사자들이 한곳에 모여서 범죄로 야기된 손해를 어떻게 회복할 것인가에 대한 합의를 도출해 나가는 과정"이라고 표현하고 있고 마셜(Marshall) "당해 범죄에 관련된 당사자가 범죄의 결과와 그것이 장래에 미칠 의미를 어떻게 다룰 것인지 공동으로 모여 해결하는 과정"이라고 정의한다. 자세한 것은 박상식, 앞의 논문, 132면 참조.

적으로 만들기 위해 중재하는 것을 의미하는 것이어서[336] 피해자-
가해자 화해제도는 범죄로 인하여 발생한 갈등을 재봉합한다는 면
에서 그 의의를 가진다고 할 것이다.

나. 화해 절차

검사가 형사사건을 처리함에 있어 VORP에 회부함이 상당하다
고 생각되는 사건에 대해서는 지원센터의 화해중재위원회에 송치
하게 된다. 검사가 화해·중재를 의뢰할 때는 사건 송치 의견서,
즉 화해가 필요하다는 취지의 의견을 첨부하게 되어 있다. 화해중
재위원회는 송치받은 사건에 대한 화해중재를 위하여 필요한 경우
서면으로 검사에게 수사기록 열람을 요청할 수 있고 열람 요청이
있는 경우 검사는 수사에 지장을 초래하거나 기타 불가피한 사유
가 있는 경우를 제외하고는 이에 응하여야 한다. 화해중재위원회
는 피해자-가해자의 화해의사를 확인하여 중재를 진행한 후 그
화해중재 결과를 서면으로 검사실에 통보한다. 피해자-가해자 간
의 화해가 성립한 경우 화해중재위원회 명의의 결정문을 작성하고
결정문에 당사자의 서명날인을 받아 이를 첨부하여 검사실에 통보
하게 되며 불성립한 경우 불성립 이유를 간단히 기재하여 이를 통
보하고 있다.[337]

---

336) 김성돈, 형사 절차상 피해자-가해자 조정(Victim-Offender Meditation)
제도의 도입방안, 피해자학연구(제9권 제1호), 2001, 156면.

337) 그러나 화해중재위원회의 결정이 민사상 집행력을 가지는 것은 아
니므로 화해당사자들이 추후에 대급지급을 하는 것으로 화해할 경
우에는 양 당사자로 하여금 법원에 '제소 전 화해' 신청을 하도록
하거나, 공증사무소에서 '집행력 있는 공정증서'를 작성하도록 유도
하는 것이 필요하다.

다. 적용 대상

현재 화해 중재를 실시하고 있는 지원센터의 규정에 따르면 화해·중재의 대상사건은 보통 소년사건, 의료사건, 일반형사사건이고 검사가 형사사건을 처리하면서 형사처벌보다는 가해자와 피해자가 서로 화해하는 것이 사건의 종국적 해결과 당사자들의 원만한 사회생활이 도움이 된다고 판단하여 지원센터에 화해·중재를 의뢰한 사건이다. 화해·중재는 가해자-피해자 쌍방 모두 화해를 원하는 경우에 한정하여 적용된다. 화해중재위원의 중재로 화해가 성립한 경우 화해중재위원회 명의의 결정문을 작성하고 이 경우 검사는 당사자 사이의 합의로 보아 사건의 종국결정 및 양형에 최대한 반영하도록 하고 있다.

Ⅲ. 피해자-가해자 화해 성립시 처리방향

한국형 VORP의 활용으로 피해자-가해자 간 화해가 성립한 경우 그 처리방향에 대하여 살펴보고자 한다.

1. 소송촉진등에관한특례법상 화해제도 활용

피해자-가해자 화해제도를 활용하여 당사자 간의 화해를 이끌어 내려고 노력하는 동안 가해자에 대한 공소제기가 이루어져서 제1심 수소법원에 계속 중에 있는 상태에서 화해가 성립하는 경우, 화해중재위원회로서는 2006. 6. 15부터 시행되는 소송촉진등에관한특례법상의 화해제도를 활용하도록 당사자들을 설득하는 것이 필요하다고 본다. 수사단계에 있을 때에는 화해결정문을 만들어 검사에게 회신하면 그것으로 족하지만 사건이 법원에 계속 중일 경우 화해결정문을 검사에게 회신하는 것만으로는 당사자(특히 피해자)의 권리보호에 부족함이 있을 수도 있기 때문이다.

위 제도는 형사피고사건의 피고인과 피해자가 해당 피고사건과 관련된 피해에 관한 민사상 다툼과 관련하여 합의한 경우 당사자들이 공동으로 피고사건이 계속된 제1심 법원 또는 항소심 법원에 그 공판조서에 화해 내용을 기재해 줄 것을 구하는 신청이 가능하도록 하고 그 공판조서에 대하여 재판상 화해조서의 효력을 인정하는 제도이다. 피해자–가해자가 공판기일에 출석하여 서면으로 신청하면 법원이 그 화해 내용을 공판조서에 기재하여 주는 것인데 그 화해 내용이 가해자(피고인)의 금전배상인 경우 이 의무를 보증하거나 연대의무를 지고자 하는 사람이 포함되어 있다면 그 연대보증인도 같이 출석하면 되고 당사자들의 소송대리인이 대리 신청할 수 있도록 되어 있다. 이 제도를 활용하는 당사자들은 형사피고 사건의 번호, 사건명, 사건이 계속된 법원, 신청인의 성명과 주소, 화해 내용 등을 기재한 신청서를 법원에 제출하면 되고 인지대, 송달료 등 별도의 비용을 납부할 필요가 없으며 화해신청인들은 화해관련기록, 공판조서의 열람, 복사가 가능하다.

피해자–가해자가 연대보증인의 연대보증하에 금전지급을 하는 것으로 화해에 이른 경우 위 화해제도를 활용하게 되면 피해자에게는 시간, 비용을 대폭 줄이면서 재판상 화해조서라고 하는 채무명의를 확보할 수 있도록 하고 가해자에게도 반드시 채무를 이행하여야 한다는 심리적 제약을 준다는 점에서 활용가능성은 충분하다고 본다. 당사자 간의 다툼을 간이하면서도 종국적으로 해결하는 장점을 가진 제도로 향후 활용될 여지가 많다고 기대된다.

2. 화해 성립시 처리방향에 대한 제안

피해자 - 가해자 화해를 위해서는 당사자 간의 자발적 참여가 전제되어야 하고 그 참여프로그램을 활성화하여야 하며 그 프로그램 지원을 위한 일정한 기금조성이 이루어져야 한다는 의견338)에 대해 찬성하다.

화해는 특별한 사유가 없으면 기소 전 단계에서 실시되어 가해자와 피해자 간의 갈등이 조속히 해결되고 피해를 회복하는 것이 필요하다. 이를 통하여 법원, 검찰의 형사 사법 부담도 경감될 수 있을 것이다. 그래서 한국의 형사사법 실무자들은 형사화해제도 도입에 관해 매우 긍정적인 인식을 가지고 있다고 한다.339)

피해자 - 가해자 화해제도가 도입되어 우리 형법상에 그 모습을 드러내게 된다면 필자의 견해로는 형법 제3장 제2절 '형의 양정'에 편입될 수 있을 것으로 생각한다. 제52조 자수 · 자복규정과 같은 형식으로 피해자 - 가해자 화해를 규정하면 좋을 것으로 생각한다. 즉 '피해자 - 가해자의 화해'라는 조항을 신설하여 '죄를 범한 후 피해자 - 가해자 화해에 이른 때에는 그 형을 감경 또는 면제할

---

338) 이 점에 관해서는 이호중, 회복적 사법(Restorative Justice), ─ 이념과 법이론적 쟁점들 ─, 피해자학 연구(제9권 제1호), 2001, 50면 내지 51면; 김혜정, 범죄피해자 보호 영역에서 '피해자 - 가해자 화해제도'의 의미에 관한 고찰. ─ '피해자 - 가해자 화해제도'와 회복적 사법의 개념을 중심으로 ─, 법조(595호), 2006. 4, 95면 참조.

339) 김용세, 형사화해제도에 관한 형사사법 실무자의 인식, 피해자학 연구(제14권 제1호), 2006, 300면.

수 있다.'는 규정을 두어 화해가 양형조건의 하나로 인정되고 형의 감경·면제 사유로 명시되어 실무에서 보다 빈번하게 활용되면 좋을 것으로 사료된다. 이와 같은 규정이 입법된다면 기소 전 단계에서 화해가 이루어졌을 경우 검사가 형의 감경·면제 사유인 '화해'가 성립된 사건에 대하여 기소유예제도를 보다 폭넓게 활용할 수 있을 것으로 생각한다.

Ⅳ. 피해자 – 가해자 화해제도의 발전방향

한국형 VORP가 활용되고 있으나, 시행 초기로서 부족한 부분이 있다. 피해자 – 가해자 간의 화해제도가 발전하기 위하여 몇 가지 제도 보완 논의를 하고자 한다.

1. 피해자에 대한 법률전문가의 조력이 확대되어야 함.

범죄 피해자는 범죄로 인하여 다양한 육체적 반응(아드레날린 분비, 호흡곤란, 경련, 눈물, 얼어붙은 듯한 느낌, 침이 마르는 느낌)을 느끼고 두통, 근육경직, 성욕감퇴, 식용상실, 무기력증 등 광범위한 후속 고통에 시달리게 된다. 특히 피해자가 수사기관에서 조서를 작성하게 되고 피해자 – 가해자 화해를 위한 협상에 들어갈 시점에는 아직 피해자가 이성적이고 정상적인 판단을 할 수 없는 경우도 많이 있다고 보인다. 반면, 가해자는 범죄가 성립된 직후 형사 절차가 진행되면서 사선변호인을 선임하거나 국선변호인이 선임되는 등으로 사건 초기부터 법률전문가의 조력을 받으면서 향후의 절차나 피해자와의 관계에 대한 상당한 정도의 법률적 지식으로 무장하고 형사화해 프로그램에 응하게 된다.

사건담당 검사가 한국형 VORP에 의뢰하여 피해자, 가해자 및 화해중재위원이 마주하게 되었을 때 피해자는 아무런 법률적 지식이나 구체적 근거제시 없이 심정적인 억울함만을 호소하는 사례가 많고, 가해자는 손해배상액 산정기준을 예시하면서 자신에게 유리한 법률적 근거제시를 하는 경우를 종종 보게 된다. 이 차이는 다름 아닌 수사 초기 단계에서 법률전문가의 조력을 받았느냐 못 받았느냐에서 기인하는 것이다.

따라서 수사 초기 단계, 즉 경찰단계에서 피해자의 인권보호를 위한 인식전환이 필요하다고 생각된다.[340] 피해자를 위한 전문지식 제공과 이를 위한 기관 간의 네트워크화를 꾀해야 할 것이다. 최근 2006년 7월 1일부터 경찰청에서 시행하는 "피의자등 신문과정 변호인 참여지침"은 1999년 시행한 지침을 전면 개정하여 피해자에 대한 경찰조사 시 변호인 참여가 가능한 것으로 규정하고 있으며 피해자가 답변을 할 때 참여 변호인과의 상담을 받을 권리가 있어 실질적 조력을 받을 수 있도록 하고 있다. 피해자가 법률전문가의 조력[341]을 받으면서 가해자와의 화해에 도달할 때에야 비로소 진정한 의미에서의 화해를 이룬 것이라 할 수 있을 것이다.

---

340) 같은 취지. 박미숙, 현행법상 범죄피해자 지원방안, 피해자학연구(제10권 제2호), 2002, 165면.

341) 일부학계에서는 피해자에 대한 변호인의 조력을 받을 권리 인정과 국선변호제도의 도입필요성도 주장하고 있다. 필자는 이에 찬선하고 있다. 그러나 현행 형사소송 절차에 혼선을 일으킬 염려가 있어 전면적인 인정은 곤란하다는 견해가 있다. 이 점에 대해서는 천진호, 범죄피해자의 권리 확보 방안, 범죄피해자학회 2006년 추계학술회의자료, 2006, 28면 참조.

2. 화해제도 적용 범위가 확대되어야 함.

지원센터의 화해중재위원회에서는 아직까지 검사가 화해하는 것이 바람직하다고 생각되어 위원회에 송부하는 사건에 대해서만 화해프로그램을 실시하고 있는 형편이다. 아직 초기 단계라서 그렇지만, 향후에는 검사가 송부하지 않더라도 화해를 요구하는 당사자들의 신청에 의해 폭넓게 활용될 수 있는 것이 바람직하다고 본다.

이를 위해서는 지원센터 및 화해중재위원회가 하는 일이 정확히 홍보되어야 할 것이고 앞선 Ⅳ항에서 본 바와 같이 피해자 - 가해자 화해제도가 우리의 형법체계 안으로 들어와 주면 더욱 바람직하다 할 것이다.

이와 관련하여 지원센터의 화해중재가 검사의 사건처리의 편의를 위한 전제로 기능할 우려가 있음을 걱정하는 견해[342]가 있으나, 이 부분은 걱정할 필요가 없다고 본다. 화해중재를 담당하였더라도 가해자나 피해자 한 쪽이라도 화해하는 것을 원하지 않으면, 즉 자의(自意)에 의한 요청이 없으면 VORP는 즉시 중단되고 화해 불성립으로 종결 처리되기 때문이다. 또한 기소 이전에 검사가 VORP에 의뢰하여 화해가 성립하는 것은 단순한 혐의사실에 대해 법적 책임을 부과하는 것이어서 무죄추정의 원칙을 침해할 가능성이 있다고 하는 견해[343]가 있으나 이 점 또한 이론상 가능할 뿐 실무에서는 문제되지 않는다. 만약 피의자(가해자)가 혐의를 부인하면서 무죄를 주장하는 사건에서는 VORP에 참여하는 것을 거부할 것이 명약관화하고 이러한 사안에 대하여 화해중재위원은 화해

---

342) 최영승, 피의자신문과 적법절차, 세창출판사, 2005, 201면 이하.
343) 김혜정, 앞의 논문, 95면.

불성립을 선언할 것이 확실하기 때문이다.

3. 학교폭력관련 화해중재에 대한 VORP적용

가. 학교폭력대책자취위원회의 구성 및 그 역할

학교 내외에서 학생 간에 발생한 폭행·협박 등에 의하여 신체적·정신적 피해를 수반하는 행위인 학교폭력을 규율하기 위하여 2004년 1월 29일 학교폭력예방및대책에관한법률이 제정되어 시행되고 있는바, 그 내용은 아래와 같다.

학교폭력을 예방하기 위하여 교장은 학생의 육체적·정신적 보호와 학교폭력의 예방을 위한 교육을 정기적으로 실시하여야 하고(위 법률 제13조), 전문 상담교사와 책임교사를 배치하여야 하며(위 법률 제12조) 학교폭력의 예방 및 대책에 관련된 사항을 심의하기 위해 학교에 학교폭력대책자치위원회(이하 자치위원회라 함)를 두어 폭력예방프로그램을 구성·실시하고 피해학생 보호 및 가해학생 선도, 나아가 쌍방 간의 분쟁조정을 담당하도록(위 법률 제10조) 하고 있다.

자치위원회는 피해학생을 보호하기 위하여 심리상담 및 조언, 일시보호, 치료를 위한 요양, 학급교체, 전학권고 등의 조치를 취할 것을 교장에게 요청할 수 있고(제14조 제1항) 교장은 보호자의 동의로 위 조치를 취할 수 있다. 자치위원회는 가해학생의 선도를 위해 피해학생에 대한 서면사과, 피해학생에 대한 접촉·협박금지, 학교교체, 전학, 학교에서의 봉사, 사회봉사, 전문가에 의한 심리치료, 출석정지, 퇴학처분 등을 요청할 수 있고(제15조 제1항) 교장이 이를 행한 경우 가해학생과 보호자에게 통지하여야 한다.

자치위원회는 교장, 학생생활지도 경력이 있는 10년 이상의 경력교사, 학교운영위원회의 학부모 대표, 판·검사 또는 변호사자격을 가진 자, 해당학교를 관할하는 경찰서 소속 경찰공무원, 청소년 보호에 지식·경험을 가진 자 등으로 5인 이상 10인 이하로 구성되어(제11조) 교장이 위원장을 겸하게 되는데, 피해학생·가해학생 간 또는 그 보호자 간의 손해배상에 대한 합의조정(제16조)을 할 수 있도록 하고 있으며 조정을 위하여 필요한 경우 학교폭력에 관련된 사항을 조사할 수 있도록 하고 있다.

나. 화해중재위원회가 학교폭력 가해자 – 피해자의 화해를 담당하는 방안

지원센터의 화해중재위원회는 화해프로그램을 전문적으로 계속 시행해 오고 있으며 축적된 노하우를 가지고 있고 수사기관인 검찰과 밀접한 업무협조를 해 오고 있다. 또한 화해중재대상 사건으로는 소년사건이 가장 적합하고 화해중재의 필요성이 큰 것으로 인식되고 있다. 따라서 학교폭력사건으로 발생한 가해학생 및 그 학부모, 피해학생 및 그 학부모 간에 벌어지는 금전적 문제에 대한 화해중재업무를 담당하는 것은 어쩌면 가장 기본적인 화해중재위원회의 고유 업무영역에 속한다고 볼 수 있다.

그런데 위 법률에 따르면 자치위원회가 피해자 – 가해자 화해를 위한 합의조정을 할 수 있도록 하고 있는바, 여기에는 여러 문제점이 있다고 보인다. 자치위원회가 교장, 학생지도 교사, 학부모 대표, 경찰, 변호사자격자, 청소년 업무관련 종사자 등으로 구성되어 있어 주로 공무원인 구성원들이 금전문제에 관여한다는 것이 부적절할 뿐 아니라 민사적 손해배상 문제에 대해 자칫 한쪽 편을 든다는 오해를 받음으로써 그 중립성을 확보하기 어렵다는 점, 자치위원회의 주된 업무는 피해학생과 가해학생에 대하여 취할 수 있는 여러 조치를 논의하여 피해학생과 가해학생을 선도하고 재발 방지를 하는 방향의 조치를 발굴하는 것에 있는 것이지 금전문제에 대한 조정은 주된 업무로 보기 어려운 점, 자치위원회가 상설적으로 활동하는 것이 아니고 학교폭력이 발행하여야만 불규칙적으로 회합을 갖게 되어 전문적인 화해중재의 경험을 유지하기 어렵다는 점 등의 문제가 있다고 사료된다.

따라서 자치위원회에게는 위 법률 제14조 제1항 및 제15조 제1항에 규정된 바와 같이 가해학생 및 피해학생에 대한 적절한 조치를 교장에게 건의하도록 하는 역할로 한정시키고, 피해자 – 가해자 화해프로그램을 화해중재위원회가 처리토록 하는 것이 여러모로 바람직하다고 할 것이다.

4. 고소사건에 대한 VORP적용

가. 제도 개관

검찰은 2006년 4월경부터 소위 "고소조정제도"(형사화해제도)를 도입하여 일부 지역에서 시범시행하고 있다. 이 제도는 민사적 성격이 강한 형사고소사건에 대하여 지원센터 화해중재위원회의 화해를 거치도록 하는 제도로서 고소인, 피고소인 및 지역사회가 분쟁해결에 함께 노력하는 시스템을 통해 사적 분쟁의 자율적 해결을 위한 제도이다.

주된 대상사건은 사기·횡령·배임 등 채무불이행성격이 강한 고소사건이나 차용금·투자금·공사대금 등 금전거래로 인한 분쟁사건, 명예훼손·모욕·지적재산권침해 등 사적분쟁사건 등이다. 다만 피고소인이 도주·증거인멸 우려가 있는 사건 공소시효 완성이 임박한 사건, 고소장 기재 및 증거관계에 의할 때 혐의가 명백히 인정되거나 각하, 공소권 없음, 혐의 없음, 죄가 안 됨 사유에 명백히 해당하는 사건은 대상에서 제외된다.

고소장 접수 단계에서 검사는 VORP에 회부하는 것이 필요하다고 판단되면 고소인의 동의를 얻어 회부하고(경찰에 고소장이 접수된 경우에도 검사의 지휘로 회부) VORP를 거치지 않은 사건이 경찰로부터 송치되어 검찰에 온 경우 검사가 당사자의 동의를 얻어 VORP에 회부하면 변호사·법무사·법학교수 등 법조인 1인이 포함된 화해중재위원 3인이 1개 팀이 되어 2개월간의 기간 동안 화해·중재를 하게 된다. 화해가 성립될 경우 고소취소가 됨과 동시에 각하처분을 하되, 화해가 성립되었으나 범죄혐의가 명백한 경우에는 감경하여 처벌할 수 있도록 하고 화해 불성립시에는 통상의 수사 절차로 복귀하는 것으로 하고 있다.

나. 제도에 대한 비판 검토

(1) 화해 절차 참여의 자발성 문제

고소장 접수 후 수사착수 전의 고소사건에 대하여 고소인의 동의만으로 화해 절차가 개시됨으로써 피고소인은 고소인의 동의에 종속적으로 참여하는 문제로 인해 진술거부권, 자기부죄금지특권, 무죄추정의 원칙에 반한다는 의견이 있다.[344)]

그러나 피고소인이 화해 절차 참여를 원하지 않을 경우 출석을 포기하면 되는데다가(실제로 고소조정제도에 있어 화해불성립이 되는 것은 피고소인의 출석거부로 인한 것이 대부분이다) 피고소인이 다투는 사건의 경우 화해시도 자체가 이루어지지 않고 있어 피고소인의 자발성을 해할 염려는 거의 없다고 보인다.

(2) 고소사건 해결책으로서의 화해 문제

고소조정제도는 피해자지원센터를 매개로 회복적 사법의 무늬를 띠려 하였으나, 실상은 수사기관의 고소사건 해결책으로 기능하고 있는 것이나 다름없고[345] 형사사법기관이 회복적사법프로그램을 관료화하여 자신의 체계 속에 흡수한 것으로 볼 수 있다[346]는 비판이 제기되고 있다.

고소조정제도가 수사기관의 사건처리를 위한 한 방편으로 작용할 수 있다는 데에는 동의한다. 그러나 고소사건 해결책으로서만 위 제도가 기능하는 것은 아니라고 생각한다. 2004년 재산범죄 434,498건 중 34.8%인 149,284건이 혐의 없음 종결처리 되고 있는 현실에 비추어볼 때 민사사건을 형사화하는 우리의 법의식 속에서 수사를 본격적으로 진행하기 이전에 민간기구인 범죄피해자지원센터의 화해중재를 거치도록 하는 것은 국가의 형사 사법 실현 이전에 민간의 자율적 해결을 도모하려는 제도로서 나름대로 의미를 가진다고 본다. 화해중재위원회에서도 고소장기재 및 증거

---

344) 최영승, 범죄피해자지원센터의 활성화 방안 — 현행형사화해제도를 중심으로 —, 피해자학회 2006년추계학술대회 자료집, 2006, 124면.

345) 최영승, 앞의 논문, 126면.

346) 이호중, 회복적사법이념과 형사제재체계의 재편, 형사법연구, 제22호 (2004년 겨울), 491면.

관계에 의할 때 혐의가 명백히 인정되어 처벌의 필요성이 크거나 그 반대로 혐의 없음이 명백히 인정되는 사건은 화해중재 대상에서 제외하고 있다는 점에서 운용만 제대로 된다면 존재의의를 찾을 수 있는 제도라 생각한다.

(3) 민간기구의 공정성문제

고소조정제도의 공정한 중재를 담보할 수 있는 방안에 대하여 회의적인 시각이 있다. 이 점과 관련하여 화해중재위원 3인 중 1인은 전문지식을 가진 변호사 자격소지자, 법학교수, 법무사로 하고 있고 공정성을 해할 우려가 있는 경우 제척, 기피, 회피제도를 활용하기로 하고 있어 큰 우려는 없을 것으로 보인다. 제도 시행 초기이므로 문제점이 발견되면 순차적으로 보완을 해 나가는 것으로 하여 공정성을 담보하여야 할 것이다.

다. 소 결

고소사건에 대한 화해제도는 국가에 의한 형사사법 실현 이전에 민간의 자율적 해결을 도모하는 제도라는 점에서 매우 큰 의미를 가진다고 생각한다. 이 제도가 활용되려면 열정, 인간에 대한 이해력, 범죄당사자 간의 갈등을 최소화할 수 있는 전문가적 테크닉을 겸비한 전문가로서의 화해중재위원 육성이 선행되어야 할 것이다. 이 제도가 정착되기 위해서는 시행 초기에 도출되는 문제점을 얼마나 빠른 시간 내에 보완할 수 있느냐와 직결된다고 할 것이다. 나아가 이 제도시행과 관련하여 형사소송법에 고소사건화해를 위한 근거 규정을 마련하려는 노력도 병행되어야만 이 제도의 정착에 도움을 줄 수 있을 것으로 생각된다.

V. 결 론

피해자 - 가해자 화해제도는 분명 우리의 사법체계에서 상당부분 공감을 얻고 있다. 범죄를 저지르고도 몸으로 때우면 그만이라는 인식을 불식시킬 수 있도록 자의(自意)적으로 피해자에 대한 배려, 사죄를 함으로써 피해자와 화해를 이루어 낸 가해자에게 사회복귀가 용이하도록 배려하는 것은 가해자 자신은 물론 국가, 지역사회, 피해자 모두가 바라는 것이기 때문이다. 이 제도는 회복적 사법이념을 구현하기 위한 실천원리이며 회복적 사법의 가장 본질적 요소이자 궁극적 목표여서 회복적 사법과 같은 의미로 사용하여도 무방한 것이다.

우리나라에서도 형사피고인들이 양형참작을 위해 사회단체에 기부금을 내는 속죄기부가 하나의 현상으로 자리잡고 있고 피해회복 의지가 있으나 피해자가 불명확하다는 이유로 재산일부를 사회에 환원한다는 의식, 이를 재판에 참작할 수밖에 없다(화해된 것으로 본다)는 의식 등의 근저에는 회복적 사법이념이 우리의 법감정 속에 이미 소리 없이 스며들어 있음을 보여준다. 최근에는 국내최초로 형사재판 단계에서 상해사건에 관하여 피해자와 가해자(피고인)가 장흥·강진피해자지원센터에 의해 성립되었다는 보도도 있었다.347)

---

347) 법률신문 2006.12.11.자. 광주지방법원 장흥지원 재판장의 화해중재 의회에 따라 피고인, 피해자가 화해중재위원 3명과 함께 자리를 하여 피해자가 고통을 설명하자, 가해자가 반성의사를 밝혀 피해자가

필자는 한국형 VORP가 현재 진행형인 제도이지만 시작과 더불어 상당한 부분에 있어 성과를 거두고 있다고 보고 있다. 필자는 청주지원센터의 화해중재위원회 운용실태를 통하여 재산적, 신체적 피해를 입은 피해자와 가해자 간의 대표적인 화해사례도 제시하였고 그 사례를 통하여 이 제도가 피해자의 경제적 손실 회복이라는 의미 외에도 피해자의 심리적 상처회복이라는 부수적 효과를 동반한다는 분석도 내어 놓았다. 피해자-가해자 화해가 성립된 경우 소송촉진등에관한특례법상 화해제도의 활용방안도 살펴보았고 화해를 형법상 형벌감경 또는 면제사유로 규정하는 방안의 필요성도 검토하였다. 나아가, VORP의 발전방향으로 피해자에 대한 법률전문가의 조력확대가 필요하고 VORP의 적용범위를 좀 더 확대해야 한다는 점을 강조한 바 있다. 아울러 현재 검찰에서 시범실시하고 있는 고소사건에 대한 VORP적용이 정착될 수 있는 전제조건 등을 살펴보았다.

필자는 전통적 형사사법시스템인 응보적 사법이 엄존하고 있는 상황에서 새로운 사법시스템인 회복적 사법이 작동하는 진정한 이론적 의미는 단순히 응보적 사법의 모순점, 미비점을 보충하는 원리에 그치는 것이 아니고 시민 사회의 갈등 해결역량을 강화하는 것에 있다고 생각한다. 앞으로는 피해자-가해자의 대립구조를 해결하는 시민사회의 이해조정 없이는 범죄에 대한 대책을 세울 수 없다고 생각한다. 지금까지 소외되다시피 했던 범죄피해자에 대하여 주체적 지위를 부여하고 그에 대한 형사절차법적 배려를 하면서 효과적인 갈등 규율체계를 만들어 우리에게 적합한 피해자-가해자 화해제도를 개발해 내기 위하여 부단히 노력해야 할 것이다.

___

치료비를 지급받고 피고인을 용서한다는 데에 합의하였다고 한다.

범죄피해자지원센터 내의 화해중재위원회의 역할도 이와 무관하지 않다고 생각하며 이러한 제도개선의 선봉에 서야 할 것으로 생각한다.

제6절 징벌적 손해배상제도

Ⅰ. 징벌적 손해배상제도의 의의

징벌적 손해배상(懲罰的 損害賠償)348)이라 함은 범죄피해자의 권리 내지 법익침해에 대하여 가해자가 악의적이거나 의도적으로 결과발생을 용인하는 정도의 심한 고의로 범죄행위를 한 경우, 한편으로는 심한 고의에 기한 가해자를 응징하고 다른 한편으로는 그 가해자 내지 다른 사람이 앞으로 그와 유사한 범법행위를 하지 못하게 억제하기 위하여, 피해자가 실제 입은 손해(actual damages)의 만족을 의미하는 통상의 전보적 손해배상(compensatory damages) 이외에 특별히 지우는 또 다른 손해배상을 말한다.349) 즉 범죄로 인한 피해에 대하여 범죄인이 피해자에게 민사상의 손해배상액 이상의 금액을 배상하는 것을 내용으로 하는 형벌인바, 주로 민법학자들에 의하여 민사상 불법행위론에서 논의되고 있지만 소위 배상형의

---

348) 현재는 'punitive damages'가 일반적으로 사용되고 있으나, 종전에는 징벌적 손해배상으로 'exemplary, vindictive, penal, aggravated, retributory, damage', 'smart money' 등의 용어가 혼용된 바 있었다.

349) Hons Stoll, "Penal Purpose in the law of Tort", The American Journal of Comparative Law Vol.18, 1970, 10면.

한 유형으로 형사상 도입될 여지가 있는지 논의되고 있다. 이러한 징벌적 손해배상은 영미법계에서 인정되고 있는 제도이므로 그 의의를 정확하게 파악하기 위해서 영미법에서의 연혁을 파악해 보는 것이 필요하다.

Ⅱ. 징벌적 손해배상제도의 연혁

고대법에서는 민사책임과 형사책임의 분리가 명확히 드러나지 않는 것이 일반적 특징이었다. 하나의 불법행위가 동시에 범죄를 구성하는 경우 그에 대한 법적 반응으로서 형사상 형벌과 민사상 손해배상책임의 분화는 근대에 이르러 비로소 이루어졌다. 앞서 원상회복제도에서 살펴본 대로 함무라비법전, 구약성서, 로마법, 게르만법, 우리나라의 고조선 사회에서의 팔조금법 등에서 현실의 손해를 초과하여 배상을 인정한 현대의 징벌적 손해배상의 선구적 모습들이 나타나고 있다.

1. 영 국

징벌적 손해배상제도는 근대법에 이르러 영국에서 보통법(common law)상 판례를 통하여 인정, 발전되었다. 영국에서는 18세기경 근대국가에 의한 체계적인 사회통제가 이루어지면서 비로소 민사책임과 형사책임이 분리되었는데, 징벌적 손해배상은 형사책임으로부터 분리된 민사책임에 형사책임적 요소를 가미하여 실제 발생한 손해보다 더 많은 배상액을 인정하는 과정에서 탄생되었다.350) 민사사건에 있어서 초기 보통법시대의 사실심 법관은 그 사건에 관하여 알고 있는 사람들을 배심원으로 선정하고 그들에게 그 사건에 대한 손해배상액 산정에 관한 폭넓은 재량을 인정하였는데 배심원들은 실손해보다 많은 금액을 손해배상액으로 산정하였다. 사실심 법관은 배심원이 실손해액을 넘어 과다한 액수를 전보적 손해배상액으로 결정하였음에도, 사실에 기초하여 내린 배심원의 판단을 존중한다는 명목하에 그 액수에 대한 이의를 위한 새로운 심리(new trial)를 허락하지 않고 이를 그대로 승인하였으며 나아가 항소심법원 역시 배심원의 평결(verdict)을 거의 뒤집지 않았다. 그러던 중 데브린경(Lord Devlin)은 Rookes v. Barnard 사건에서 징벌적 손해배상제도는 공무원의 권한 남용행위, 가해자가 피해자에게 손해를 배상하고도 훨씬 많은 이익이 남으리란 생각에서 행한 행위, 명문의 규정에 의한 경우 등에서만 한정적으로 인정되어야 하며, 그러한 경우에도 법원이 징벌적 손해배상액 산정의 기준을 제시하여 배심원에 의한 자의적인 손해액 산정을 막아야 한다는 의견을 제시하게 되었다.351)

징벌적 손해배상에 대한 정당화의 근거에 대한 많은 논의가 이루어지던 가운데 대체로 다음과 같은 2가지가 제시되었는데, 이것은 오늘날까지 일반적인 것으로 받아들이고 있다.

먼저, 피해자가 입은 실손해보다 더 많은 액수의 손해배상을 가해자에게 부과함으로써 가해자를 응징함과 아울러 가해자를 포함한 일반의 사람들에게 본보기를 보여 장래에는 이와 같은 행위가

---

350) David F. Partlett, *Punitive Damages : Legal Hot Zones*, 56 *Louisianna Law Review*, Summer 1996, 781면.

351) 유제광, "징벌적 손해배상에 관한 연구", 청주대학교 법과대학 석사학위논문, 2001. 6, 10면.

다시 발생되지 않도록 억제하기 위한 것이다. 프라트대법관(Lord Chief Justice Pratt)은 Wilkes v. Wood. 98 Eng. Rep. 489 판결에서 이를 명시하였다. 다음으로, 통상의 손해에 대한 전보적 손해배상은 유형의 재산적 손해에 대해서만 이루어지는데, 징벌적 손해배상은 피해자가 입은 정신적 피해와 같은 무형의 손해를 배상하기 위하여 필요한 것이다.

2. 미 국

이러한 영국의 징벌적 손해배상제도는 미국법에도 도입, 발전되었다. 1791년 뉴저지 주 법원이 처음으로 단순한 실손해의 전보의 수준을 넘는 액수를 징벌적 손해배상으로 인정[352]한 이래, 점차 여러 주의 법원에서 징벌적 손해배상제도를 도입하였고 마침내 연방 대법원이 1851년 '징벌적 손해배상은 미국 법체계에 확고하게 자리를 잡았고, 따라서 그 손해액 산정의 정당성에 대해서는 더 이상의 논쟁을 필요로 하지 아니한다'라고 선언하였고[353] 그 후 1992년 "징벌적 손해배상제도는 오랜 연원이 있는 것이다"(punitive damages has a long pedigree in the law)[354]라고 이를 다시 한번 확인하였다. 이로써 징벌적 손해배상제도는 미국에서 완전히 자리를 구축하였다.

그렇다고 하여 미국의 모든 주가 징벌적 손해배상제도를 획일적으로 도입하고 있는 것은 아니다. 루이지애나 주, 매사추세츠 주,

---

352) Coryell v. Colbough, 1 N. J. 77(1791).
353) Day v. Woodwoth. 54 U. S.(13 How) 363, 371(1851).
354) Molzof v. United States. 112 S. Ct. 711(1992).

네브래스카 주, 워싱턴 주 등 4개 주는 징벌적 손해배상을 명시적으로 부정하고 있는데 그중 루이지애나 주와 매사추세츠 주 법원은 법률에서 명문으로 규정하고 있는 경우에만 인정한다.355) 또한 최근 콜로라도 주, 오클라호마 주, 텍사스 주, 버지니아 주 등에서는 성문법에 의하여 징벌적 손해배상액의 한계를 규정하게 되었고 징벌적 손해배상제도 자체에 대한 개혁안도 상당히 많이 발표되고 있다.356)

Ⅲ. 징벌적 손해배상제도의 기능

1. 처벌 및 억제기능

징벌적 손해배상제도의 목적 내지 기능으로서 첫째, 처벌과 억제기능을 들 수 있다. 즉 범죄를 자행한 가해자 자신을 처분함으로써 그 자의 범법행위를 예방하고 나아가 일반사회에 대해 본보기를 보여줌으로써 유사한 불법행위의 재발을 방지하는 억제기능을 수행하게 된다. 미국 대부분의 법원에서도 위 두 가지 기능을 결합시키고 있으며 또한 몇 개의 주에서는 이러한 기능을 입법하고 있는데 예를 들면, 캘리포니아 주에서는 '사실상 손해를 입은 원고는 경고의 목적과 피고를 처벌하는 방법을 통해 손해를 회복하게 될 것이다'라고 규정하고 있다.

---

355) 유제광, 앞의 논문, 12면.
356) 이점인, "징벌적 손해배상에 관한 연구", 동아대학교 법과대학 박사
　　학위논문, 1998. 12, 10면.

2. 법준수기능

다음으로 법준수 기능, 즉 실손해 이상의 배상액을 피해자에게
취득게 함으로써 피해자로 하여금 불법행위를 고발하도록 유인하
는 기능 또는 불법행위를 적발하도록 촉진시키는 기능(일종의 장려
금으로서의 기능이라고도 한다)도 징벌적 손해배상제도의 기능으로
여겨지고 있다. 이것은 징벌적 손해배상금을 벌금처럼 국고에 수납
하지 아니하고 피해자 개인이 취득하는 점에서 추단해 볼 수 있다.
　이와 같이 징벌적 손해배상은 한편으로는 권리를 주장하는 제소
를 조장한다는 측면에서, 다른 한편에서는 그 억제효과로 법규위
반행위를 감소시킨다는 측면에서 법을 실행하는 효과와 법을 준수
하도록 하는 기능을 갖는다 할 것이다.

3. 전보적 기능

징벌적 손해배상제도에 의해서 현실적으로 발생한 손해를 보전
하는 기능도 달성하고 있다고 한다. 미국에 있어서도 영국의 예와
같이 초기의 판례는 과대한 배상액을 근거지우기 위해 "징벌적 손
해배상"이라는 용어를 사용해 왔으며, 정신적 손해가 현실의 손해
로 간주되기 전까지는 정신적 손해배상과 혼동한 적도 있었다. 그
러나 그 후 정신적 손해가 현실의 손해로 간주되며, 보상적 손해
배상 내에서 보전되게 된 결과, 징벌적 손해배상은 정신적 손해배
상, 즉 위자료와는 다른 것으로 간주하게 되었다. 비교적 최근까지
양자의 혼동을 보인 조지아 주에서도 1987년에 법률을 제정하여
징벌적 손해배상의 목적이 정신적 손해에 대한 보전이 아니고 제

재라는 점을 확인한 바 있다.[357]

IV. 징벌적 손해배상의 적용범위

1. 개 관

근대에 민형사상 책임의 분화는 민사책임의 성립범위를 확대하여 피해자 구제를 확대하자는 데 목적이 있었던 것[358]이지 가해자의 책임추궁을 약화시키자는 것이 목적은 아니었다. 그렇다면 우리나라의 경우에 어느 한도에서 징벌적 손해배상제도가 도입될 수 있는가를 파악하기 위해 미국 판례상 정립된 적용 예를 살펴보는 것이 중요하다.

2. 적용범위

징벌적 손해배상이 적용되는 유형으로 폭행(assault, battery)이나 감금(false imprisonment, wrongful arrests), 유괴(seduction) 등과 같은 신체에 대한 법익침해와 언어나 문서에 의한 명예훼손행위 및 모욕(defamation, libel, slander) 등과 같은 인격권에 대한 침해는 물론 언론과 같은 대중매체에 의한 사생활 침해와 언론의 오보

---

357) 이점인, 앞의 논문, 26면.

358) 예를 들면, 전처와 그 애인을 살해하였다고 피소된 O. J. Simpson 피고인에 대하여 캘리포니아 주 법원 배심원은 형사상 무죄를 선고하면서 전처와 애인의 유족에게 각 1,250만 달러라는 거액의 징벌적 손해배상금을 지급하라는 평결을 내린 바 있었다.(조선일보, 1997년 2월 12일자)

에 의한 명예훼손 등에 인정되고 있다. 제조물의 하자로 인한 책임(product liability)의 경우는 물론이고, 인종, 성 등을 이유로 한 차별(discrimination based on sex, race or age), 횡령(conversion)과 같은 고의에 의한 수탁의무위반(intentional or fraudulent act of fiduciaries), 사기(deceit)와 같은 기망적거래행위(deceptive consumerand business practices), 음주운전(drunken or reckless driving)으로 인한 침해의 경우, 합병관련 범법행위(merger and acquisition disputes), 금융거래 관련 불법행위(financial lending disputes), 의사나 변호사 등 전문가의 부적당한 자문의 제공의 경우도 인정되고 있다. 계약상 불이행 책임의 경우에는 원칙적으로 징벌적 손해배상의 대상이 아니지만 최근에는 불법행위가 아니더라도 악의에 의한 계약위반을 새로운 불법행위로 간주하여 특히, 보험계약과 관련하여 징벌적 손해배상을 가하는 판례가 증가하는 추세에 있다.[359]

V. 징벌적 손해배상액의 산정기준

징벌적 손해배상액을 산정함에 있어 고려하여야 할 일반적 기준은 없다. 그러나 그 액수는 가해자의 이익과 이와 같은 행위가 재발되지 않기를 바라는 사회의 이익이 조화되는 선에서 결정되어야 하므로 보통 다음과 같은 요소들이 산정의 기준이 된다.

첫째, 손해의 심각성(severity of threatened harm)이다. 징계적 손해배상액의 산정에 있어서는 가해자의 행위에 의하여 실제 발생한 결과뿐만 아니라 그 행위에 의하여 발생할 수 있었던 결과 발

---

359) 유제광, 앞의 논문, 32면.

생의 가능성 또한 고려되어야 한다. 물론 무형의 손해가 발생한 경우에는 이를 금전으로 계산하기는 어렵지만, 행위의 결과 내지 그 결과 발생 가능성의 강약이 액수산정에 영향을 미친다.

둘째, 행위에 대한 비난가능성의 정도(degree of reprehensibility of defendant's conduct)이다. 가해자의 행위에 대하여 사회적 비난가능성이 크다면 그와 같은 행위의 재발을 방지할 필요성은 커지기 때문이다. 비난가능성의 정도를 판단함에는 그와 같은 행위가 계속되었던 시간, 이에 대한 가해자의 인식의 정도, 그 인식에 근거한 그와 같은 행위중단의 신속성 내지 은폐기도와 그 기간여부가 고려되어야 한다.

셋째, 가해자의 의도하였던 이익(profitability of the conduct)이다. 가해자가 어떠한 부당한 이익을 노리고 행위를 하였다면 그로 인하여 발생하는 이익을 박탈하여야 하기 때문이다. 게다가 이런 경우에는 가해자에게 그와 같은 행위로는 이익이 생기는 것이 아니라 손해가 생긴다는 것을 인식시켜 주기 위하여 그로 인하여 생기는 이익에 일정한 액수를 더한 금액을 손해배상으로 결정하여야 한다.

넷째, 가해자의 재산상해(financial position of the defendant)이다. 징벌적 손해배상은 재산에 대한 것이므로 당연히 가해자의 재산상태가 고려되어야 한다. 따라서 어떤 행위로 인한 손해배상액은 가해자의 재산상태에 따라 달라져야만 한다. 재발방지라는 억제의 목표를 달성할 수 있는 정도의 많은 손해배상액이 인정되어야 하기 때문이다.

다섯째, 전보적 손해배상의 액수(amount of compensatory dsmages assessed)이다. 징벌적 손해배상액은 전보적 손해배상액

(실제 발생하였거나 장차 발생할 손해의 액)과 사이에 합리적 상관관계를 지녀야 한다. 따라서 전보적 손해배상액이 적으면 상대적으로 징벌적 손해배상액도 적어야 하고, 전보적 손해배상액이 많으면 징벌적 손해배상액도 많아야 함은 당연하다.

여섯째, 소송비용(costs of litigation)이다. 피해자에게 가해자를 상대로 소송을 제기하는 것을 권장하는 것 또한 징벌적 손해배상제도가 추구하는 목적 중의 하나이므로 소송비용의 전보가 고려되어야 한다. 왜냐하면 미국에서는 소송비용은 패소자의 부담이 아니고 당사자, 즉 원고의 부담이기 때문이다.

일곱째, 형사책임의 가능성(potential criminal sanctions)이다. 가해자에게 형사책임이 과해질 가능성이 있는 경우에는 이러한 사정역시 징벌적 손해배상액 산정에 고려되어야 한다. 가해자가 형사소추를 당하여 상당한 벌을 받았거나 받을 가능성이 있는 경우에는, 이것만으로도 응징과 억제라는 제재는 충분히 이루어졌거나 이루어질 수 있으므로 징벌적 손해배상액을 산정함에 있어 가해자에게 과해지거나 과해질 형사책임의 양이 충분히 고려되어야 한다. 그리하여 이러한 경우에는 징벌적 손해배상액을 상당한 수준으로 감액하여야 한다.

여덟째, 동일한 소송의 반복가능성(other civil actions against the defendant based on the same conduct)이다. 동일한 사유를 이유로 여러 피해자로부터 소송이 반복하여 제기되었거나 제기될 수 있는가도 역시 고려되어야 한다. 다수의 소송제기 가능성은 특히 제조물책임에서 두드러진다. 다수의 소송이 제기될 수 있는 사안인 경우에는 제일 먼저 소송을 제기한 피해자가, 그 사안으로 인하여 가해자가 모든 지급하여야 할 손해배상금의 전액에 가까운

금액을 지급받고 따라서 그다음에 소송을 제기하는 피해자는 구제를 받지 못하는 결과가 발생하여서는 아니 되기 때문이다.

그 외, 그 행위에 어느 정도의 책임 있는 관리자까지 관련이 되어 있는가. 특히 최고경영자가 이에 적극적으로 개입하였는가 아니면 이를 알면서도 묵인 내지 조장하였는가, 소송에 있어서 부인하였는지 등과 같은 태도도 고려되어야 한다.

VI. 징벌적 손해배상제도의 도입가능성

1. 징벌적 손해배상의 형벌적합성

앞서 본 바와 같이 징벌적 손해배상제도는 민사상의 손해배상과 유사하지만 그 법적 성격에 있어서는 벌금형과 같은 유의 형벌제도[360]로 취급될 수 있다. 즉 민사배상과 벌금형을 혼합해 놓은 제도라고 할 수 있다.[361]

2. 징벌적 손해배상제도의 도입을 기대하며

우리의 법현실을 돌아보면 민법상 손해배상체계는 가해자의 고의·과실을 구분하지 않고 동일한 가치로 평가하여 피해자에 대한

---

360) 同旨: 이승호, "형벌로서의 배상제도의 관한 연구", 피해자학 연구(제7호), 1999, 186면.

361) 미국 연방대법원 Gertz v. Robert Welch, Inc, 418 U. S. 323 (1974)에 의하면 징벌적 손해배상은 가해자의 응징과 범죄억제를 위하여 배심원에 의하여 부과되는 사적 벌금(private fines)이라고 하고 있다.

손해의 전보만을 실현하고 있다. 이러한 원리를 고집하다 보니 지능적이며 계획적인 고의의 불법행위에 대한 효과적인 제재는 물론 피해자 보호에도 상당한 어려움을 내포하고 있어 민법학자들도 징벌적 손해배상의 도입을 주장하는 것으로 알려져 있다. 그러나 필자는 위 제도를 형사제재 수단으로서 도입할 것을 검토하는 것이기 때문에 소위 O. J. Simpson사건과 같이 무죄판결을 선고받을 피고인에게 피해자에 대한 손해전보를 하라는 취지의 징벌적 손해배상 의무를 부과하는 것은 우리의 법감정에 맞지 않을 뿐 아니라 그러한 경우에 위 제도의 시급한 도입이 필요하다고 생각하지는 않고 있다.

만약, 위 제도를 형법총론에 도입하는 근거규정을 마련한다면 우리나라의 기존 손해배상 체계를 재편할 수 있음과 동시에 형사적 제재로서의 기능을 발휘할 수 있을 것이고, 입법의 형식을 빌지 않더라도 판례상 이를 도입하게 된다면 징벌적 손해배상제도가 형사제재로서의 기능을 다할 수 있는 반사적 효과를 볼 수 있을 것이지만, 필자는 죄형법정주의 원칙상 성문으로 입법하는 방식으로 도입할 것을 주장하고자 한다.

필자는 위 제도를 우리 형사법체계에 도입을 하되 그 기능은 어디까지나 사회 내 제재로서 자유형을 대체할 수 있으면서도 범죄피해자에게는 피해의 넉넉한 전보가 이루어지는 방식의 한도에서 그 의의를 가질 수 있다고 믿고 있다. 따라서 환경범죄, 식품 등 제조물의 하자를 둘러싼 범죄, 공무원에 의한 고압적인 협박 등이나 프라이버시 침해범죄 등에서 이 제도가 효과적인 대체형벌로서 기능을 발휘할 것으로 기대한다.

제7절 범죄수익몰수제도

Ⅰ. 범죄수익몰수제도의 의의

오늘날 범죄수익의 창출이 가능한 현대형 범죄인 마약범죄, 환경범죄, 경제범죄, 인신매매, 장물죄, 화폐 및 유가증권 위조, 무기밀거래 등의 범죄에서 범죄형태가 조직화 · 집단화 · 기업화 · 치밀화되고 있다. 한편 범죄로부터 벌어들인 범죄수익은 범죄집단을 유지 · 강화하는 데 사용되어 범죄집단을 키울 뿐만 아니라 새로운 범죄행위에 재투자되어 불법적인 부가 또다시 불법적인 부를 창출하게 된다. 또한 범죄수익이 돈세탁362) 등의 과정을 거쳐 정상적인 경제흐름에 편입될 경우에는 한 국가의 정상적인 경제질서 · 경쟁체계, 그리고 부의 분배체계를 왜곡하게 될 위험성마저 내포하고 있다.

따라서 범죄로부터 발생한 범죄수익363)이나 그 범죄행위의 보수로서 얻은 이익 등의 몰수는 세계 모든 국가의 형사정책에 있어서 범죄행위에 대한 예방과 철저한 사법적 응징 못지않게 큰 관심사항이자 중요한 형사정책적 과제로 떠오르게 되었다. 결국 범죄수익의

---

362) 우리나라에서는 'money laundering'이라는 용어를 '자금세정(洗淨)'이라고 번역하기도 하지만 일반적으로 '돈세탁'이라는 용어로 널리 사용되고 있다. 2001. 9. 27. 공포된 특정금융거래정보의보고및이용에 관한 법률에 의하면 '자금세탁'으로 표현하고 있다.

363) 범죄수익몰수라는 것은 '범행에 사용된 도구 또는 범죄행위로 취득한 물건의 몰수'와 대비되는 개념이다. 자세한 것은 이경재 / 이병기, "약물범죄수익몰수제도에 관한 연구", 한국형사정책연구원, 1994, 13면.

철저한 몰수는 기존의 형벌제도를 보완하여 영리목적을 가진 범죄인들의 범죄에 대한 유혹을 감소시킬 뿐만 아니라 조직범죄단체에 대해서는 유지·존립의 기반인 범죄수익의 박탈을 통해 집단의 세력약화를 기대할 수 있고 나아가 범죄수익의 철저한 박탈은 일반 국민들 사이에 정의관념의 고양과 형사사법체계 전반에 대한 신뢰제고에도 기여할 수 있다는 점에서 형벌로서 충분한 기능을 할 수 있다.364)

II. 현행법상의 몰수규정

1. 형법상의 몰수규정

가. 총칙상의 몰수규정

우리 법체계상 몰수에 관한 가장 기본적인 규정은 형법 제48조인바, "범죄행위에 제공하였거나 제공하려고 한 물건"(공용물건), "범죄행위로 인하여 생하였거나 이로 인하여 취득한 물건"(생성물건, 취득물건, 보수물건), "전 2호의 대가로 취득한 물건"(대가물건) 중에서 범인 이외의 자의 소유에 속하지 아니하거나 범죄 후 범인 이외의 자가 정을 알면서 취득한 물건은 전부 또는 일부를 몰수할 수 있도록 규정하고 있다. 이러한 총론상의 몰수규정은 임의규정이기 때문에 몰수대상이 되는 물건이 있다 할지라도 원칙적으로 몰수여부는 법관의 자유재량에 맡겨져 있다. 또한 형법 제48조에 의한 몰수는 타형에 부가하여 과하는 것은 원칙으로 한다.

---

364) 서보학, "형법상 범죄수익몰수의 필요성과 법치국가적 한계", 안암법학(제5호), 1997, 85~86면.

다만 예외적으로 행위자에게 유죄의 재판을 아니할 때에도 몰수의 요건이 있는 때에는 몰수만을 선고할 수도 있다(형법 제49조).

나. 각칙상의 몰수규정

형법은 각칙의 뇌물죄에 관한 규정에서 필요적 몰수를 규정하고 있다. 즉 형법 제134조는 "범인 또는 정을 아는 제3자가 받은 뇌물 또는 뇌물에 공할 금품은 몰수한다. 그를 몰수하기 불능한 때에는 그 가액을 추징한다."라고 하여 공무원의 뇌물죄에 관여된 금품은 이를 국가가 반드시 몰수하도록 규정하고 있다.

나아가 우리 형법은 각칙에서 몰수규정은 아니지만 벌금형의 병과규정을 통해 범죄로부터 발생한 이익을 몰수하는 취지를 실현시키고 있다. 예컨대 '유가증권·우표·인지에 관한 죄', '도박과 복표에 관한 죄', 그리고 '약취와 유인의 죄' 등에서 벌금형을 병과할 수 있도록 규정(형법 제220조, 249조, 295조)하고 있는데, 여기서 벌금형의 병과는 사실상 범죄로부터 발생한 수익을 몰수하는 기능을 수행하고 있는 것이다.

2. 특별법상의 몰수규정

우리나라는 형법 이외에도 다수의 특별법에 몰수규정을 두고 있다. 예컨대 마약법 제70조, 향정신성의약품관리법 제47조, 대마관리법 제23조, 특정범죄가중처벌등에관한법률 제13조, 특정경제범죄가중처벌등에관한법률 제10조, 국가보안법 제15조, 상법 제633조, 관세법 제179조·180조·181조·183조, 변호사법 제82조, 국회의

원선거법 제158조, 국민투표법 제101조, 담배사업법 제30조, 인삼
사업법 제26조, 문화재보호법 제90조 1항 3호, 어업자원보호법 제
3조, 우편법 제52조·53조, 저작권법 제101조, 음반및비디오물에
관한법률 제24조 2항·25조 2항, 양곡관리법 제25조 3항, 외국환
관리법 제33조 등이 그것이다.

몰수의 대상과 관련해서도 형법은 '물건'(제48조)과 '뇌물 또는
뇌물에 공할 금품'(제134조) 등으로 규정하고 있는 반면, 특별(형)
법상의 몰수규정들은 '범인이 취득한 당해 재산'(특정범죄가중처벌
등에관한법률 제13조), '재산' 또는 '금품 기타 이익'(특정경제범죄
가중처벌등에관한법률 제10조), '범인이 수수한 이익'(상법 제633
조), '보수'(국가보안법 제15조), '마약·향정신성의약품·대마, 시
설, 장비, 자금 또는 운송수단과 그로 인한 수익금'(마약류관리에
관한법률 제67조) 등으로 그 몰수의 대상을 확대하고 있다. 특히
특별법에서 몰수의 대상으로 '재산', '이익', '수익금', '보수' 등을
규정한 것은 형법총칙상의 몰수규정이 범죄수익의 몰수에 매우 부
적당하다는 현실적인 문제점을 보완하기 위한 것이라고 할 수 있다.

한편, 특별법상에도 벌금형의 병과가 범죄수익의 몰수기능을 수
행하고 있는 예를 찾아볼 수 있다. 예컨대 특정범죄가중처벌등에
관한법률 제8조는 조세포탈의 가중처벌을 규정하면서 조세법처벌
법 제9조 1항에 규정된 죄를 범한 자는 정해진 자유형 외에 포탈
세액 등의 2배 이상 5배 이하에 상당하는 벌금을 병과한다고 규정
하고 있다. 또한 조세범처벌법 제5조 동법 제8조, 제9조, 제11조의
2 제4항 및 5항, 제12조의2 및 제12조의3 제2항 및 3항의 범칙행
위를 한 자에 대하여 징역과 벌금을 병과할 수 있다고 규정하고
있다. 이러한 규정도 벌금형의 병과가 결국 범인이 횡령한 세액(범

죄수익)을 몰수하는 기능을 가지고 있다고 볼 수 있다.

3. 범죄수익 몰수에 관한 주요특별법

가. 공무원범죄에관한몰수특례법

법률 제4934호로 제정되어 1995년 1월 5일부터 시행에 들어간 위 법률은 공직자가 뇌물 등으로 취득한 재산은 물론 그를 토대로 증식한 재산까지 몰수하고, 기소 전 또는 기소 후 검사의 청구 또는 직권으로 법원이 몰수·추징보전명령을 내려 문제의 재산을 동결할 수 있도록 하는 등의 전에 없는 강력한 부정축재 환수장치를 마련해 놓고 있다. 이 특례법이 제정·시행되기 전까지 형사실무계에서는 비리공직자들에 대한 국가의 세금을 횡령한 경우에 일반 뇌물죄와는 달리 세금을 착복한 공무원들로부터 횡령한 것으로 확인된 돈마저도 환수할 수 있는 법적 근거가 없다는 점이 현행법상 몰수제도의 맹점으로 지적되면서 공무원의 범죄행위를 통하여 취득한 불법수익과 그로부터 유래한 재산까지를 철저히 추적·환수하는 제도적 장치가 마련된 것이다. 이 특례법이 규정하고 있는 몰수제도의 주요 특징은 다음과 같다.

첫째, 몰수대상재산의 확대이다. 특례법은 형법상 뇌물죄, 회계관계직원에 의한 국고 등 횡령·배임죄, 특정범죄가중처벌등에관한법률상 뇌물죄 및 국고손실죄를 '특정공무원범죄'로 규정(제2조 1호)하고, 특정공무원범죄의 범죄행위로 직접 얻은 재산(불법수익)뿐만 아니라 그로부터 변형 또는 증식된 재산(불법수익에서 유래한 재산)까지 이를 불법재산으로 규정하여 몰수하도록 하고 있다

(제2조 2-4호, 제3조 1항), 그리고 불법재산과 그 외의 재산이 합하여진 경우에는 그중 불법재산의 비율에 상당하는 부분을 몰수하도록 되어 있다(제4조). 다만 몰수할 수 없거나 몰수하여야 할 재산이라도 그 재산의 성질, 사용상황, 범인 외의 자의 권리유무 등의 사정으로 몰수함이 상당하지 아니하다고 인정될 때에는 그 가액을 추징한다(제6조).

둘째, 불법재산의 입증책임완화이다. 위 법률은 범인이 취득한 재산의 가격, 범인의 재산운용상황, 불법수익금액 및 재산취득시기 등 제반요소를 고려할 때 범인이 취득한 재산이 불법수익으로 형성되었다고 볼 만한 '상당한 개연성'이 있는 경우에는 엄격한 증명이 없더라도 이를 불법재산으로 인정할 수 있도록 입증책임을 완화하고 있다(제7조). 이 규정은 입증책임을 범인에게 전환시키는 것은 아니고 검사가 계속 입증책임은 지지만 그 입증의 정도에 있어서 엄격한 증명을 다소 완화시키고 있을 뿐이라고 한다. 이러한 입증책임의 완화는 위 법률이 규정하고 있는 몰수제도의 가장 큰 특징으로서 몰수대상재산의 확대에 필연적으로 따르는 입증의 불가능 또는 어려움을 제거하고 국가가 불법재산을 손쉽게 몰수할 수 있도록 하기 위한 것이다.

나. 마약류불법거래방지에관한특례법

위 법률은 국제적 협력하에 마약류와 관련된 불법행위를 조장하는 행위 등의 방지를 통하여 약물범죄의 진압과 예방을 도모하고 이에 관한 국제협약의 효율적 시행을 위하여 마약류관리에관한법률의 특례 등을 정함을 목적으로 법률 제5011호로 제정되어 1995

년 12월 6일부터 시행에 들어갔다.

위 법률은 특히 마약류와 관련된 불법행위로부터 생긴 범죄수익과 불법 재산의 은닉·도피를 막고 철저한 추적·환수를 위해 불법수익 등의 은닉·가장·수수 등을 처벌하는 규정(제7조, 제8조)을 두고 있고 금융기관 종사자에 대해서는 신고의무를 부과하였으며(제5조) 나아가 불법재산의 몰수를 위한 상세한 특례규정들을 마련해 놓고 있다. 동 특례법상의 몰수규정도 앞에서 살펴본 '공무원범죄에관한몰수특례법'상의 몰수와 마찬가지로 몰수대상재산의 확대(제2조 3항-5항), 불법재산 입증책임의 완화(제17조) 등을 그 특징으로 하고 있다.

다. 범죄수익은닉의규제및처벌에관한법률

위 법률은 재산상 부정한 이익을 취득할 목적으로 범한 중대범죄와 관련된 범죄수익의 취득 등에 관한 사실을 가장하거나 위 범죄를 조장할 목적으로 범죄수익을 은닉하는 행위를 처벌하고 위 범죄수익의 몰수 및 추징에 관한 특례를 규정하여 위 범죄를 조장하는 경제적 요인을 근원적으로 제거하는 것을 목적으로 법률 제6517호로 제정되어 2001. 11. 28.부터 시행되고 있다.

위 법률은 조직범죄, 공무원 뇌물범죄, 밀수범죄, 해외재산도피범죄, 정치자금에 관한 법률 위반행위 등 특정범죄로부터 얻은 범죄수익의 취득 또는 처분사실을 가장하거나 범죄수익을 은닉한 자를 처벌(제3조)하고 정을 알면서 범죄수익을 수수한 자도 처벌(제4조)하고 금융기관 등의 종사자는 금융거래와 관련하여 수수한 재산이 범죄수익이라는 사실을 알게 된 때 또는 금융거래의 상대방이 범죄수익을 은닉하고 있다는 사실 등을 알게 된 때에는 지체 없이 그 사실을 수사기관에 신고하도록 의무화하고, 이를 위반한 자는 2년 이하의 징역 또는 1천만 원 이하의 벌금에 처하도록(제5조)하였으며 특정범죄에서 발생한 범죄수익 등은 몰수할 수 있도록 하고, 이를 몰수할 수 없거나 재산의 성질상 몰수함이 상당하지 아니한 경우에는 몰수할 가액을 추징할 수 있도록(제8조 내지 제10조)하였다.

Ⅲ. 몰수의 법적 성격

우리나라에서는 몰수가 '물건의 몰수'와 '범죄수익의 몰수'라는 두 가지 기능을 다 수행하고 있다.[365] 따라서 몰수의 법적 성격을 논함에 있어서 '물건의 몰수'와 '범죄수익의 몰수'의 경우를 각각 나누어 볼 필요가 있다.

먼저 '물건의 몰수' 법적 성격을 본다. 우리 현행 형법은 몰수를 재산형의 일종으로 규정하고 있다(형법 제41조). 그러나 학설상 통설은 몰수가 형식적으로는 형벌의 일종이지만 실질적으로는 대물적 보안처분에 속한다고 해석하고 있다.[366] 반면 몰수는 하나의 성질을 가진 제도가 아니라 경우에 따라 그 목적과 성질을 달리하는 제도라고 하면서, 행위자 또는 공범의 소유에 속하는 물건의

---

365) 독일형법상 몰수(Einziehung)는 물건의 몰수에 한정되고 범죄수익의 몰수는 박탈(Verfall)제도가 담당한다.

366) 정영석, 『형법총론』, 법문사, 1986, 305면; 유기천, 『형법학강의(총론)』, 일조각, 1983, 355면; 정성근, 『형법총론』, 법지사, 1989, 758면; 진계호, 『신고형법총론』, 대왕사, 1986, 447면; 이형국, 『형법총론연구Ⅱ』, 법문사, 1993, 761면.

몰수는 재산형으로서의 성질을 가지고 제3자의 소유에 속하는 물건의 몰수는 보안처분으로서의 성질을 가지는 것이라는 입장이 있다.367) 그리고 몰수제도는 형벌과 보안처분의 중간 영역에 위치한 독립된 형사제재수단이라고 보는 입장도 있다.368) 재범의 위험성을 방지하는 대물적 보안처분의 성격을 가지고 있다는 점에 대해서는 아무 이견이 없다. 문제는 물건의 몰수에 형벌로서의 성격을 인정해야 할 것인가이다. 필자는 몰수가 범인에게는 하나의 해악이 될 뿐만 아니라 제3자에게는 위하의 효과가 있으며 범인 특별예방의 효과가 있기 때문에 충분히 형벌로서 기능할 수 있으므로 재산형의 일종으로 보고 있다.

다음으로 범죄수익 몰수의 법적 성격을 본다. 우리 법은 범죄수익 몰수에 있어서 법문상 순익주의·총액주의(순이익만 박탈할 것인지, 총액을 박탈할 것인지)에 대한 입장을 명확히 밝히고 있지 않다. 이는 우리 법상의 몰수제도가 독일의 그것과는 달리 '물건'의 몰수와 범죄 '수익' 박탈이라는 양 기능을 다 수행하고 있기 때문이라고 할 수 있다. 즉 우리나라에서는 독일과는 달리 범죄에 관련된 것은 그것이 범행에 투자된 자본금이냐 순수한 범죄수익이냐를 따질 것 없이 모두 몰수할 수 있다. 결국 우리나라에서도 범죄수익 몰수제도의 취지가 범죄에 관련된 그리고 범죄에서 유래한 모든 수익을 박탈하는 것에 있다고 한다면 우리 법상의 범죄 '수익' 몰수도 단순한 '부당이득반환청구권에 유사한 원상회복조치'의 성격을 넘어 실질적으로 형벌로서의 성격을 가지고 있다고 보아야 한다.

---

367) 이재상, 『형법총론』, 박영사, 1991, 506면.
368) 김일수, 『한국형법Ⅱ』, 박영사, 1993, 604면.

Ⅳ. 범죄수익 몰수를 위한 입법론

1. 일원적 몰수체계 확립

우리나라의 형사법체계가 일반형법과 많은 특별형법으로 나누어져 있듯이 몰수제도도 형법상의 몰수와 다수의 특별(형)법상의 몰수로 나누어져 있다. 형법상의 몰수제도는 몰수 대상의 한정성과 몰수제도의 실효성을 확보할 수 있는 보전 절차의 불비 등으로 인해 사실상 매우 한정된 역할만을 수행하고 있는 데 반해, 다른 특별법상의 몰수제도는 당해 법률이 규율 대상으로 하는 범죄의 특성에 맞도록 몰수제도를 정비하여 몰수 대상의 확대, 보전 절차와 제3자 보호규정 등을 마련해 놓고 있는 것이다. 따라서 형사법의 기본법인 형법에는 몰수의 가장 기본적인 것만을 규정해 놓고 다른 특별법에서는 필요에 맞게 몰수제도를 확대 운영하는 주객전도 현상이 나타나고 있는 것이다.

그러나 법체계 및 법해석과 법집행의 통일성을 고려하고 기본형사법으로서의 형법전의 기능회복을 위해서는 우리나라도 독일의 입법례와 마찬가지로 형법전 속에 몰수제도를 일원적으로 규정하여 모든 형사범죄에 일률적·통일적으로 적용할 필요성이 있는 것으로 보인다. 그렇게 되기 위해서는 형법전에 규정된 몰수제도의 몰수 대상을 현재의 '물건'에서 불법수익과 불법재산으로 확대하고 나아가 몰수제도의 실효성을 확보하기 위한 절차규정 등도 형법 또는 형사소송법에 정할 필요가 있다고 본다.369)

---

369) 同旨: 서보학, "형법상 범죄수익몰수의 필요성과 법치국가적 한계",

2. 독립된 형벌로서의 몰수제도 도입

현행 형법상 몰수는 부가형으로 되어 있다. 즉 몰수는 원칙적으로 타형에 부가되어서만 과해진다(형법 제49조 본문). 다만 예외적으로 행위자에게 유죄의 재판을 안 할 때에도 몰수의 요건이 있는 때에는 몰수만을 선고할 수 있다(제49조 단서). 그러나 주된 범죄에 기소 자체가 되지 않는 경우 — 예컨대 기소유예 또는 범인의 소재불명으로 인하여 기소 중지되는 경우 등 — 에는 몰수요건이 있더라도 독립적으로 몰수청구를 할 수 없게 된다는 약점이 있다. 따라서 주된 범죄에 대하여 공소가 제기되지 않는 경우에도 몰수의 요건이 있는 때에는 재범방지 또는 범죄수익 박탈이라는 관점에서 독립적으로 몰수를 청구할 수 있도록 하는 것이 필요하다.[370]

3. 자유형에 벌금형을 병과하는 방식의 지양

우리 형법과 특별형법에서 경제적 이득을 꾀하는 일정한 범죄(유가증권 · 우표 · 인지에 관한 죄, 도박과 복표에 관한 죄, 약취와 유인의 죄, 특별형법상의 조세포탈범죄 등)에 대해서는 자유형에 벌금형을 병과할 수 있는 규정을 둠으로써 범죄수익 몰수의 기능을 수행하고 있다는 것은 이미 위에서 살펴본 바와 같다. 이렇듯, 자유형에 벌금형을 병과할 수 있도록 하는 것과 이를 통해 범죄수

94면; 조병선, "몰수 · 추징제도개정의 형사정책적 필요성 및 그 대안", 성시탁 교수 회갑기념논문집, 1993, 617면.

370) 同旨: 박승진 / 최석윤 / 이기헌, "각국의 몰수제도", 한국형사정책연구원, 1999, 241면.

익 몰수를 꾀하는 것이 과연 타당한 것인가 하는 문제가 제기된다.

생각건대, 범죄로부터 생긴 불법수익을 박탈하는 것은 몰수제도의 고유한 기능인 것이며 벌금형이 이 기능을 떠맡는 것은 몰수제도의 취지를 무색하게 하는 월권행위라 하지 않을 수 없다. 우리 형법상의 몰수제도가 아직까지 범죄수익을 철저한 박탈을 위해 미비한 점이 있다면 이는 몰수제도의 보완을 통해 해결할 문제이지 벌금형의 병과를 통해 해결할 문제는 아닌 것으로 본다.

결국 벌금형은 자유형의 대체수단으로서만 그 투입이 고려될 수 있는 것이지, 이미 자유형을 선고받은 자에게 추가적인 고통을 안겨주기 위한 목적이나 범죄수익의 환수를 위한 목적으로 투입될 형사정책적 필요성은 전혀 인정될 수 없는 것이다. 이러한 맥락에서 우리 형법과 특별형법이 자유형에 벌금형을 병과토록 함으로써 범죄수익 몰수의 효과를 노리는 입법태도는 지양되어야 한다.

4. 범죄수익 몰수를 위한 입증완화문제

공무원범죄에관한몰수특례법을 비롯한 특별법상 '불법재산에 대한 입증요구의 완화'가 헌법 및 형법원리에 비추어 볼 때 합리적인지 하는 문제가 있다. 위 특례법 제7조에서는 범인이 취득한 재산의 가격, 범인의 재산운용상황, 불법수익금액 및 재산취득시기 등 제반요소를 고려하여 범인이 취득한 재산이 불법수익으로 형성되었다고 볼 만한 '상당한 개연성'이 있는 경우에는 엄격한 증명이 없더라도 이를 인정하여 몰수할 수 있도록 하고 있다. 위의 특례법이 이와 같은 불법재산의 추정규정을 둔 이유는 원칙적으로 형사사법기관이 불법재산을 몰수함에 있어서는 몰수 대상인 불법재산이 불법수익으로부터 형성되었다는 것을 엄격하게 증명해야 하는데 사실상 이 입증이 곤란한 경우가 많기 때문에 아예 입법적으로 입증의 부담을 덜어주어 혐의가 가는 재산의 몰수를 쉽게 하도록 하기 위해서라고 보인다.

필자도 범죄수익을 몰수하기 위해 그 출처의 불법성과 범죄행위와의 구체적인 상관관계 등을 엄격하게 증명한다는 것이 매우 어려운 것은 인정하지만 범죄수익의 박탈이라는 형사정책적 목적이 아무리 정당하고 중요한 것이 그 목적을 달성하는 수단이 법치국가적 원리에 위배해서는 전체적으로 정당성을 획득할 수 없는 것이므로 '상당한 개연성'의 개념을 내세워 이유로 입증을 완화시키는 것은 부당하다고 생각한다. 따라서 그 대안으로서 '고도의 개연성', 즉 합법적인 수익원이 확인되지 않고 위법행위로 인한 것으로 생각되며, 행위자의 성행·전력 등에 비추어 볼 때 범죄수익이라고 보아도 십중팔구는 확실하다고 수긍할 수 있는 정도의 개연성이 있을 때 몰수할 수 있도록 하는 것이 타당하다고 생각된다.371)

---

371) 이에 관하여 조균석은 "범죄수익박탈을 위한 입법론 — 자금세정규제를 중심으로 — ", 형사정책연구(제3권 제3호), 1992, 144면에서 일정 기간(5년) 내의 재산소지나 증가가 사회적 상당성을 결여한 경우 범죄수익으로 추정하는 방안을 제시하고 있다.

제6장

결　론

“범죄인의 교화” “범죄인의 재사회화”를 목표로 내건 현재의 교정행정은 실패라는 것이 대체적인 견해이다. 현재의 교정은 범죄자가 재범하는 것은 방지하지 못하고 있고 넘쳐나는 수형자들을 시설 내에서 수용하느라 많은 비용과 예산을 투입하여 국가적으로도 큰 손해를 보고 있으며 수형자들 상호 간에는 범죄학습을 하면서 악화가 양화를 구축하고 수형자의 가정은 파괴되어 그 구성원들이 또다시 범죄자가 될 수 있는 악순환을 반복하고 있다.

필자는 이러한 현실을 목격하면서 델 베키오(Del Vecchio)의 말처럼 형벌에 대한 인식을 바꾸어야 한다고 본다. 즉 과거 신체형이 실행되던 시절에 모든 법률가, 사회구성원들은 신체형을 형사사법에 없어서는 안 될 형벌이라고 생각했었지만 오늘날의 법률가들이 볼 때 신체형은 야만스러운 형벌로서 채용할 수 없다는 것이다. 그렇다고 볼 때 현재 형벌의 대표격이라고 할 수 있는 자유형제도는 오늘날 문명화된 형벌로 보고 있지만 미래의 어떤 시점에서는 매우 야만적인 형벌로 간주될 수 있다는 것이다.

필자가 현행 형벌제도의 문제점과 개선방안을 제시하고 대안으로서 다양한 형벌이 도입되어야 한다고 주장하는 바탕에는 가능한 한 자유형의 사용을 억제하여 자유박탈처분은 제한·지양되어야 하며, 범죄자의 입장을 개선하면서도 동시에 피해자의 요구를 고려, 수용할 수 있어야 한다는 것이 새로운 형사사법의 이념이며 회복적 사법의 이념이어야 한다는 믿음이 자리잡고 있다.

필자는 자유형의 선고유예 및 집행유예를 적극 활용할 수 있도록 6개월 이하 단기형을 선고할 경우 집행유예선고를 필수적으로 하는 동시에 사회봉사명령, 수강명령제도 활용, 전자감시제도 도입 및 활용, 자유형과 동등한 제재수단으로 벌금형이 활용될 수 있도록 벌금액수를 현실화하고 법인범죄에 대한 벌금형 선고를 현재보다 더욱 상향하여 부과할 수 있도록 입법하는 방안, 자유형 외에 벌금형을 과할 수 없도록 되어 있는 범죄유형에 벌금형을 법정형으로 삽입하도록 입법하여 모든 범죄에 벌금형 부과가 가능하도록 하는 방안, 1년 6개월 이상의 자유형에 처하게 될 사건이 아닌 한 중한 벌금으로 전환하는 방안, 과거범죄경력이 있다는 이유로 한 집행유예 결격제도 철폐 및 집행유예 기간 중 재차 집행유예가 가능하도록 법률을 개정하는 방안, 과밀수용의 문제점 해소를 위해 구금제도를 완화하고, 행형제도를 개선하며 민영교도소를 활용하는 방안, 자유형의 대안으로 벌금형을 선고받은 사람이 벌금미납으로 다시 자유형에 처해지는 불합리를 방지하는 수단으로 벌금형의 연납, 분납제도 및 벌금형의 집행유예를 입법하는 방안, 또한 벌금미납자의 노역장 유치 이전에 사회봉사명령제도를 도입하여 벌금납입을 대체하는 방안 등을 제시하였는데 이 모든 개선방안의 지향점은 법관의 자유로운 양형을 보장할 수 있도록 법률상의 제한을 철폐하자는 것이다.

한걸음 더 나아가 사회봉사명령을 독립된 형벌로서 도입, 시행할 것은 물론, 기소유예부 사회봉사명령, 선고유예부 사회봉사명령, 가석방에 대한 보호관찰조건부 사회봉사명령 등을 도입 시행할 것을 제안하였고, 전자감시제도를 도입하여 단기자유형의 대안으로, 집행유예 및 가석방의 부과조건으로, 미결구금의 대안으로, 소년범에 대한 적절한 대안으로 활용할 것도 제안하였다. 원상회복제도를 도입하여 형사피해자의 이익을 보호할 뿐 아니라 행위자가 자의적인 책임인수를 통하여 내면적으로 스스로 범죄행위를 극복할 기회를 부여하되 여러 유형의 제도 중 우선은 다른 형벌과 결합하여 부과되는 형태의 원상회복제도를 도입할 것도 주장하였고 자유형을 대체할 수 있는 한도에서의 징벌적 손해배상제도 도입을 제안하였으며 사회정의 관념에 부합하는 범죄수익몰수제도의 형법상 도입을 형벌다양화 방안의 하나로 제시하였다.

그러나 필자는 교도소의 수형자들을 모두 밖으로 나오게 하자는 소위 온정주의자는 전혀 아니다. 필자는 많은 학자들의 주장으로 논리적 타당성을 얻고 있는 사형폐지론이나 무기자유형폐지론에도 동의하지 않고 있다. 사형에는 사형당한다는 생각이 범인으로 하여금 자기 보호의 인간본능을 자극하는 특별한 위하력을 보유하고 있다고 보이고 그 위하력이 흉포한 범인에게 피해자의 생명이라는 고귀한 가치를 훼손시키지 않는 마지막 억지력으로 작용할 것으로 믿고 있다. 다만 사형제도가 가지고 있는 맹점인 사상·정치범 및 소년에 대한 사형폐지, 오판방지를 위한 사형집행유예제도 도입 등의 개선안에 찬성한다.

필자는 현재 사회구성원의 최대공약수인 형벌로서의 위치에 있는 자유형이 범죄에 대한 상징적 보루로서 작용하고 있다는 점에 대해서도 이견이 없을 뿐 아니라 중한 범죄를 범한 범인에 대하여 자유형 선고형이 너무 적다는 생각도 가지고 있다. 다만 경한 범죄로 단기자유형에 처해짐으로써 발생되는 너무나도 많은 문제점을 목도하고 이를 폐지, 전환하는 방식의 형벌을 위해 형벌을 다양화하고 다양한 형벌을 근거로 법관이 범죄인의 양형조건, 범죄의 종류 등 고려할 사항을 참작하여 헌법과 법률에 의하여 그 양심에 따라 그 범죄인의 사회복귀에 가장 적합하면서 피해자도 고려하고 사회방위에도 도움이 될 수 있는 판결을 할 수 있도록 입법론을 제시하는 것이다.

필자의 주장처럼 현행 형벌 9개 중 금고, 구류, 과료, 자격 상실의 형이 삭제되고 그 자리를 사회봉사명령, 전자감시제도, 원상회복제도, 징벌적 손해배상제도, 범죄수익몰수제도 등이 대신하여 기존 형벌과 어우러져 수많은 조합을 이루어 냄으로써 단기자유형의 폐해로부터 벗어날 수 있는 날을 가까운 장래에 맞을 수 있게 되기를 기대한다.

參考文獻

1. 국내문헌

가. 단행본

김기춘, 『형법개정시론』, 삼영사, 1984.

김용태 / 명현식 / 나용식, 『한국법제사개요』, 원광대출판국, 1981.

김일수, 『한국형법 I 』, 박영사, 1992.

______, 『한국형법 II 』, 박영사, 1993.

______, 『형사정책과 형법체계』(원제: C. Roxin, Kriminalpolitik und Strafrechtsystem), 박영사, 1996.

김철수, 『헌법학개론』, 박영사, 1995.

박상기, 『독일형법사』, 율곡출판사, 1993.

______, 『형법총론』, 박영사, 1999.

법무연수원, 『범죄백서』, 2002.

법원행정처, 『불구속재판 시행의 과제』, 1997.

법원행정처, 『사회봉사·보호관찰제도 해설』, 2000.

배종대, 『형사정책의 새로운 이론』, 홍문사, 1994.

______, 『형법총론』, 홍문사, 2000.

______, 『형사정책』, 홍문사, 2000.

송두용, 『한국법제사고(法制史考)』, 진명문화사, 1985.

송태호, 『교정교육학』, 미리내, 1995.

신진규, 『범죄학 겸 형사정책』, 법문사, 1995.

오생근, 『감시와 처벌』(원제: Michel Foucault, Surveiller et Punir) 나

남 출판, 1999.

유기천,『형법학 강의(총론강의)』, 일조각, 1983.

이경재,『서양형벌사』(원제: Graeme Newman, The Punishment Response), 길안사, 1997.

______,『범죄학입문 – 범죄학이론의 발전과정』(원제: William V. Pelfrey, The Evolution of Criminology), 길안사, 1996.

이수성 / 한인섭,『범죄와 형벌』, 길안사, 1995.

이재상,『형법총론』, 박영사, 1991.

이황우 / 이상현 외 6인,『형사정책』, 법문사, 1997.

이형국,『형법총론』, 법문사, 1990.

______,『형법총론연구Ⅱ』, 법문사, 1993.

정성근,『형법총론』, 법지사, 1989.

정영석,『형법총론』, 법문사, 1986.

______,『형사정책』, 법문사, 1988.

정영석 / 신양균,『형사정책』, 법문사, 1988.

진계호,『신고형법총론』, 대왕사, 1986.

차용석,『형사총론강의』, 고시연구사, 1988.

최석윤 / 이경재 / 박미숙,『독일형사법입문』(원제: C. Roxin / G. Arzt / K. Tiedemann, Einfűheung in das strafrecht und strafprozeβ recht), 길안사, 1998.

한영수,『행형과 형사사법』, 세창출판사, 2000.

나. 논 문

강구진, "사형폐지의 이론과 실제", 고시계, 1980. 4.

강동범, "재산형의 문제와 개선방안", 형사정책(제5호), 1990.

강지원, "사회봉사명령 및 수강명령의 효율적 시행방안", 청소년 범죄 연구(제8집), 법무부, 1990.

공병인, "재산형제도에 관한 연구 ― 벌금형과 몰수제도의 문제점과 개선방안을 중심으로 — ”, 건국대학교 법과대학 석사학위논문, 1999.

공정환, “사회봉사명령제도에 관한 고찰”, 사법연구자료 (제23집), 법원도서관, 1996.

곽병선, “미국에 있어서 구금형의 대체수단으로서의 중간처우”, 형사정책(제11호), 1999.

＿＿＿, “사회 내 처우로서 전자감시에 의한 보호관찰 도입방안”, 형사정책(제13권 제2호), 2001.

김동윤, “불구속재판에 대한 엄정한 형의 선고와 법정구속”, 『불구속재판시행의 과제』, 법원행정처, 1997.

김성돈, “자유형제도의 개선방안”, 한국형사정책연구원, 1995.

＿＿＿, “원상회복의 형사제재로서의 적격성과 형법의 과제”, 피해자학연구(제5호), 1997.

＿＿＿, “형사절차상 피해자 - 가해자 조정제도의 도입방안”, 피해자학연구(제19권 제1호), 2001.

김용군, “형벌의 본질과 한계에 관한 연구”, 경남대학교 행정대학원 석사학위논문, 1990.

김용준, “전자감시제도에 의한 교정의 연구(하)”, 교정(제203호), 1993.

김일수, “재차의 집행유예제도에 관한 해석론과 입법론”, 법률신문, 1989.12.20.자.

＿＿＿, “형사상 원상회복제도의 형사정책적 기능과 효용에 관한 연구”, 성곡논총(제2집) 1990.

＿＿＿, “형법개정과 제재제도의 개선방향”, 형사정책(제5호), 1990.

＿＿＿, “사형제도의 위헌여부에 관하여”, 헌법재판자료집(제7집), 1995. 12.

＿＿＿, “형벌이론의 기초이론”, 『주석형법총칙(2)』, 한국사법행정학회, 2001.

김학태, “범죄와 형벌에 관한 형법이론적 고찰”, 외법논집(제9집), 한국외국어대학교 법학연구소, 2000.

김혜정, “전자감시제도의 적용가능성에 대한 검토, 전자감시는 새로운 행형의 신호탄인가?”, 형사정책(제12권 제2호), 2000.

류전철, “형벌의 본질에 관한 연구”, 전북대학교 법과대학 석사학위논문, 1990.

박강우, “현대 행형의 위기와 원인”, 법학연구(제3호), 충북대학교 법학연구소, 2003.

_____, “조선전기 형사법제와 형벌사상”, Juris Forum(제3호), 충북대학교법학연구소, 2003.

박광민, “유예제도에 관한 일 고찰”, 성균관법학(제3집), 1990.

박기석, “벌금형 개선방안”, 형사정책(제12권 제2호), 2000.

_____, “사형제도에 관한 연구”, 형사정책연구(제12권 제3호), 2001 가을호.

_____, “성범죄자 신상공개제도의 문제점”, Juris Forum(제2집), 충북대학교법학연구소, 2002.

_____, “환경범죄의 효율적 대처방안에 관한 연구”, 한양대학교 법과대학 박사학위논문, 1996.

박순용, “현행 벌금형제도의 개선”, 법무자문위원 논설집 제2집.

박재윤, “우리나라의 형사제재제도의 개선방안”, 법학논총(제5집), 국민대학교, 1993.

박형남, “사회봉사명령제도의 적정한 운용방안”, 전국형사재판장회의 주제발표논문, 1997.

박미숙, “형사제재로서의 사회봉사명령의 의의와 전망”, 형사법연구(제17호), 2002.

박양민, “형벌의 본질과 처우이념”, 교정연구(제5호), 1995.

박상기, “현행 집행유예제도의 형법개정안”, 연세 행정논총, 1993.

박상기 / 손동권 / 이순래, “형사정책”, 형사정책연구원, 1998.

박승서, “형법중 형벌규정의 개정방향”, 대한변호사협회지 76호, 1982.

박형남, “성인범에 확대실시되는 사회봉사명령제도 등의 운용방안”, 보호, 1997. 3.

법무부, “형사법상 범죄피해자의 원상회복제도”, 법무자료 제248집, 2002.

서보학, "형사제재로서의 명예형은 존치되어야 하는가?", 형사법연구(제10호), 1997.

______, "형법상 범죄수익몰수의 필요성과 법치국가적 한계", 안암법학 (제5호), 1997.

______, "벌금형제도소고 : 비판과 입법론적 대안", 형사정책(제10호), 1998.

서보학, "집행유예제도 : 입법론적 비판과 대안", 형사정책(제3권 제1호), 2001.

서석구, "나는 왜 사형존치론자가 되었나", 월간조선사, 2003.

손동권/최영신, "수강명령프로그램의 운용실태와 개발방향", 한국형사정 책연구원, 1998.

송광섭, "현행 형벌제도의 문제점과 개선방안", 석우 차용석 박사 회갑기념논문집(상권), 법문사, 1994.

신의기, "벌금형제도의 문제점과 개선방안", 형사정책연구(제7권 제3호), 1996.

오영권, "단기유형의 형기는 일수로", 대한변협신문(2002.11.4.자), 법조칼럼.

오영근, "보호관찰제도의 이론적 기초", 청소년 범죄연구(제6집), 1988.

______, "사형존폐의 역사적 고찰", 사형제도의 이론과 실제, 국제사면위원회 한국연락위원회편, 1989.

______, "형법개정안의 형벌제도에 대한 검토", 형사정책연구(제3권 제2호), 1992.

______, "사회봉사명령제도의 문제점", 형사정책연구(제2권 제3호), 1991.

오재환, "범죄인의 사회내 처우제도의 성립과 정당성", 사회과학연구, 조선대학교, 1992.

유숙영, "사회봉사명령제도에 관한 연구", 경희대학교 법과대학 박사학위논문, 1996.

______, "사회봉사명령의 집행현황과 효율적인 운용방안", 형사법연구(제16호), 2001.

유제광, "징벌적 손해배상에 관한 연구", 청주대학교대학원 법과대학 석사학위논문, 2001.

이경재, "근대이전 유럽의 형벌 유형 ― 사형의 기원과 처형방법을 중심으로 ― ", 형사정책연구(제8권 제1호), 1997.

이경재, "성범죄자 신상공개제도에 관한 미국 및 영국 입법례와 운영실태", 법학연구(제13권), 2002.

______, "성범죄자 신상공개의 법적문제점 고찰", 저스티스(제65호), 한국법학원, 2002.

______, "약물범죄수익에 대한 몰수", 형사정책연구(제4권 제3호), 1993.

______, "영국감옥의 기원 : 크링크(Clink)감옥의 역사", 형사정책연구소식(제16호), 1993.

______, "우리나라 고대 및 중세의 형벌제도", 형사정책연구소식(통권 제22호), 1994.

이경재 / 이병기, "약물범죄수익몰수제도에 관한 연구", 한국형사정책연구원, 1994.

이경재 / 최석윤, "한국의 사회봉사명령", 형사정책연구(제8권 제3호), 1997.

이상윤, "형법상 책임과 형벌목적의 관계", 형사법연구, 2000.

______, "형법상 책임과 형법 목적의 관계에 관한 연구 ― 책임개념의 체계적 기능을 중심으로 ― ", 한국외국어대학교 법과대학 박사학위논문, 2000.

이수성, "우리사회의 범죄상황과 범죄대책의 기본방향", 형사정책연구(제1호), 1990.

이승호, "우리나라 사회내 처우의 역사적 전개와 향후 발전방향", 형사정책(제8호), 1996.

______, "형벌로서의 배상제도에 관한 연구", 피해자학 연구(제7호), 1999.

______, "교도소민영화에 관한 연구", 형사정책(제12권 제2호), 2000.

이영란, "벌금형제도 소고 : 벌금양형을 중심으로", 형사법연구(제9호), 2000.

______, "사회봉사명령의 양형과 효과에 관한 경험적 연구", 형사정책(제2권제1호), 2000.

______, "사회봉사명령제도", 형사정책(제9호), 1997.

이재석, "사형제도에 관한 고찰", 대구대학교 사회과학연구(제8집 제2호), 2000.

이존걸, "현행 사회봉사명령제도의 개선방향", 교정연구(제7호), 한국교정학회, 1997.

이진국, "독일형법상 원상회복 옹호론과 비판론", 형사정책(제12권 제1호), 2000.

이춘화, "사회봉사명령제도의 효율성 분석연구", 한국청소년연구, 1990.

이호중, "형법상의 원상회복에 관한 연구", 서울대학교 법과대학 법학박사학위논문, 1997.

______, "형법상의 원상회복", 형사법연구(제12호), 1999.

정동기, "사회봉사명령제도의 현황과 개선방안", 형사정책(제11호), 1999.

정봉휘, "사형존폐론의 이론사적 계보", 손해목 교수 회갑기념논문집, 1993.

정　완, "미국의 전자감시제도", 형사정책연구(제10권 제1호), 1999.

조균석, "범죄수익박탈을 위한 입법론 ― 자금세정규제를 중심으로 ―", 형사정책연구(제3권 제3호), 1992.

조상제, "국가형벌의 목적과 책임의 기능적 구성", 형사법연구(제10호), 1997.

조병선, "몰수·추징제도개정의 형사정책적 필요성 및 그 대안", 성시탁 교수 회갑기념논문집, 1993.

조준현, "성인에 대한 사회봉사명령제도", 형사정책연구(제7권 제3호), 1996.

진수명, "보호관찰제도의 성인범확대실시를 위한 예비연구", 한국형사정책연구원, 1997.

차용석, "흉악범과 극형", 신동아, 1980.

채희원, "현행자유형제도의 문제점과 개선방안", 한양대학교 법과대학

　　　석사학위논문, 1999.
최석윤, "국가형벌권의 정당화에 관한 새로운 시도", 형사정책연구(제
　　　8권 제2호), 1997.
　　　, "사형에 관한 미국연방대법원의 판례", 형사정책연구(제10권
　　　제1호), 1999.
　　　, "판결전조사제도", 형사정책(제12권 제2호), 2000.
최석윤 / 박승진 / 이기헌, "각국의 몰수제도", 한국형사정책연구원,
　　　1999.
최병각, "노역장유치의 실제와 벌금양형", 형사정책(제12권 제2호), 2000.
최연희, "우리나라 사회내처우프로그램에 관한 연구", 성균관대학교
　　　법과대학 박사학위논문, 1993.
최종식, "소년법과 사형문제", 강원법학(제11권), 1999.
한상흠, "사회봉사명령 집행의 실제", 형사정책(제6호), 1992.
한영수, "자유형제도에 관한 고찰", 고려대학교 법과대학 석사학위논문,
　　　1987.
한인섭, "사형제도의 문제와 개선방안", 형사정책(제5호), 1990.
허일태, "사형의 대체형벌로서 절대적 종신형의 검토", 형사정책(제12
　　　권 제2호), 2000.
　　　, "사형제도의 폐지 필요성", 이형국 교수 회갑논문집, 1997.
　　　, "자유형제도의 문제와 개선방향에 관한 연구", 형사정책(제5호),
　　　1990.
홍정원, "성인 보호관찰대상자 지도, 감독, 원호 등 보호관찰기법에
　　　관한 연구", 법무연구(제25호), 법무연수원, 1998.

2. 외국문헌

가. 일본문헌

小野一郎, 『新訂 刑法講義總論』, 有斐閣, 昭和 25(1950).
三原憲三, 『死刑存廢論の系譜』, 成文堂, 平成 13(2001).
牧野英一, 『日本刑法 重訂版 上卷』, 有斐閣, 昭和 12(1937).
竹田直平, 『立法における死刑』, 「甲南法學」(1卷 1號), 昭和 63(1988).
__________, 『刑法と近代法秩序』, 成文堂, 昭和 63(1988).
靑柳文雄, 『刑事裁判と國民性』, 成文堂, 昭和 44(1969).
前野育三, 『刑事政策論』, 法律文化史, 昭和 63(1988).
小田中聰, 『誤判救濟と再審』, 日本評論社, 昭和 57(1982).
木村龜二, 『體系刑法事典』, 靑林書院, 昭和 41(1966).
團藤重光, 『死刑廢止論』, 有斐閣, 昭和 66(1991).

나. 영미문헌

Barrett. A. Crane, *Georg Rusche's Theory on Punishment and Social Structure*, 1998.

Christopher J. Emmins, *A Practical Approach to Criminal Procedure*(4th eds), Blackstone Press Limited, 1988.

David F. Partlett, *"Punitive Damages : Legal Hot Zones"*, 56 Louisianna Law Review, Summer 1996.

Funke, G. S., *The Economics of Prison Crowding*, The annals the American Academy of Political and Social Science, 1985.

Graeme Newman, *The Punishment Response*, Harrow and Heston Publishers, 1985.

George F. Cole, *The American System of Criminal Justice*, Brooks / Cole Publishing Company, 1989.

Hans Stoll, "Penal Purpose in the law of Tort", The American Journal of Comparative Law Vol.18, 1970.

Harding, J., *Victims and offenders - Needs and Responsibilities*, London; Bedford Square Press, 1982.

John Howard, *The state of The Prisons and an Account of the Principal Lazarettos in Europe*, First Published Everman's Library, 1929.

Richard Sparks, *Imprisonment : European Perspectives*, Published in assosiation with The Open University, 1991.

Margaret A. Gordon / Daniel Glaser, *The Use and Effects of Financial penalties in Municipal Courts*, Criminology. Vol.29, No.4, 1991.

Martionson, R., "What's work? — The Martionson Report — ", *In the Sociology of Punishment and Correction*, ed. by Johnston, N., Savitz, Land Wolfgand, M. E., New York, 1970.

Nicola Lacey, *State Punishment*, London and New York : Routledge, 1988.

Vivien Stern, *A sin Against the future; Imprisonment in the world*, North eastern University Press, 1998.

Willam V. Pelfrey, *The Evolution of Criminology*, Anderson Publishing Co. 1987.

다. 독일문헌

Blau, *Die gemeinnutzige Abeit als Beispiel fur einen grundlegenden Wandel des Sanktionenwesens*, F.S. - H.Kaufmann. 1986.

Calliess, R - P., *Theorie der Strafe im demokratischen und sozialen Rechtsstaat*, 1974.

Frehsee Detlev, *Schadenweidergutmachung als Instrument strafrechtlicher sozialkontrolle*, Berlin 1987.

Grothus, *Die Rechtsordnung der Hethiter*, 1973.

Heilborn, *Die Kurze Freiheitsstrafe*, 1908.

Hegel, *Grundlinien der Philosophie des Rechts*, 1821, §99, in : Roxin, Strafrecht, Allgemeiner Teil, 1991.

Jeschseck, H. H., *Lehrbuch des Straferechts A. T.*, 4. Aufl., Dunker & Humblot, 1988.

Jescheck, H. H. *Die Freiheits Strafe und ihre Surrogate im deuschen und auslandischen Recht*, 1984.

Nelles, *Statusfolgen als Nebenfolgen einer Straftat(§45 StGB)*, JZ 1991.

Neumann / Schroth, *Neuere Theorien von Kriminalitat und Strafe*, 1980.

Roxin, *Strafrecht*, Allgemeiner Teil, 1991.

Roxin, *Strafverfahrensrecht*. 24.Aufl. 1995.

Rössner, *Historische Aspekte des Opferorientierter Sanktionen*, 1985.

Schädler / Baurmann / Sievering(Hrsg.),Hilfe für Kriminalitätsofper als internationale Bewegung, Bonn 1990.

Schwind, *Strafvollzu 8 und Bewahrungshilfe im Kosten vergleich*, in; Bewhi 1984.

Söllner, A., *Einführung in die römische Rechtsgeschichte*, 2.Aufl. München, 1980.

• 저자 •

김재중   • 약 력 •
　　　　　한양대학교 법과대학 졸업
　　　　　한양대학교 대학원 졸업(법학석사)
　　　　　충북대학교 대학원 졸업(법학박사)
　　　　　충북지방변호사회 회장, 부회장, 총무이사 역임
　　　　　충청북도 소청심사위원장, 행정심판위원, 토지수용위원, 인사위원,
　　　　　감사위원, 노동위원 역임

　　　　　현재 충북대학교 법과대학 부교수
　　　　　청주범죄피해자지원센터 형사조정위원장

　　　　　• 주요논저 •
　　　　　「스포츠맨, 연예인에 대한 인터넷상 '악플'의 제재방안」
　　　　　「한국 전자감시제도의 발전방안」
　　　　　외 다수

형벌제도 개선방안

• 초판 인쇄	2008년 2월 29일
• 초판 발행	2008년 2월 29일
• 지 은 이	김재중
• 펴 낸 이	채종준
• 펴 낸 곳	한국학술정보㈜
	경기도 파주시 교하읍 문발리 513-5
	파주출판문화정보산업단지
	전화 031) 908-3181(대표) · 팩스 031) 908-3189
	홈페이지 http://www.kstudy.com
	e-mail(출판사업부) publish@kstudy.com
• 등 록	제일산-115호(2000. 6. 19)
• 가 격	28,000원

ISBN　978-89-534-8216-9 93360 (Paper Book)
　　　　978-89-534-8216-6 98360 (e-Book)